웨스트민스터 대교리문답 STUDY 2
Study by Westminster larger Catechism

초판 1쇄 인쇄   2022년 5월 23일
초판 1쇄 발행   2022년 5월 23일

저자   장대선

발행처   고백과 문답
출판신고   제2016-000127호
주소   서울특별시 여의대방로 134-1 봉림빌딩 507호
전화   02-586-5451

편집   고백과 문답
디자인   최주호
인쇄   이래아트(02-2278-1886)

ISBN   979-11-971391-6-1 03230

값 16,000원

* 이 책은 저작권법에 따라 보호받는 저작물이므로 무단 전재와 무단 복제를 금지하며, 이 책의 내용의 전부 또는 일부를 이용하려면 반드시 저작권자와 「고백과 문답」의 서면 동의를 받아야 합니다.

* 잘못된 책은 구입한 곳에서 바꾸어 드립니다.
* 이 책에 대한 내용이나 오탈자, 잘못된 내용의 수정 정보등은 largoviva@gmail.com으로 연락 바랍니다.

웨스트민스터 대교리문답 STUDY

2

Study by Westminster larger Catechism

장대선 지음

고백과 문답

Study by Westminster larger Catechism

웨스트민스터 대교리문답 STUDY 2의 사용

웨스트민스터 대교리문답 STUDY Ⅰ권을 발행한 저자는, 암기를 요하는 교리문답의 특성을 감안한 그 책을 통해서 대교리문답에 대한 입문과 더불어 교회적인 활용을 강구할 수 있는 현실적 대안을 제시했습니다. 즉. 교리문답의 핵심적인 키워드(keyword)를 고딕체의 굵은 글씨로 표기함으로써, 교리문답의 핵심적인 요지를 한 눈에 시각적으로 담아볼 수 있도록 하여, 교리문답을 한 장의 사진에 담아 두듯이 머릿속에 기억하도록 했습니다. 아울러 부가적인 자료들과 생각거리들을 함께 첨부하여 우리의 신앙생활에 적용하며 접목할 수 있도록 했으니, 이를 통해서 우리의 구체적인 신앙생활의 현장과 상당부분 연계해 볼 수가 있을 것입니다. 그런즉 이러한 몇 단계에 걸친 암기와 해설, 그리고 퀴즈를 통해서 독자들은 대교리문답의 문구들이 나타내고 있는 뜻과 의미들을 진지하게 검토하고 숙고해 볼 수가 있을 것입니다.

이제 웨스트민스터 대교리문답 STUDY 2권에서는, 1권에서 다루던 연역적인 설명방식과는 다르게 귀납적인 방식으로 성경에서 간추려진 교리의 큰 체계가 무엇인지를 살펴보고, 이를 바탕으로 교리문답을 확정하는 구조적인 변화를 꾀했습니다. 그런즉 독자들은 이를 통해서 웨스트민스터 대교리문답의 각 문답들이 결코 사변(speculation)에 따른 것이 아니며, 오히려 성경에서 가르치고 있는 요지들을 간략한 교리적 진술로서 묻고 답하는 형식으로 정리한 것임을 확인할 수 있을 것입니다. 아울러서 그러한 교리문답을 한 장의 사진에 담아 두듯이 머릿속에 기억하도록 하는 편집을 그대로 간직해 두었습니다. 아무쪼록 이 스터디 교재를 통해서, 더욱 풍성한 교리문답의 유익을 얻을 수 있기를 바랍니다.

목차

웨스트민스터 대교리문답 STUDY 2의 사용 4

8. 은혜언약의 중보자 / 36~45문답 8

36문답 : 누가 은혜언약의 중보자인가? 10
37문답 : 어떻게 하나님의 아들이신 그리스도께서 사람이 되었는가? 20
38문답 : 왜 중보자가 하나님이어야 했는가? 30
39문답 : 왜 중보자가 사람이어야 했는가? 40
40문답 : 왜 중보자가 한 위격 안에서 하나님이자 사람이어야만 했는가? 52
41-42문답 : 왜 우리의 중보자를 '예수'라 부르는가?
　　　　　또한, 왜 우리의 중보자를 '그리스도'라 부르는가? 62
43문답 : 그리스도께서는 어떻게 선지자의 직분을 수행하시는가? 72
44문답 : 그리스도께서는 어떻게 제사장의 직분을 수행하시는가? 82
45문답 : 그리스도께서는 어떻게 왕의 직분을 수행하시는가? 92
36~45문답의 정리를 위한 NOTE 108

9. 그리스도의 중보사역 / 46~56문답 110

46문답 : 무엇이 그리스도의 '비하'(humiliation, 낮아지심) 신분인가? 112
47-48문답 : 그리스도께서는 그의 잉태와 출생 가운데서 어떻게
　　　　　　자신을 낮추셨는가? 또한, 그리스도께서는 그의 삶 가운데서
　　　　　　어떻게 자신을 낮추셨는가? 122
49-50문답 : 그리스도께서는 그의 죽음에서 어떻게 자신을 낮추셨는가?
　　　　　　또한, 그리스도의 죽음 이후의 낮아지심은
　　　　　　어떠한 것이었는가? 134

51문답 : 무엇이 그리스도의 승귀(Exaltation, 높아지심)의 신분인가? **144**

52문답 : 그리스도께서는 부활에 있어 어떻게 높아지셨는가? **154**

53문답 : 그리스도께서는 그의 승천(ascension)가운데서
　　　　어떻게 높아지셨는가? **164**

54문답 : 그리스도께서는 하나님 우편에 앉으심 가운데서
　　　　어떻게 높아지셨는가? **174**

55문답 : 그리스도께서는 어떻게 중보(intersession) 하시는가? **184**

56문답 : 그리스도께서는 세상을 심판하러 다시 오심 가운데서
　　　　어떻게 높아지시는가? **194**

10. 그리스도의 중보로 말미암는 유익 / 57~61 문답　**204**

57-58문답 : 그리스도께서는 그의 중보 사역으로 어떠한 유익들을
　　　　　획득하셨습니까? 또한, 어떻게 우리가 그리스도께서 획득하신
　　　　　유익들에 참여할 수 있습니까? **206**

59문답 : 누가 그리스도를 통해 주어지는 '구속'(redemption)에
　　　　참여하는 자가 됩니까? **216**

60문답 : 복음을 들어본 적이 없으므로 예수 그리스도를 알지도 못하고
　　　　믿지도 않는 자들이, '자연의 빛'(the light of nature)을
　　　　따라 살아감으로 구원을 받을 수가 있습니까? **226**

61문답 : 복음을 듣고, 또한 교회에 속한 자들은 모두가
　　　　구원을 받습니까? **236**

46~61문답의 정리를 위한 NOTE **246**

해답 249

8
은혜 언약의 중보자

하나님께서 그 피조물인 인간과 맺으신 언약에 있어서 행위 언약(The Covenant of Works)이든, 혹은 은혜 언약(The Covenant of Grace)이든 간에 약속 이행의 주체는 하나님이시며, 또한 그 내용인 영생과 하나님의 영광이라는 목적에 있어서는 인간에게 동일한 은혜로 주어지는 것이라는 점에서 같은 성질의 것입니다. 행위 언약이든지 은혜 언약이든지 간에, 우리에게는 모두가 하나님의 사랑과 인애, 그리고 긍휼과 더욱 특별한 은혜로서 제공된 것이지요.

하지만 은혜 언약에 있어서는 하나님께서 창조주로서뿐 아니라 구속자이신 그리스도와 하나님 아버지로서의 관계 가운데서 드러난다는 점에서 행위 언약과 분명한 차이를 보이는 것을 볼 수가 있습니다. 그러므로 그러한 하나님과의 관계에서 구속자이신 그리스도의 사역이 절대적으로 중요한 것입니다.

특별히 은혜 언약은 이제 피조물인 인간이 하나님과의 직접적인 언약적 주체가 될 수가 없으며, 다만 그리스도를 보증으로 해서만 그 언약의 당사자에 포함될 수가 있습니다. 그러므로 언약의 성립에 있어 요구되는 순종[하나님의 율법에 대한 순종] 또한 인간 자신이 아니라 그리스도이신 예수의 중보사역 가운데서 비로소 조건적 성립을 이룰 수가 있는 것입니다. 한마디로 율법은 더 이상 인간의 양심에 있는 법에 대한 본성적인 이해로서 순종할 수 있는 것이 아니라 둘째 아담 곧, 마지막 아담이자 그리스도이신 예수께서만 순종하실 수가 있는 것입니다. 첫 사람 아담이 "선악을 알게 하는 나무의 열매는 먹지 말라"고 하신 말씀에 순종하지 못함으로 말미암아, 이제 인류는 더 이상 하나님의 말씀과 계명에 순종하지 못하는 자들이기 때문이지요.

무엇보다 이제 언약(즉, 은혜 언약)은 우리의 양심과 본성 가운데서 깨우칠 수 있는 성질의 것이 아닙니다. 그러므로 사람은 '자연의 빛'(the light of nature)이라 불리는 본성적인 자각과 이해력 가운데서 하나님과 체결된 은혜 언약에 대해 전혀 깨닫거나 파악할 수조차 없으며, 다만 하나님의 특별한 계시로서의 성경 가운데서야 비로소 깨달을 수 있습니다. 따라서 복음을 들은 적이 없고, 중보자이신 예수 그리스도에 관해 알지 못하며 믿지도 않는 자들에게 남은 미약한 종교심과 열심으로서는 결코 구원에 이를 수가 없는 것입니다.

끝으로 행위 언약이 모든 인류의 대표자이자 하나님과의 관계에 있어서 아직 죄 가운데 있지 않았던 유일한 인물 아담과 맺어지는 것이었던데 반해, 이제 은혜 언약은 모든 택함을 입은 '언약 백성들'의 대표자이시자 유일한 중보자이신 예수 그리스도의 중보 가운데서 맺어지는 것이기에, 그 적용은 오직 하나님의 택함을 입은 자들에게만 이뤄집니다. 그러므로 택함을 입은 백성들은 중보자이신 그리스도에 근거하여, 행위 언약에 있어서나 은혜 언약에 있어서나 언약을 성립하게 하시고, 그 유익과 내용들을 실재로 이루시는 하나님의 주권과 은혜로서 그의 백성들에게 적용되는 것입니다.

제36문

누가 은혜언약의 중보자인가?

통상적으로 '언약'이라는 말은 구약성경의 언어인 히브리어에서는 '베리트'(ברית, berit)로서, 함께 빵을 먹는다는 의미로 이해되는 히브리어 '바라'(ברא, barra)에서 유례한 단어입니다. 그리고 기원전 300년경 고대 그리스어인 코이네 그리스어로 작성한 구약성경 본문에서부터 사용된 신약성경의 언어인 헬라어로는 '디아데케'(διαθήκη, diatheke)로서, 이는 신약성경에서 흔히 '유언'이라고 번역하기도 합니다. 그러므로 통상적으로 '언약'이라는 말은 구약성경의 '베리트'보다는, 신약성경의 '디아데케'에서 더욱 그 맥락을 뚜렷이 찾을 수가 있습니다.

그런데 구약성경에서 언약이라는 뜻의 용어로 사용된 '베리트'는 그 의미하는 바에 대한 구체적이고 상세한 언급이 적은데 반해 신약성경에서 언약의 용어로 사용된 '디아데케'는 그 의미하는 바에 대한 더욱 구체적이고 상세한 언급들을 찾아볼 수 있으니, 히브리서 9장에서 사용된 "언약"(15절)이라는 말과 "유언"(16절)은 공히 헬라어 '디아데케'인 것입니다. 그러므로 히브리서의 사도는 언약의 의미를 구약에서보다 더욱 분명하고 상세하게 설명하여 언급한 것인데, 이를 바탕으로 우리들은 성경적 언약의 이해를 꾀할 수가 있습니다.

◘ 히 9:17에서 사도는 유언으로서의 언약에 대해 무엇이라고 언급했습니까? [1]

◘ 히 9:17로 보건대 앞서 15절에서 말한 "새 언약의 중보자"는 누구이겠습니까? [2]

◘ 히 9:14에서 사도는 "새 언약의 중보자"의 사역에 관하여 무엇이라고 언급했습니까? [3]

히 9:15에서 사도는 "새 언약의 중보"에 대해 헬라어로 '에스틴'(ἐστιν, evstin) 곧, "그는"이라고 하여 분명히 한 인격적인 대상을 가리켜서 '메시테스' 즉, "중보"라고 했습니다. 따라서 히브리서 9장의 문맥상 사도가 말하는 "그"는 바로 예수 그리스도이심을 분명하게 확인할 수가 있는 것입니다.

그런데 '중보'의 뜻을 지닌 헬라어 '에스틴'은 '~사이에' 혹은 '~한 가운데'라는 의미이니, 하나님과 사람 사이의 중재(mediation)의 일을 행하는 분이시라는 뜻입니다. 한마디로 하나님과 사람들 사이에 체결되는 언약에 있어 그 한 가운데서 중재의 역할을 수행하시는 분, 그런즉 언약을 성립시키는 중재자의 직무를 수행하시는 분이 바로 예수 그리스도시라는 것을 사도는 유대인들에게 이미 익숙한 구약시대의 제사와 관련한 언약의 이해 가운데서 가르쳐주고 있는 것이지요.

■ 히 9:8-10의 말씀들로 보건대 예수 그리스도의 중보의 사역 외에도 몇 몇 다른 중보의 역할이 있었다고 볼 수 있을까요? 특히나 구약시대의 성소와 관련된 제사들에서 말입니다. 4)

■ 구약시대에도 언약은 아직 온전히 성취된 것이 아니며, 그러므로 구약시대에도 오직 예수 그리스도의 섬김[사역]과 피 흘림으로 말미암아서 온전한 중보가 이뤄질 수 있었던 것입니까? 5)

구약성경의 여러 언약들에 있어서 가장 중요한 점이 있는데, 그것은 바로 희생제물(소, 양, 염소, 비둘기 등)을 죽여 그 피를 쏟는 것으로서의 어떤 일정한 예법을 취하며 선언하는 형식으로 이뤄진다는 사실입니다. 물론 경우에 따라서는 곡식가루를 태워서 수행하는 등의 예법들도 있었지만, 공통적으로 희생의 제물을 가운데 두고서 언약이 체결된 것입니다. 그러므로 구약의 언약에 관련한 예법들은 공히 히 9:10에서 사도가 말하는바 "육체의 예법"이되, 그것은 장래에 예수 그리스도의 섬김과 죽으심의 예를 통해 개혁할 것으로 있을 뿐이었던 것입니다. 아울러 구약성경의 시대에나 신약성경의 시대에나, 더욱이 현대와 더불어서 마지막 날에 이르기까지 하나님과 사람 사이의 중보의 일을 수행하시는 분은 오직 예수 그리스도뿐입니다. 딤전 2:5에서 사도가 말하는바 "하나님은 한 분이시요 또 하나님과 사람 사이에 중보도 한 분이시니 곧 사람이신 그리스도 예수"뿐인 것이지요. 오직 예수 그리스도 한 분을 중보로 하여 구약시대든지 신약시대든지 간에 언제나 하나님의 언약이 성립하고 성취될 수 있는 것입니다.

이로 보건대 은혜언약(Covenant of Grace)은 율법에 대한 사람의 수행 여부를 근거로 그 체결과 성립 여부가 결정되는 것이 아니었음을 알 수가 있을 것입니다. 오직 하나님(성부)과 그리스도(성자) 사이에서만 비로소 체결되며 성립할 수 있었던 것이 바로 은혜언약이었던 것이 지요. 비록 행위언약(Covenant of Works)이 첫 사람 아담과 관련하여 체결되었을지라도, 그 행위언약이 실재로 성립할 수 있는 것은 예수 그리스도를 중보로 하는 은혜언약 가운데서 비로소 가능했던 것입니다. 그러므로 이후로 모든 아담의 후손들인 인류(mankind)는, 오직 예수 그리스도 가운데서 성립하는 은혜언약에 근거해서만 비로소 하나님과 다시 화목하게 되는 소망을 둘 수가 있었던 것입니다. 하물며 이방 종교와 하나님을 모른다고 부인하는 불신앙의 사람들이야 오죽하겠습니까? 그들은 결코 하나님과 화목할 수도, 그러한 소망을 찾아볼 수도 없는 것입니다.

■ 히 9:12에서 사도는 예수 그리스도께서 이루신 속죄에 대하여 이르기를 "자기의 ☐로 ☐☐☐ 속죄를 이루사 ☐☐에 성소에 들어가셨느니라."고 했습니다.

■ 빌 2:6에서 사도는 예수 그리스도께서 "근본 하나님의 ☐☐시나 하나님과 ☐☐☐을 취할 것으로 여기지 아니" 하셨다고 했습니다.

■ 요 10:30에서 주 예수 그리스도께서는 친히 이르시기를 "나와 아버지는 ☐☐이니라."고 말씀하셨습니다.

구약성경 출 19:5-6에서 여호와 하나님께서는 출애굽 한 모세를 시내 산으로 불러 이르시기를 "너희가 내 말을 잘 듣고 내 언약을 지키면 너희는 모든 민족 중에서 내 소유가 되겠고, 너희가 내게 대하여 제사장 나라가 되며 거룩한 백성이 되리라."고 하셨습니다. 왜냐하면 하나님과 화목한 제사장 나라의 백성이 되기 위해서는 거룩하신 하나님과 더불어서 "거룩한 백성"으로 되는 것이 필연적이기 때문입니다. 이는 레 19:2의 여호와 하나님께서 이르신바 "너희는 거룩하라 이는 나 여호와 너희 하나님이 거룩함이니라."는 말씀에서 더욱 분명하게 암시되어 있으니, 하나님 앞에서 화평한 백성을 이루기 위해서는 반드시 거룩함을 이루어야 하는데, 특별히 출 19:5에서 여호와 하나님께서는 "너희가 내 말을 잘 듣고 내 언약을 지키면……너희가 내게 대하여 제사장 나라가 되며 거룩한 백성이 되리라."고 하셨으니, 바로 그 "언약"이라는 말이 히브리어 '베리트'입니다.

그런데 출애굽 한 이스라엘 자손들, 그 가운데서도 모세조차도 하나님 앞에서 온전히 거룩한 자는 아니었습니다. 이후에 대대로 모든 이스라엘 자손들 가운데서 온전하고 완전하게 거룩함을 이룬 자는 없었으니, 다만 모세를 통해 예표(typology)된 예수 그리스도만이 유일하게 하나님과 동등하게 거룩하고 죄가 없으신 분이었습니다. 빌 2:6에서 "하나님의 본체"시라고 한 것은, 그처럼 예수 그리스도께서 하나님과 동일한 본질을 지니신 분이시라는 것을 가리키는 것이지요. 그런즉 영원하신 하나님과 마찬가지로 성령님에 대하여도 "영원하신 성령"(히 9:14)이라고 한 것이며, 또한 예수 그리스도의 속죄에 대해서도 "영원한 속죄"(12절)라고 하여 예수 그리스도의 영원하신 하나님으로서의 속성을 나타내어 기록한 것입니다. 따라서 출 19:5은 여호와 하나님께서 "너희가 내 말을 잘 듣고 내 언약을 지키"라고 명하신 것으로 기록할지라도, 그 명령을 온전히 지킬 수 있는 분은 항상 하나님과 동일한 본질이신 예수 그리스도 외에는 없었던 것입니다. 예수 그리스도께서 피조물인 사람의 몸을 입고 세상에 오셨을지라도, 그는 근본 하나님의 본체이시기에 항상 하나님과 동일하게 죄가 없고 온전히 거룩한 분이셨지요.

그러나 이 지상에 있는 교회들의 역사 가운데 소위 이단(heresy)으로 구분되는 자들 가운데서는 예수 그리스도를 우리와 전혀 다르지 않은 인간 곧, 우리와 마찬가지로 육체의 죄악과 정욕을 지니신 분이라고 생각하는 오류가 종종 있었습니다. 아울러 로마 가톨릭교회의 오류 가운데서 오래도록 예수 그리스도와 같은 중보의 역할을 수행하는 '성모'[즉 마리아]와 '성인'(saint)들을 널리 인정하여, 그들에게 기도함으로써 그 기도가 하나님께 상달된다고 하여 하나님과 사람 사이의 '유일한 중보자'이신 예수 그리스도에 관한 진리를 부정하거나 약화시키는 태도를 취했습니다.

■ 그렇다면 예수 그리스도께서는 항상 우리와 다르게 영원하시고 거룩하신 분으로서 하나님과 함께만 계셨습니까? 이와 관련하여 갈 4:4에서 사도는 어떻게 가르치고 있습니까? [6]

■ 갈 4:5에서 사도는 예수 그리스도께서 율법 아래와 여자에게서 나게 하신 것이 무엇 때문임을 가르칩니까? [7]

사실 예수 그리스도께서 이 땅에 태어나신 것은, 이미 구약시대로부터 예언된 대로 성취된 것이었습니다. 그러므로 막 1:15에서 세례자 요한은 "때가 찼고 하나님의 나라가 가까이 왔"다고 했으며, 갈 4:4에서도 "때가 차매 하나님이 그 아들을 보내"셨다고 기록한 것입니다. 그리고 그러한 예언의 성취가 목적하는 바는 바로 예수 그리스도의 속량을 통한 중보사역에 있었습니다. 출애굽 시대에 모세가 백성들의 재판관(히: '멜리츠' 즉, 중보)의 역할을 수행했던 것도 바로 그러한 예수 그리스도의 중보를 예표했던 것이지요. 오직 때가 이르러 여자에게서 나시어 율법 아래에 있었던 예수 그리스도만이 영원한 중보자로서 하나님의 은혜언약의 중보자가 되셨던 것입니다.

■ 눅 1:31은 마리아가 낳을 예수의 '하나님으로서의 속성'을 나타냅니까, '사람으로서의 속성'을 나타냅니까? [8]

■ 눅 1:35에서도 예수의 '사람으로서의 속성'을 나타내줍니까? [9]

■ 예수 그리스도께서 유일한 중보자이신 것과 관련하여, 예수 그리스도께서는 '하나님으로서의 속성'과 '사람으로서의 속성' 모두를 지니십니까, 아니면 어느 한 속성만을 지니십니까? [10]

예수께서 마리아에게서 태어난 사람으로서의 속성을 지니고 계신 것은 쉽게 이해될 수 있습니다. 그러므로 심지어 어떤 사람들은 예수께서 인간 가운데 가장 탁월하고 훌륭한 사람이었으며, 그 탁월함이 하나님과 비견될 만큼 탁월했다고 생각합니다. 예수께서 비록 하나님과 동일하지는 않았지만, 그만큼이나 탁월한 인격과 사상을 갖춘 위대한 인간이었다고 이해하는 것이지요. 소위 자유주의 신학(liberal theology)을 바탕으로 하는 많은 신학자들이 그처럼 예수를 훌륭하고 탁월했던 모범적 인간으로서 이해하여, 그러한 인간 예수가 어떤 모습이었는가를 연구하는 가운데서 우리들도 그러한 모습을 따라 살아가야 한다고 주장했습니다.

그러나 롬 9:5에서 사도 바울은 예수 그리스도에 관하여 언급하기를 "육신으로 하면 그리스도가 그들[즉, 이스라엘 사람들]에게서 나셨으니 그는 만물 위에 계셔서 세세에 찬양을 받으실 하나님이시니라."고 하여, 예수 그리스도의 인간으로서의 출생과 영원한 하나님으로서의 본질을 모두 언급하고 있는 것을 볼 수가 있습니다. 그러므로 골 2:9에서도 사도는 이르기를 "그 안에[그리스도 안에]는 신성의 모든 충만이 육체로 거하시"느니라고 기록한 것이지요. 한 마디로 예수 그리스도께서는 하나님이시면서도 인간의 번식법을 따르지 않으나 분명한 사람의 육체로 마리아에게서 출생하신 분이십니다. 그리고 그러한 분은 '예수' 외에는 없으시기에, 오직 예수께만 '그리스도'[구약성경에서는 '메시아'라 칭함]라는 칭호를 붙여 지칭하는 것입니다. 오직 주 예수 그리스도께서만 은혜언약의 유일한 중보자이신 것이지요. 바로 이러한 성경 본문들의 가르침과 교훈들을 바탕으로 우리의 웨스트민스터 대교리문답에서는 제36문에 대해 다음과 같이 답변하고 있는 것입니다.

제36문의 답변

은혜언약의 유일한 중보자는 **주 예수 그리스도**로서, 그는 하나님의 **영원한 아들**이시며, 성부와 더불어서 동등하고 동일한 한 본질이신데, 때가 이르러 사람이 되셨고, 또한 그 때로부터 계속하여 영원토록, 한 위격과 두 구별된 본성을 지닌 가운데 **하나님이자 사람**이신 분이십니다.

▣ 그렇다면 예수 그리스도께서 이 땅에 출생하셨을 때에는 사람으로서의 속성과 하나님으로서의 속성을 모두 지니신 은혜언약의 중보자이셨지만, 이제 하늘에 오르신 후로는 하나님으로서의 속성으로만 하나님의 우편에 계시는 것입니까? [11]

▣ 위의 물음과 관련하여 "하나님의 영원한 아들"이라는 제36문답의 문구는 어떠한 암시를 주는가요? [12]

삼상 2:25에서 엘리 제사장은 아들들이 회막 문에서 수종드는 여인들과 동침하는 등 모든 악행에 대하여 들은 후에 그 아들들에게 이르기를 "사람이 사람에게 범죄하면 하나님이 심판하시려니와 만일 사람이 여호와께 범죄하면 누가 그를 위하여 간구하겠느냐."고 했습니다. 마찬가지로 욥 또한 욥 9:32에서 "하나님은 나처럼 사람이 아니신즉 내가 그에게 대답할 수 없으며 함께 들어가 재판을 할 수도 없고, 우리 사이에 손을 얹을 판결자도 없"다고 하면서, 다만 욥

19:25에서 "내가 알기에는 나의 대속자가 살아 계시니 마침내 그가 땅 위에 서실 것이라."고 하면서, 계속하여 26절에서 이르기를 "내 가죽이 벗김을 당한 뒤에도[즉, 죽어 육신이 부패한 뒤에도] 내가 육체 밖에서 하나님을 보리라."고 했으며, 또한 27절에서도 "내가 그를 보리니 내 눈으로 그를 보기를 낯선 사람처럼 하지 않을 것이라."고 했습니다. 그런즉 엘리 제사장이나 욥의 입술을 통해 증거된 말들 가운데서 이미 구약성경에서도 분명하게 하나님 앞에서 죄인 된 인류에 대한 중보자에 관한 고대함이 있었음을 볼 수가 있는데, 욥이 육체 밖에서도 보리라 한 대속자는 하나님이실 뿐만 아니라 "땅 위에 서실 것"이되 "낯선 사람처럼"[즉 알지 못하는 신적인 존재처럼]이 아니라 우리와 다르지 않은 육체를 입으신[즉 낯설지 않은] 분으로 오실 것이니, 그런 "대속자" 혹은 '중보자'는 하나님으로서의 속성과 사람으로서의 속성을 모두 지니신 "하나님의 영원한 아들"이신 것입니다. 오직 그러한 하나님의 아들만이 유일하며 영원한 중보자이신 것이지요.

복습: 은혜언약의 유일한 중보자는 ☐ ☐☐ ☐☐☐☐로서, 그는 하나님의 ☐☐☐ ☐☐이시며, 성부와 더불어서 동등하고 동일한 한 본질이신데, 때가 이르러 사람이 되셨고, 또한 그 때로부터 계속하여 영원토록, 한 위격과 두 구별된 본성을 지닌 가운데 ☐☐☐이자 ☐☐이신 분이시다.

제37문

어떻게 하나님의 아들이신 그리스도께서 사람이 되었는가?

'죄'란 대교리문답 제24문답에서 제시하고 있는바 "이성적인 피조물에게 규범으로 주어진 하나님의 어떤 법이라도 부족하게 준행하거나 불복하는 것"입니다. 그리고 인류의 조상인 '아담'은 "선악을 알게 하는 나무의 열매는 먹지 말라"(창 2:17)고 하신 하나님의 명령[곧 법]에 불복함으로써, 모든 인류가 지니는 근본적인 죄의 성향인 하나님의 법을 거스르는 본성을 야기하고 말았습니다. 그러므로 사람이 아무런 행동도 하지 않는다 해도, 오히려 그로 말미암아 대교리문답 제1문답에서 제시하는바 "하나님을 영화롭게 하며, 영원토록 그를 즐거워하는" 사람의 제일 되고 높은 목적을 행하지 않는 죄의 맥락 가운데 있음은 부정하지 못하는 것입니다. 그리고 원래의 사람의 지은바 된 목적을 상실해 버린 상태로는, 결코 하나님과 화평한 피조물로서의 관계 가운데 있지 못하는 것입니다. 바로 이와 같은 우리 인간의 처지에 관하여 사도 바울은 롬 7:22-23에서 우리들을 대표하여 이르기를 "내 속사람으로는 하나님의 법을 즐거워하되, 내 지체 속에서 한 다른 법이 내 마음의 법과 싸워 내 지체 속에 있는 죄의 법으로 나를 사로잡는 것을 보는도다."라고 했습니다. 그리고는 24절에서 "오호라 나는 곤고한 사람이로다 이 사망의 몸에서 누가 나를 건져내랴."고 통탄했는데, 그러나 딤전 2:5에서 이르기를 "하나님은 한 분이시오 또 하나님과 사람 사이에 중보자도 한 분이시니 곧 사람이신 그리스도 예수라."고 하여 롬 7:25에서 더욱 고백하는바 "우리 주 예수 그리스도로 말미암아 하나님께 감사"할 내용이 무엇인가를 확신하며 가르쳐 주는 것을 볼 수가 있습니다.

그렇다면 유일하며 영원한 '중보자'이신 주 예수 그리스도께서는 구체적으로 어떤 분으로 오셨던 것일까요?

■ 요 1:1에서 언급한 "말씀"은 어떤 물건을 지칭합니까, 아니면 어떤 구체적인 인격체를 지칭합니까? [13]

■ 요 1:14은 앞서 1절에서 언급했던 "말씀"이 무엇이 되어 우리 가운데 거했다고 했습니까? [14]

■ 요 1:14은 또한 "말씀"에 관하여 어떠한 영광으로서 "은혜와 진리가 충만하더라."고 했습니까? [15]

■ 요 1:18에서는 본래 누구도 볼 수 없는 하나님을 누가 나타내셨다고 했습니까? [16]

출 33:20-23에서는 하나님과 대면하여 말하던 자(출 33:11) 모세조차도 하나님의 얼굴을 보지 못하고 등을 보았다고 했는데, 이는 하나님을 보고 살 자가 없기 때문이었습니다. 유한한 피조물인 우리 인간은 무한한 창조주이신 하나님의 영광스러움과 그 실체를 결코 감당할 수 없는 것입니다. 출 33:20에서 "나를 보고 살 자가 없음이니라."고 한 것은, 단순히 하나님에 대한 두려움과 경외를 언급한 것만이 아니라 하나님의 실상을 볼 수 없는 우리들의 유한하고 미천함을 깨닫게 하는 것입니다. 한마디로 창조주 하나님과 피조물인 인간 사이에는 무한하며 도무지 감당할 수 없는 본질적인 간격이 있는 것입니다.

사실 출 33:23, 왕상 19:13, 사 6:1 등 성경의 여러 구절들에서 하나님이 나타나시지만, 단 한 번도 구체적이고 본질적인 실상 혹은 본체로서 나타내시지 않고 부분적이며 상징적인 환영으로서 나타내실 뿐이었습니다. 마치 출 33:23에 기록한바 얼굴을 보지 못하고 등을 봄과 마찬가지로, 혹은 고전 13:12에 기록한바 "거울로 보는 것 같이 희미하"게 볼 뿐인 것입니다. 그러므로 우리들은 하나님에 관해 "부분적으로" 알 뿐이었던 것이지요. 하지만 요 1:18에서 사도는 이르기를 "본래 하나님을 본 사람이 없으되 아버지 품 속에 있는 독생하신 하나님이 나타내셨느니라."고 했으니, 태초부터 있는 "말씀"이시자 하나님 아버지의 독생자이신 예수 그리스도께서 "육신"(헬: 사륵스, flesh)으로서 우리 가운데 거하시므로 말미암아 하나님을 죽지 않고 온전하게 바라볼 수 있도록 드러내셨던 것입니다. 한마디로 예수 그리스도께서는 진정한 육신을 가지고서 이 땅에 나셨던 것이지요.

■ 요 12:24; 33로 보건대 27절에 기록한바, 예수께서 "마음이 괴로우"셨던 것은 무엇 때문이었습니까? [17]

▣ 마 26:38에서는 예수께서 겟세마네 동산에서 어떠한 심리 가운데 계셨다고 했습니까? [18)]

▣ 시 42:5-6, 그리고 마 26:39 말씀으로 볼 때에, 예수 그리스도께서 그처럼 죽음을 앞두고서 고민하며 슬퍼하는 인간의 성정을 통해 드러내는바 [즉, 가르침]는 무엇이겠습니까? [19)]

일찍이 주후 1세기 무렵부터 예수 그리스도의 '사람으로서의 성품'에 대한 부정확하고 오류에 빠진 견해들이 있었는데, 대표적으로 영지주의자들에 의해 '가현설'(Docetism)이라는 것이 주장되어 예수 그리스도의 육신적인 출생이 부정되었습니다. 그리고 이에 따라 예수 그리스도께서 이 땅 가운데서 보이신 육신(육체)적인 모든 성품과 행실들이 부정되고, 다만 가상적으로 현현하신 천사와도 같았을 것이라고 주장했습니다. 즉, 예수께서는 고민하지도 슬퍼하지도 않으시는 분이시며, 혹은 고민하거나 슬퍼하는 것처럼 보여주실 뿐인 신성만을 지니신 분이라 생각했던 것입니다. 만일에 이러한 가현설이 받아들여진다고 한다면, 예수는 그리스도로서의 중보사역을 위해 정말로 출생하셨던 분이 아닐 것입니다. 아울러서 사도 바울이 말하는바 "오호라 나는 곤고한 사람이로다 이 사망의 몸에서 누가 나를 건져내랴."고 통탄하는 그 심정에 대해서도 별로[혹은 전혀] 실감하지 못할 것입니다.*

---

* 그러나 히 4:14에서 사도는 이르기를, "우리에게 큰 대제사장이 계시니 승천하신 이 곧 하나님의 아들 예수시라 우리가 믿는 도리를 굳게 잡을지어다."라고 하면서, 뒤이어 15절에서 "우리에게 있는 대제사장은 우리의 연약함을 동정하지 못하실 이가 아니요 모든 일에 우리와 똑같이 시험을 받으신 이"라고 했습니다.

그런데 성경은 예수 그리스도의 나심 곧, 출생에 대하여 그저 통상적으로 기록하고 있지 않습니다. 여느 인간들과 마찬가지로 부모들의 육체적인 접촉을 통해서 잉태되지 않은 것입니다.

◼ 마 1:18은 예수 그리스도의 나심에 관하여 무엇이라 기록하고 있습니까? [20]

◼ 눅 1:34에 따르면, 예수 그리스도의 나심은 통상적이고 일반적인 것이었습니까? [21]

◼ 마 1:25은 마리아가 처녀로서 잉태됨에 대하여, 요셉이 어떻게 대처했다고 했습니까? [22]

◼ 마 1:22은 이러한 예수님의 나심이 어떠한 이유에서라고 언급합니까? [23]

마 1:19에서 마리아와 약혼했던 요셉은 마리아와 동거하기 전에 그녀가 임신한 것을 알았을 때에, "그를 드러내지 아니하고 가만히 끊고자" 하였다고 했습니다. 이로 보건대 마리아가 처녀의 몸으로 아이를 잉태한 사실은 마리아와 그의 부모들, 그리고 정혼한 요셉 정도만이 알고 있었을 것입니다. 아울러서 마리아가 예수의 나심에 대한 천사의 예고에 대해 "나는 남자를 알지 못하니 어찌 이 일이 있으리이까"(눅 1:34) 라고 대답했던 것과 천사가 이른바 "네 친족 엘리사 벳도 늙어서 아들을 배었느니라 본래 임신하지 못한다고 알려진 이가 이미 여섯 달이 되었나니, 대저 하나님의 모든 말씀은 능하지 못하심이 없느니라."(눅 1:36-37)고 한 말씀으로 볼 때에, "그에게 잉태된 자는 ["자기 백성을 그들의 죄에서 구원할 자"(마 1:21)로서] 성령으로 된 것"(마 1:20)이 분명합니다.**

그렇다면 예수의 나심은 왜 이처럼 기이하고 이적적인 방법을 통해서 이뤄졌던 것일까요? 무엇 때문에 남자를 경험하지 않은 처녀의 자궁에서 잉태되어야 했을까요? 그리고 그처럼 이적적인 방편을 통해서 나실 것이라면, 굳이 여인의 자궁을 거치지 않는 방법으로 출생할 수도 있지 않을까요?

▣ 욥 15:14은 사람의 출생에 관해 어떻게 기록했습니까? [24]

▣ 시 51:5은 다윗의 출생에 관해 무어라 기록했습니까? [25]

** 이러한 예수 그리스도의 나심은 지극히 놀라운 것일 뿐 아니라 지극한 신비이기도 한 것이니, 이처럼 극소수의 사람들만이 그가 사 7:14에 기록한바 주께서 선지자로 하신 말씀을 따라 오신 메시아 곧, 그리스도이심을 보고 깨달을 수 있었던 것입니다. 반면에 요 1:5에서 사도는 이르기를 "빛이 어둠에 비치되 어둠이 깨닫지 못하더라."고 했고, 더욱 10-11절에서는 이르기를 "세상이 그를 알지 못하였고, 자기 땅에 오매 자기 백성이 영접하지 아니하였"다고 했습니다. 그런즉 예수 그리스도의 나심은 지극히 놀라운 것일 뿐 아니라 지극한 신비한 일종의 역설(paradox)이기도 한 것이지요.

8. 은혜 언약의 중보자

■ 롬 5:12은 모든 사람이 한 사람으로 말미암아 세상에 들어온 죄로 인하여 무엇에 직면함을 말합니까? [26]

창 2:24은 여호와 하나님께서 인류의 첫 조상인 남자와 여자에 관해 기록하기를 "남자가 부모를 떠나 그의 아내와 합하여 둘이 한 몸을 이룰지로다."라고 했는데, 이는 남자의 갈빗대[***]에서 취한 여자와 한 몸을 이룸으로써 비로소 온전한 사람으로서 생육하고 번성하게 되는 축복을 전제하고 있습니다. 그러므로 말 2:15은 남자가 오직 한 여자와 서약[히: 베리트(언약)]하여 이룬 결혼을 통해서 "경건한 자손"을 얻도록 하셨다고 설명하고 있습니다. 한마디로 남자와 여자가 육체적으로 결합하는 것은 결코 죄악에 직결되는 부정한 행위가 아니었던 것입니다.

그러나 인류의 첫 조상들인 남자와 여자가 동침하여 최초로 자손을 이은 일은, 창세기 3장의 타락 이후에 창세기 4장에서 비로소 기록하고 있습니다. 그리고 그러한 첫 자손들 가운데서 발생한 형제살인[곧, 가인이 동생 아벨을 죽인 일]은, 그들이 "죄악 중에서 출생"하였음을 극명하게 입증해주는 것입니다. 그런즉 하나님의 명하신 것을 거스르는 범죄(original sin) 이후에 출생하게 된 모든 인류의 육체적인 결합과 출생은 고스란히 "죄악 중에서" 이뤄지는 방식인 것이지요. 아마도 죽음에 근접하는 듯한 극심한 통증을 유발하는 "임신하는 고통"(창 3:16)은 바로 그 사실을 암시하는 것인지 모르겠습니다.

[***] 이는 구약성경의 히브리어로 '첼라'로서, 출 25:12절에서는 '한쪽 편'을 지칭하는 말로 사용되었습니다. 그런즉 여자는 남자의 한쪽 편이며, 남자의 한쪽 편이 여자로 채워짐으로서 비로소 온전한 한 몸을 이루게 되는 것임을 알 수가 있도록 하는 단어입니다.

이처럼 성경은 창세기 3장에서의 범죄와 타락 이후로 인간의 출생에 대하여 죄악[즉, 원죄] 가운데서 태어남을 시사하고 있습니다.

■ 히 4:15 말씀은 예수께서 우리의 출생과 유사하게 여자의 자궁을 통해 태어나신 것을, "모든 일에 우리와 똑같이" 무엇을 받으신 것이라 기록했습니까? 27)

■ 히 4:15 말씀은 예수께서 우리의 출생과 유사하게 여자의 자궁을 통해 태어나신 것으로 말미암아, 우리와 마찬가지의 죄[원죄]가 있으심을 말하고 있습니까? 28)

■ 히 7:26은 예수께서 무엇 때문에 우리에게 합당한 대제사장이 되신다 했습니까? 29)

히브리서 4장에서 사도는 예수께서 여자의 자궁을 통한 출생을 통해 사람의 육체로 나심으로 말미암아 겪으신 시험 곧, "모든 일에 우리와 똑같이" 받으신 시험으로 말미암아 "우리의 연약함을 동정" 하실 수 있는 분이심을 가르쳐 주었습니다. 그러나 동시에 예수께서는 우리와 똑같이 남자와 여자의 육체적인 결합을 통해 잉태됨으로 "죄악 중에서" 나신 것이 아니라, 성령의 능력으로 처녀인 여자의 자궁을 통해 잉태되시고 출생하셨음을 성경을 통해 파악할 수가 있습니다. 그러므로 이러한 성경의 가르침을 바탕으로 우리의 웨스트민스터 대교리문답 제37문의 "어떻게 하나님의 아들이신 그리스도께서 사람이 되었는가?"라는 물음에 대해 다음과 같이 답변할 수 있는 것입니다.

제37문의 답변

하나님의 아들이신 그리스도께서는 **참된 몸**과 **이성적인 영혼**을 취하심으로 사람이 되셨으며, **처녀 마리아의 모태** 안에서, **성령의 능력**으로 그녀의 형질로서 잉태되었으며, 다만 죄가 없이 그녀에게서 나셨습니다.

이처럼 예수께서는 참으로 여자의 자궁을 통해 육체 가운데서 출생하셨기에 첫 사람 아담과 마찬가지로 하나님의 명령을 거스르는 모든 인간적이고 육신적인 시험들을 감당하는 자로 태어나셨습니다. 그러므로 "처녀 마리아의 모태 안에서" 태어나셨다는 사실은 결코 간과하거나 가벼이 지나칠 만한 것이 아닙니다. 옛 영지주의의 가현설(Docetism)처럼 예수께서 실재적인 사람으로 나시지 않으셨다고 생각하거나 주장하는 것은, 반드시 이단(heresy)으로 정죄되어 마땅한 것이지요.

그러나 현대에 이르러서는 그러한 예수님에 대한 이해에 있어 철저히 인간으로서만 이해하려는 경우들을 볼 수가 있는데, 소위 '인간 예수'의 모습을 탐색하는 신학의 사조와 연구들이 배경을 이루는 것입니다. 그러므로 예수께서도 우리와 같은 죄의 유혹에 넘어지기도 했으며, 다만 그가 말한 가르침들 가운데서 현재 우리들의 삶을 위한 모범을 찾아보는 것이 중요하다고 여기는 것인데, 이에 대해 웨스트민스터 대교리문답 제37문의 답변에서는 분명하게 이르기를,

복습: 하나님의 아들이신 그리스도께서는 □□ □과 □□□□ □□을 취하심으로 사람이 되셨으며, □□ □□□□의 □□ 안에서, □□□ □□으로 그녀의 형질로서 잉태되었으며, 다만 죄가 없이 그녀에게서 나셨다.

라고 명료하고 분명하게 답하고 있는 것을 볼 수가 있습니다. 그리고 그것이 바로 성경이 전체적으로 가르치는 바이자 요지인 것이지요. 이러한 예수 그리스도의 나심(출생)에 관한 교리들을 우리들은 결코 간과하거나 포기할 수가 없는 것입니다.

제38문

왜 중보자가 하나님이어야 했는가?

죄의 근본적인 성격 즉, '원죄'의 성격은 창조 후에 첫 사람으로서 모든 인류의 머리가 되는 아담*이 범한 '불순종'의 성격임을 볼 수가 있습니다. 그러므로 그러한 죄의 속성을 거스르는 은혜의 사람들은 공통적으로 하나님께서 명하시는 바에 순종하는 모습으로 성경에 기록하고 있는 것을 볼 수가 있는데, 대표적으로 모세라는 인물을 중심으로 기록한 출애굽기에서 집중적으로 "무릇 내가 네게 명령한 대로 그들이 만들지니라."(출 31:11)는 문구와, "여호와께서 모세에게 명령하신 대로 하였더라"(출 39:7)는 문구로서 반복적으로 표현되어 있는 것을 볼 수가 있습니다.

■ 창 2:25로 볼 때에 창 3:7에 기록한바 선악을 알게 하는 나무의 열매를 따먹은 후에 인류의 조상들의 눈이 밝아진 것은, 뱀의 말대로 "하나님과 같이 되어 선악을 알"게 되었음을 의미하는 것이겠습니까? [30]

---

* 히브리어 'Adam'이라는 이름은, 단순히 한 사람의 이름으로서가 아니라 '인류'를 의미하는 사람의 뜻을 내포합니다. 따라서 아담을 일컬어 "첫 사람"(고전 15:45)이라고 하여 인류를 대표하는 자로 지칭하여 이르기를, "첫 사람은 땅에서 났으니 흙에 속한 자이거니와 둘째 사람은 하늘에서 나셨느니라."(고전 15:47)고 한 것을 볼 수가 있습니다.

■ 창 3:24에서 "하나님이 그 사람을 쫓아내"신 것은, 하나님과의 관계에 있어서 어떤 의미를 나타내는 것이겠습니까? [31]

인류의 조상들인 아담과 하와의 범죄로 말미암아 에덴 동산에서 쫓겨난 인류는 이제 그 스스로는 결코 하나님께로 나아갈 수 없게 되었습니다. 하나님과 화평하였던 에덴 동산을 지키는 그룹들과 불 칼은, 그처럼 인류가 자기 스스로 하나님과의 화평을 회복할 수 없도록 하는 치명적인 수단들인 것입니다. 마찬가지로 창세기 4장에 곧장 기록하고 있는 가인과 아벨의 제물에 관한 기록들은, 우리의 자발적인 수고와 노력의 결실로는 하나님께서 받으실만한 제물이 되지 못하며 오히려 하나님께서 원하시는 대로의 희생을 바탕으로 해서만 비로소 받으실만한 것이 될 수 있음을 깨닫게 합니다. 즉 희생 제물인 "양의 첫 새끼와 그 기름"은, 구약의 모든 제사들에서 요구되는 희생제물을 단적으로 나타내며, 궁극적으로 유월절 어린 양과 같은 희생물로서 자신을 십자가에 내어 주신 예수 그리스도의 대속(redemption)을 바라볼 수 있도록 예표하고 있는 것입니다.

■ 롬 1:4은, "성결의 영으로"서의 주 예수 그리스도에 대해 무어라 기록하고 있습니까? [32]

■ 행 2:36은 유대인들이 십자가에 못 박은 예수를, 하나님께서는 어떻게 하셨다고 했습니까? [33]

■ 히 8:6에서 말하는 "더 좋은 언약의 중보자"는 누구를 일컫는 것입니까? 34)

■ 요 1:18은 "아버지의 독생자"(요 1:14)이신 그리스도를 가리켜서 "독생하신 ☐☐☐"이라고 했습니다.

히 8:6에서는 예수께 대해 "언약의 중보자"로 칭하고 있으며, 또한 9:15에서는 "새 언약의 중보자"라 칭하며 이르기를 "이는 첫 언약 때에 범한 죄에서 속량하려고 죽으사 부르심을 입은 자로 하여금 영원한 기업의 약속을 얻게 하려 하심이라."고 했습니다. 한마디로 속죄 사역은 "영원하신 성령으로 말미암아 흠 없는 자기를 하나님께 드린 그리스도"로서의 사역인 것입니다. 그런즉 그리스도 곧, 영원한 언약의 중보자이신 분은 반드시 하나님으로서의 속성을 지니신 분이어야만 했음을 성경의 여러 본문들, 특히 신약성경의 본문들 가운데서 파악할 수가 있습니다.

그런데 히 9:12; 15 말씀은 그리스도께서 "단번에 성소에 들어가셨"다고 함과 아울러 "영원한 기업의 약속을 얻게 하려 하심"이라고 한 것을 볼 수가 있습니다. 그런즉 하나님의 아들이신 예수 그리스도의 속량하심은 단번에 영원히 이뤄진 것임을 알 수가 있는 것이지요. 조금 더 간단히 말하자면, 중보자로서의 사역을 수행하신 분은 예수 그리스도 외에는 결코 없었으며, 앞으로도 마지막 날에 이르기까지 없을 것임에 분명한 것입니다. 그럼에도 불구하고 지금도 이단과 사이비적인 교파들과 종파들 가운데서 자신이 그리스도의 현현이자 재림예수 임을 주장하는 거짓되고 허황된 주장을 펴는 것을 볼 수가 있는데, 그러한 주장을 하는 것은 결코 가벼운 실수나 오류가 아니라 오히려 유일하며 영원한 중보자이신 예수 그리스도를 "드러내 놓고 욕되게 함"(히 6:6)인 것입니다. 더구나 예수께서는 구약성경에 기록된바 수많은 예언들을 성취하시는 이적과 표적들을 친히 보이셨을 뿐 아니라 더욱 "영원하신 성령으로 말미암아" 하나님으로서의 그의 속성들을 드러내며 깨닫도록 하신 유일한 분이십니다. 무엇보다 히 7:23-24에서 사도는 예수 그리스도에 관하여 이르기를 "제사장 된 그들의 수효가 많은 것은 죽음으로 말미암아 항상 있지 못함이로되, 예수는 영원히 계시므로 그 제사장 직분도 갈리지 아니하느니라."고 했으니, 그러한 중보의 사역을 수행할 수 있는 직분은 예수 그리스도 외에는 전혀 없는 것입니다.

◼ 히 7:26에서 사도는 예수 그리스도에 대하여 어떤 분으로 언급하고 있습니까? [35]

◼ 히 9:14 말씀에 따르면, 우리의 "양심을 죽은 행실에서 깨끗하게 하고 살아 계신 하나님을 섬기게" 하는 능력이 어디로부터 말미암는 것을 가르쳐 주고 있습니까? [36]

◼ 롬 3:21에서 말하는 "하나님의 한 의"(δικαιοσύνη θεοῦ)란 누구를 믿음으로 말미암는 의입니까? [37]

■ 롬 3:26 말씀에 따르면, "예수 믿는 자를 의롭다 하려 하심"은 누구의 의로 말미암은 것입니까? [38]

■ 롬 3:11-12에서 인용한 시 14:2-3 말씀은 타락하여 부패한 인간들 가운데서는 하나님의 공의를 만족시킬 수 있는 자가 없음을 나타내고 있습니까? [39]

■ 행 4:12에서 "천하 사람 중에 구원을 받을 만한……이름"은 누구의 이름이겠습니까? [40]

행 3:16에서 베드로 사도는 성전 미문에 앉아서 구걸하는 "나면서부터 못 걷게 된 이"(행 3:2)를 일어나 걷게 한 일에 대하여서, "예수로 말미암아 난 믿음이 너희 모든 사람 앞에서 [그 사람을] 이같이 완전히 낫게 하였느니라."고 말했습니다. 그리고 행 4:12에 기록한바 "구원"(σωτηρία)이란 이처럼 건강하게(σώζω)됨을 직접적으로 의미하는 말입니다. 따라서 예수께서, 그리고 그의 제자들인 사도들이 병자들을 회복케 하는 이적을 행했던 것은, 그저 독립적이고 우발적인 사건들이었던 것이 아니라 예수 그리스도의 이름이 구원하는 이름인 것을 시각적으로 분명하게 확증하는 의미를 내포하는 이적이었음을 짐작할 수가 있는 것입니다. 왜냐하면 당시에 많은 유대인들과 헬라인들이 예수 그리스도의 복음을 듣지도, 또한 알지도 못한 가운데서 그러한 이적과 표적들을 통해 그리스도의 복음에 귀를 기울이게 되었기 때문이지요. 아울러 그러한 이적들은 궁극적으로 우리를 죄악과 그 부패 가운데서 회복시키시는 그리스도[메시아 곧, 하나님의 기름부은 자로서의 예수의 이름을 힘입은 것이었는데, 행 3:21 이하의 말씀에 따르면 그리스도께서는 "영원 전부터" 세워지실 것으로 예정(Predestination)되신 분이셨습니다.

이처럼 성경은 구원자 혹은 중보자로서 예수 그리스도를 소개할 때에, 우리와 같은 사람으로서의 품성만이 아니라 더욱 하나님으로서의 신적인 품성을 소개하며 근거하고 있는 것을 볼 수가 있습니다. 특히 예수 그리스도의 죽으심과 부활하심은 그가 하나님이심을 극명하게 입증하는 것인데, 행 2:24에서도 이에 관해 언급하기를 "하나님께서 그를 사망의 고통에서 풀어 살리셨으니 이는 그가 사망에 매여 있을 수 없었음이라."고 했습니다. 그러면서 시 16:8-11에 기록한바 다윗의 시편을 인용하는데, 이로써 그가 "주와 그리스도"(κύριον καὶ Χριστὸν) 곧, 하나님이기도 하심을 알 수가 있습니다. 바로 그러한 하나님으로서의 그리스도의 성품 가운데서 모든 인간적인 제한과 연약함이 극복되었던 것이지요. 무엇보다 사 49:7에 기록한바 "이스라엘의 구속자 이스라엘의 거룩한 이이신 여호와께서 사람에게 멸시를 당하는 자, 백성에게 미움을 받는 자, 관원들에게 종이 된 자에게 이같이 이르시되 왕들이 보고 일어서며 고관들이 경배하리니 이는 이스라엘의 거룩하신 이 신실하신 여호와 그가 너를 택하였음이니라."는 예언을 통하여, 예수 그리스도께서 구원자와 중보자로서 택함을 입은 하나님의 종[하나님의 뜻과 능력을 수행하시는 분]이신 분**이심을 구약에서부터 예시하고 있었음을 볼 수가 있

** 사 42:1에서는 또한 "내가 붙드는 나의 종, 내 마음에 기뻐하는 자 곧 내가 택한 사람을 보라"고 하며 이르기를, "내가 나의 영을 그에게 주었"다고 하여, 주로 '여호와의 종'으로써 그리스도를 언급했는데, 행 4:27에서는 더욱 직접적으로 "하나님께서 기름 부으신 거룩한 종 예수"라고 더욱 분명하게 기록하고 있다.

습니다. 성경은 구속자와 중보자의 직무를 담당하시는 분은 예수 그리스도 외에는 전혀 없음을 분명하게, 그리고 오래 전 구약성경에서부터 이미 제시하고 있는데, 그러한 그리스도의 성품에 의해 그의 인간으로서의 성품이 지니는 연약함과 한계가 보완되며 극복될 수가 있는 것입니다. 한마디로 예수 그리스도의 하나님으로서의 성품으로 인해, 예수 그리스도께서는 무한한 하나님의 진노와 사망의 권세에 빠져들지 않을 수가 있었던 것이지요.

■ 엡 1:5은 누구로 말미암아서 우리로 하나님 아버지의 아들들이 된다 했습니까? [41]

■ 이어지는 엡 1:6에 따르면, 예수 그리스도로 말미암아 우리에게 거저 (ἐχαρίτωσεν) 주시는 바 되는 것은 무엇입니까? [42]

에베소서 1장에서 사도는 성도들에게 하늘에 속한 신령한 복들에 관하여 말하는 가운데서 이르기를 "우리는 그리스도 안에서 그의 은혜의 풍성함을 따라 그의 피로 말미암아 속량 곧 죄 사함을 받았느니라."(7절)고 했는데, 그러한 죄 사함에 대해 앞선 4-5절에서 이르기를 "창세 전에 그리스도 안에서 우리를 택하사……그 기쁘신 뜻대로 우리를 예정하사(προορίσας) 예수 그리스도로 말미암아 자기의 아들들이 되게 하셨"다고 했습니다. 특별히 그러한 모든 예정이 "창세 전에"(πρὸ καταβολῆς) 이루어진 것이니, 예수께서 인간으로서의 품성만을 지니신 분이셨던 것이 아니라 영원한 하나님으로서의 품성 또한 지니시므로 그처럼 택함을 위한 중보자로 예정될 수 있었던 것임을 알 수가 있을 것입니다.

그러나 오늘날 삼위일체 하나님에 대한 이해를 부정하는 자들은, 예수 그리스도께서 지니신 하나님으로서의 품성[즉, 속성] 또한 부정할 뿐만 아니라 예정에 있어서도 "그분의 왕국에서 예수 그리스도와 함께 할 공동 후사들로 이루어진 한 반열이 있을 것을 예정하셨다. 하지만 개개인이 그 반열의 일부가 되기 위해서는 충실을 증명해야" 한다면서, 하나님께서는 "우리의 운명을 미리 정해 놓지 않으신다. 그 대신에, 우리는 여호와 하나님께서 자기 형상대로 만드신 피조물들에게 주신 자유 의지를 행사할 수 있다(창 1:27). 독자는 현명한 선택을 하여 여호와 하나님께서 제공하시는 영원한 생명에 온 마음을 다해 호응할 수 있다(요 17:3)."고 설명합니다. 만일에 예수께서 그러한 분으로서 그리스도이시라면, 결국 그는 참되고 확실한 구원자가 아니라 부분적으로만 그 직무를 수행하는 불완전한 중보자로 생각될 수 있을 것입니다. 그 나머지 부분은 순전히 우리들의 올바른 선택에 달렸으니, 하나님의 예정하심은 전혀 무의미하게 되는 것이지요. 그러나 이미 살펴본 신약성경의 본문들, 특히 히브리서와 에베소서의 말씀들만 진지하게 살펴보아도 예수께서는 하나님의 영원한 예정 가운데서 유일하게 그리스도로서의 중보직을 수행하실 수 있는 참된 하나님이자 성부 하나님과 동일한 하나님이셨음을 알 수가 있습니다.

■ 눅 1:69은 예수에 관하여 예언하기를 "우리를 위하여 ☐☐의 뿔을 그 종 ☐☐의 집에 일으키셨"다고 했습니다.

▣ 히 5:9에서 사도는 그리스도께서 "자기에게 순종하는 모든 자에게" 어떤 근원이 되신다고 했습니까? [43]

이러한 성경 구절들은 공통적으로 예수 그리스도의 하나님으로서의 성품에 의해 우리들에게 제공되는 유익이 얼마나 크고 놀라운 것인지를 확증한다 하겠습니다. 그러므로 예수 그리스도의 신적인 속성에 대한 성경적이고 정확한 이해는, 우리의 신앙에 있어서 필연적인 중요성을 지닌다 하겠습니다.

제38문의 답변

중보자가 하나님이셔야 했던 이유는, 하나님의 **무한한 진노**, 그리고 **죽음의 권세** 아래로 빠지는 것으로부터 **그의 인성**을 지키고 유지하기 위함이었습니다. [아울러] 그의 고난과 순종, 그리고 중재에 가치와 효력을 주기 위해서였습니다. 그리고 하나님의 **공의**를 만족시키도록, 그의 **호의**를 구하며, 자기 백성들을 사들이고, 그들에게 그의 영을 주기 위해, 그들의 **모든 적들을 정복**하며, 또한 그들을 **영원한 구원**에 이르도록 하기 위함이었습니다.

이처럼 예수 그리스도께서는 그 자신만의 독특한 하나님으로서의 품성 혹은 속성으로 인해 창세 전에 예정 가운데서 중보자로 택해진 분이십니다. 그리고 그러한 예정을 위해서는 그의 사람으로서의 속성에 앞서서 반드시 그의 하나님으로서의 속성을 이해하고 인정하야만 하는 것입니다. 왜냐하면 사람으로서는 누구도 그러한 중보의 조건을 만족시킬 수 없기 때문이지요. 아울러서 그러한 예수 그리스도의 하나님으로서의 속성은, 그의 백성들에게 제공하시는 무한한 은택들을 위함임을 알 수가 있겠습니다.

■ 우리 주변에서 이러한 예수 그리스도의 하나님으로서의 품성에 대해 무지(無智)하거나 반대하는 주장이나 사상들을 파악하여 변증해보도록 합시다.

복습 : 중보자가 하나님이셔야 했던 이유는, 하나님의 ☐☐☐☐ ☐☐, 그리고 ☐☐의 ☐☐ 아래로 빠지는 것으로부터 그의 ☐☐을 지키고 유지하기 위함이었다. [아울러] 그의 고난과 순종, 그리고 중재에 가치와 효력을 주기 위해서였다. 그리고 하나님의 ☐☐를 만족시키도록, 그의 ☐☐를 구하며, 자기 백성들을 사들이고, 그들에게 그의 영을 주기 위해, 그들의 모든 ☐들을 ☐☐하며, 또한 그들을 영원한 ☐☐에 이르도록 하기 위함이었다.

제39문

왜 중보자가 사람이어야 했는가?

앞서 웨스트민스터 대교리문답 제37문답에서는 어떻게 하나님의 아들이신 그리스도께서 사람이 되셨는지에 대해 다루었던 것과 유사하게, 이제 제39문답에서 다시 한 번 예수 그리스도의 사람으로서의 품성[혹은 속성]에 관하여 다루는 것을 볼 수가 있습니다. 그러나 제37문답에서는 주로 예수 그리스도의 '성육신'(incarnation)에 관한 것을 다루었다면, 제39문답은 중보자로서의 예수 그리스도에 대하여 다루고 있습니다. 또한 더욱 세부적으로는 그러한 중보자가 왜 하나님으로서만이 아니라 사람으로서 그 직무를 수행해야만 하는지를 정의하고 있습니다.

◼ 히 2:9에서 사도는 "죽음의 고난 받으심으로 말미암아 영광과 존귀로 관을 쓰신 예수"에 관해서 어떠한 자라고 규정합니까? [44]

◼ 히 2:6에 따르면, 예수께서 잠시 동안 천사들보다 못한 몸으로 오심은 무엇 때문이었습니까? [45]

◼ 히 2:9에서 사도는, 예수께서 그처럼 행하심에 관해 어떻게 말하고 있습니까? [46]

히브리서 1장에서 사도는 하나님의 아들이신 예수 그리스도에 대하여서 "하나님의 영광의 본채시오 그 본체의 형상이시라 그의 능력의 말씀으로 만물을 붙드시며 죄를 정결하게 하는 일을 하시고 높은 곳에 계신 지극히 크신 이의 우편에 앉으셨느니라."고 했습니다. 그리고서는 곧장 2장에서 이르기를 "그를 잠시 동안 천사보다 못하게" 하셨다고 했습니다. 한마디로 잠시 이 땅에서 "죽음의 고난"을 받는 사람의 육체로 나시게 하셨다는 것이지요. 그런즉 천사들과 다른 인간과 그리스도만의 구별점이 바로 영원하지 않은 '육체'(flesh)에 있는 것입니다. 천사는 '영'(spirit)으로서, 육체를 가지지 않은 존재입니다.

그런데 히브리서의 사도는 육체로 나신 예수에 대하여서 "천사들보다 잠시 동안 못하게 하심을 입은 자"라고 하면서 "죽음의 고난 받으심" 곧, 죽음의 고난을 받으시기 위하여 천사들보다 잠시 동안 못하게 육체 가운데 나셨음을 말하고 있습니다. 그러므로 '성육신'을 가리켜서 '비하'(humiliation)라고 부르기도 하며, 이는 제46문답에서 더욱 구체적으로 살펴볼 수 있을 것입니다. 분명한 것은 "만물이 그를 위하고 또한 그로 말미암은 이"(히 2:10)께서 죽을 육신(Mortal being)으로 오신 것이야말로 그 자체로 그리스도의 자기[스스로의]비하라는 것이지요. 그렇다면 왜 예수 그리스도께서는 "만물이 그를 위하고 또한 그로 말미암은 이"이심에도, 죽을 육신으로서 이 땅 가운데 오셨던 것일까요?

◼ 히 2:10 말씀은, "만물이 그를 위하고 또한 그로 말미암은 이"가 행하신 구원에 관하여 어떠한 일이라고 말합니까? ⁴⁷⁾

◼ 히 2:10 말씀은 또한 그 일 즉, 구원의 일이 무엇을 통하여 온전하게 하셨음이라고 말합니까? ⁴⁸⁾

히브리서 2장에서 사도는 예수 그리스도께서 사람의 몸으로 오시는 행위가 "모든 사람을 위하여 죽음을 맛보려 하심"(9절)이라고 했는데, 놀랍게도 그것을 가리켜서 "하나님의 은혜로 말미암"은 것이라고 했습니다. 그런즉 예수 그리스도께서 죽을 수밖에 없는 사람의 몸으로 오신 비하의 행위는 "모든 사람*을 위하"는 "하나님의 은혜"인 것입니다.** 그러므로 육신을 지니지 않은 그 어떤 천사나 영적인 속성 혹은 신성(Divine nature)만으로는, "구원의 창시자"로서의 중보자가 될 수 없는 것이지요. 바로 이 같은 이유로 그리스도께서는 하나님으로서의 품성만을 지닌 분이 아니었던 것입니다.

---

* 그러나 이는 보편구원적인 '만인'(all human)이 아니라, 10절에서 언급한바 "많은 아들들" 곧, '택함을 입은 모든 자들'을 가리킵니다.

** 이것이 진정한 은혜이자 본질입니다. '은혜'란 흔히 오해하는 것처럼 우리의 바라는 바와 희망하는 바가 아니라 하나님께서 제공하시는 것으로서, 은혜의 본질은 우리의 필요에 그 근원이 있는 것이 아니라 이를 주시는 하나님께 있는 것입니다. 그러나 히 2:9에 기록한바 "모든 사람을 위하여 죽음을 맛보려 하"신 하나님의 은혜에 대하여서는 당시에 어떤 사람들도 바라거나 기대하지를 않았으며, 오히려 정치적인 구원자로서의 메시아[그리스도]를 고대하고 있을 뿐이었습니다.

■ 히 2:14에서는 예수 그리스도께서도 우리들과 같은 ☐☐으로 ☐과 ☐을 함께 지니셨다고 했습니다.

■ 히 2:14에서 사도는 그리스도께서 ☐☐을 통하여 ☐☐의 ☐☐을 잡은 자 곧 ☐☐를 멸하셨다고 했습니다.

■ 히 2:15에서는 인간의 본성 즉, '인성'(human nature)에 대하여 어떻게 묘사하고 있습니까? [49)]

■ 히 2:16 말씀은, 예수 그리스도께서 죽을 수밖에 없는 사람의 몸으로 나신 것이 천사들을 붙들어 주려 하심이라고 말합니까? [50)]

히 9:22에서 사도는 이르기를 "피흘림이 없은즉 사함이 없느니라."고 했는데, 그에 앞선 18절에서 "첫 언약도 피 없이 세운 것이 아니"라고 한 것을 볼 수가 있습니다. 이는 출 24:6-7에 기록한바 시내 산에서의 언약을 가리켜 말한 것으로서, 대속물(희생물)의 육신에서 흘리는 피 없이 언약이 세워지지 않았음을 배경으로 하여 "피흘림이 없은즉 사함이 없느니라"고 히 9:22은 기록하고 있는 것이지요. 그러면서 히 9:16-17은 그러한 "언약"을 가리켜서 "유언"[***]이라고 하며, "유언은 그 사람이 죽은 후에야 유효"하다고 하여, 구약에서와 마찬가지로 피흘림의 죽음으로 인해 유효하게 되는 유언으로서의 성격을 지닌 언약에 대해 설명한 것을 볼 수가 있습니다. 그러므로 은혜 언약의 중보자는 반드시 피를 흘려 죽을 수 있는 육신을 지닌 분이어야만 했던 것이며, 실제로 예수께서는 그처럼 육신

[***] 신약성경의 언어인 헬라어에서 "언약"과 "유언"은 모두 'διαθήκη'로 표기한다.

을 지닌 분으로 이 땅에 오신 그리스도이신 것입니다. 아울러 그러한 그리스도의 중보사역 곧, 십자가에 달리시어 그 피를 흘리시고 죽으신 것을 통해 언약은 유언으로서 중보의 대상자들에게 유효하게 되었던 것이지요. 반면에 천사들은 육체를 지니지 않는 존재입니다. 예수 그리스도께서 사람의 육신으로 나신 사실을 부인하는 가현론자(docetism)들이 주장한바 '가현'(헬: δοκέω) 곧, 환영(illusion)으로써 자신을 나타낼 수밖에 없는 존재가 바로 천사들인 것입니다. 그러므로 천사들은 육신의 피를 흘려 죽을 수가 없는 존재들로서, 사람의 육신으로 나신 예수 그리스도와 같은 중보[은혜 언약의 중보자]의 사역을 수행할 수 없는 존재입니다. 마찬가지로 성부 하나님과 성령님 또한 속죄를 위한 피흘림이 불가하며, 중보로서의 사역을 수행하지도 않으시는 것이지요. 오직 성자[하나님의 아들]로서의 위격이신 예수 그리스도께서만 육체 가운데서 피흘려 죽으심으로 속죄의 사역을 수행하셨습니다.

그런데 예수 그리스도께서 그처럼 육신으로 이 땅 가운데 나신 것은 그 자신에게 있어서는 '비하'(humiliation)이지만, 믿음의 백성들에게 있어서는 '구원'(Salvation)이 되는 것이었습니다. 가장 온전한 육신이었던 "첫 사람 아담"(고전 15:45)이 범죄하여 타락 한 이후로 모든 인류에게 물려진 타락한 본성으로서의 인간의 본성을, "마지막 아담"이신 예수 그리스도께서는 "살려 주는 영"으로서 [믿음의 백성들을] 구원하신 것이지요.

그렇다면 예수 그리스도께서 육신으로 오시어 행하신 중보자로서의 사역으로 말미암은 유익과 효과는 믿음의 백성들에게 어떤 것으로 적용되는 것이겠습니까? 천사들과 다르게 사람의 몸으로 오신 중보자가 그의 백성들에게 제공하는 유익이란 구체적으로 어떠한 것인가 말입니다.

◼ 히 9:14에서 사도는 "그리스도의 피"가 우리의 양심에 어떻게 작용한다고 말합니까? [51]

◼ 히 9:15에서는 예수 그리스도의 죽으심이 무엇을 위함이라고 했습니까? [52]

히브리서 9장에서 구약의 율법과 제사들에 대해 잘 아는 사도는 이르기를 "첫 언약도 피 없이 세운 것이 아니니, 모세가 율법대로 모든 계명을 온 백성에게 말한 후에 송아지와 염소의 피 및 물과 붉은 양털과 우슬초를 취하여 그 두루마리와 온 백성에게 뿌리며, 이르되 이는 하나님이 너희에게 명하신 언약의 피라 하고, 또한 이와 같이 피를 장막과 섬기는 일에 쓰는 그릇에 뿌렸느니라."(18-21절)고 했습니다. 즉, 출애굽기에 기록된바 첫 언약은 피흘림이 없이 세운 것이 아니었을 뿐 아니라 율법의 반포와 더불어서 체결되었음을 말한 것입니다. 실제로 출 24:4-8에서 피를 뿌림으로 언약을 선포하기 직전의 일들을 기록한 3절 말씀을 보면 "모세가 와서 여호와의 모든 말씀과 그의 모든 율례를 백성에게 전하매 그들이 한 소리로 응답하여 이르되 여호와께서 말씀하신 모든 것을 우리가 준행하리이다."라고 말한 것을 볼 수가 있으며, 4-8절에 기록한바 피를 뿌림으로 언약을 선포하고 체결하는 가운데서도 "언약서를 가져다가 백성에게 낭독하여 듣게 하니 그들이 이르되 여호와의 모든 말씀을 우리가 준행하리이다."라고 대답한 것을 볼 수가 있습니다. 그런즉 첫 언약에 있어서 율법의 준행이 전제되되, 그것은 또한 피흘림에 의해 체결된 것입니다.

그런데 이러한 "언약의 피"(출 24:8)와 관련해서 히 10:5에서 사도는 구약성경의 시 40:6-8의 말씀을 인용하여 "하나님이 제사와 예물을 원하지 아니하시고 오직 나를 위하여 한 몸을 예비하셨도다."라고 기록하면서, "이에 내가 말하기를 하나님이여 보시옵소서 두루마리 책에 나를 가리켜 기록된 것과 같이 하나님의 뜻을 행하러 왔나이다 하셨느니라."고 했습니다. 즉 예수 그리스도께서 피흘림으로 섬기신 "새 언약"(히 9:15) 또한 "두루마리 책"(히 10:7)에 기록된바 "하나님의 뜻"을 행함과 아울러 "예수 그리스도의 몸을 단번에 드리심"(10절) 가운데 이뤄진 것입니다.

■ 갈 3:21에서 사도는 '율법'과 '하나님의 언약'이 서로 반대됨을 말합니까? [53)]

■ 갈 3:19에서 사도는 '율법'이 무엇 때문에 더하여진 것이라고 했습니까? [54)]

■ 갈 3:24에서 사도는 결국 '율법'이 어떤 역할을 하는 것이라고 설명합니까? [55)]

갈라디아서에서 사도는 '율법'과 은혜 언약의 중보자에 관련한 '언약' 사이에 모순이 있는 것이 아니라고 했습니다. 즉 율법이 언약을 폐기하지 못하고(17절), 또한 언약이 율법을 폐하는 것도 아니며, 오히려 율법은 "천사들을 통하여 한 중보자의 손으로 베푸신 것"으로서 "약속하신 자손이 오시기까지" 있으면서 "그리스도께로 인도하는 초등교사"의 역할을 수행한다고 한 것입니다.

그렇다면 "우리를 그리스도께로 인도하는 초등교사가 되어 우리로 하여금 믿음으로 말미암아 의롭다 함을 얻게 하려"는 율법을 예수 그리스도께서는 어떻게 대하셨을까요?

■ 갈 4:4에서 사도는 "때가 차매 하나님이 그 아들을 보내"신 것에 대해 어떻게 설명합니까? [56]

■ 갈 4:5에서 사도는 하나님께서 예수 그리스도를 "율법 아래에 나게 하신 것"에 관해 또한 어떻게 설명합니까? [57]

예수께서 마리아에게서 육신으로 나신 것은 또한 여느 사람들과 마찬가지로 율법 아래에 나신 것으로서, 율법에 대한 순종의 의무아래에 나신 것을 말합니다. 그러므로 예수께서는 중보자로서 율법의 요구에 대한 순종에 있어 근본적으로 무능력한 우리를 대신하여 그 요구들을 만족시키셔서 "속량하시고", 또한 그렇게 하여서 그를 믿는 자들로 하여금 '종'이 아니라 "아들의 명분을 얻게" 하심이라고 갈라디아 4장에서 사도는 말합니다. 그런즉 예수를 믿는 믿음 가운데서 죄 사함을 통해 아들의 명분을 얻은 자들은, 율법에 대하여서 예수 그리스도께서 행함과 같이 더 이상 범법하는 자와 무능력한 자가 아니라 "복음의 진리를 따라 바르게 행하"(갈 2:14)는 자들인 것입니다. 물론 그렇다고 우리가 예수께서 행하신 것과 같은 완전한 순종을 율법에 대해 수행하는 것은 아닐지라도, 율법이 제시하는바 바르게 행함을 힘쓰는 자들이 되는 것이지요. 바로 그러한 것을 위해 중보자이신 예수 그리스도께서는 사람으로 나신 것입니다.

▣ 히 2:18에서 사도는 사람이 되신 그리스도께서 시험 당하는 자들을 능히 도우실 수 있는 이유에 대해 무어라 말합니까? 58)

▣ 히 7:25에서 사도는 그리스도께서 "자기를 힘입어 하나님께 나아가는 자들을 온전히 구원하실 수 있"는 이유에 대해 무어라 말합니까? 59)

앞서 예수께서 중보자로서의 사역을 감당하시고자 여자의 태에서 나셨을 때에 율법 아래서 나신 것은 율법의 요구에 대해 무능력한 우리를 대신하여 그 요구들을 만족시키고자 함이라고 했듯이, 예수께서 친히 고난을 받으시고 시험을 당하신 것은 또한 우리의 고난과 시험을 몸소 겪으시어 동정하시기 위함임을 히 4:15에서 사도는 가르쳐 주고 있습니다. 또한 히 5:7에서 사도는 그리스도에 관하여 더욱 이르기를 "그는 육체에 계실 때에 자기를 죽음에서 능히 구원하실 이에게 심한 통곡과 눈물로 간구와 소원을 올렸고 그의 경건하심으로 말미암아 들으심을 얻었느니라."고 했습니다. 그런즉 우리들은 "왜 중보자가 사람이어야 했는가?"라는 제39문에 대해 다음과 같이 답할 수 있는 것입니다.

제39문의 답변

중보자가 사람이어야만 했었던 이유는, 그가 우리의 **본성을 향상**시키고, **율법에 복종**하여 준수하며, 우리의 본성 안에서 우리를 위해 **고난**을 받으시고 **간구**하시며, 우리의 **연약함**에 대해 **동정**하시기 위함이었습니다. 그것은 우리가 **아들들로 입양**될 수 있게 하고, 위로와 **은혜의 보좌로** 담대히 **나아가게**하기 위함이었습니다.

정통적인 신학에 있어서 중보자이신 예수 그리스도의 하나님으로서의 품성과 사람으로서의 품성을 정확히 이해하는 일은 초기 기독교 신학에 있어서 '삼위일체'(라: Trinitas)에 대한 이해와 더불어서 아주 중요한 주제였습니다. 그러나 이는 수많은 이론들과 그에 대한 논쟁의 결과로서 칼케톤 회의(Council of Chalcedon, 451년)에 이르러 '양성론'(Dyophysitism)으로 완성을 보았습니다. 즉 중보자인 그리스도께서는 성부 하나님과 동일한 본질인 하나님으로서의 품성과 더불어서 완전한 사람으로서의 품성을 모두 지니신 분으로 이해하게 된 것입니다. 또한 삼위일체에 있어서와 마찬가지[즉, 성부와 성자와 성령이 각각 나뉘거나 분리되지 않으며, 또한 혼합되지도 않는다]로, 그리스도의 두 본성 또한 나뉘거나 분리되지 않으며, 아울러 변하거나 혼합되지 않는다고 결론을 지은 것입니다. 그러므로 예수 그리스도의 고난 받으심과 우리의 연약함에 대한 동정은 그의 완전한 사람으로서의 품성 가운데서 이뤄질 수 있는 것이며, 또한 속량[혹은 대속]과 죽음에 대한 정복으로서의 부활, 구원 등은 그리스도의 하나님으로서의 품성 가운데서 이뤄지는 것으로 각각 구별하여 이해할 수 있다고 한 것입니다. 바로 이러한 구별과 이해 가운데서 예수 그리스도께서 십자가에 달리실 때에 그의 사람으로서의 품성으로 돌아가셨다고 했고, 또한 사망과 모든 원수들을 이기실 때에 그의 하나님으로서의 품성으로 승리하셨다고 말할 수가 있는 것입니다. 만일에 이러한 구별과 이해가 부족하게 된다면, 기독교 역사 가운데 있었던 수많은 이단들의 경우처럼 예수께서는 우리를 대속하신 분이 아니었다거나, 예수께서도 우리와 마찬가지로 죄를 가지고 태어나신 분****이시라고 하는 비성경적인 이해와 주장을 펴게 되는 것입니다.

▣ 은혜 언약의 중보자이신 예수 그리스도의 사람으로서의 성품을 부인하는 주장을 펼친 자들에는 어떠한 자들이 있습니까? [60]

▣ 은혜 언약의 중보자이신 예수 그리스도의 사람으로서의 성품을 불완전한 것이라 주장한 자들에는 어떠한 자들이 있습니까? [61]

**** 히 4:15에서 사도는 분명히 "모든 일에 우리와 똑같이 시험을 받으신 이로되 죄는 없으시니라."고 했다.

■ 은혜 언약의 중보자이신 예수 그리스도의 하나님으로서의 성품과 사람으로서의 성품은 각기 별개로 구분된다고 주장한 자들에는 어떠한 자들이 있습니까? [62)]

■ 은혜 언약의 중보자이신 예수 그리스도의 하나님으로서의 성품과 사람으로서의 성품은 하나로 융합되어 있다고 주장한 자들에는 어떠한 자들이 있습니까? [63)]

이 같은 잘못되고 부정확한 예수 그리스도에 대한 이해들은 성경 본문들 가운데서 모두 논박되었는데, 이러한 역사에 대한 우리 시대의 신앙에 있어서의 무지에 바탕을 두고서 아직도 많은 이단들이 이와 유사한 맥락의 잘못된 오류들을 주장하고 있습니다. 그런즉 이러한 기본적인 오류들만이라도 반드시 교정하여 이해함이 우리들의 신앙에도 요구되는 것입니다.

복습 : 중보자가 사람이어야만 했었던 이유는, 그가 우리의 ☐☐을 ☐☐시키고, ☐☐에 ☐☐하여 준수하며, 우리의 본성 안에서 우리를 위해 ☐☐을 받으시고 ☐☐하시며, 우리의 연약함에 대해 ☐☐하시기 위함이었다. 그것은 우리가 ☐☐☐로 ☐☐될 수 있게 하고, ☐☐와 ☐☐의 ☐☐로 담대히 나아가게하기 위함이었다.

제40문

왜 중보자가 한 위격 안에서 하나님이자 사람이어야만 했는가?

앞서 언급한바와 같이 예수 그리스도의 중보자로서의 독특성 곧, 한 위격 안에 하나님의 품성과 사람의 품성을 모두 지니되 그 품성들이 각각 분리되지 않으며, 또한 하나로 완전히 통합되어버리지도 않는 독특성을 지니는 것은, 그에 대한 많은 오해와 오류들을 극복하는 가운데 정립한 것입니다. 그리고 이를 가리켜서 그리스도의 '양성론'(Dyophysitism)이라고 합니다. 즉, 예수 그리스도의 하나님으로서의 품성과 사람으로서의 품성이 분명하게 구별되되, 각각 따로 구분되지는 않는다는 것이지요.

반면에 어떤 사람들은 예수 그리스도의 두 품성이 한 위격 안에서 함께 양립할 수는 없으며, 각각으로 구분되되 어느 한 품성만으로 존재한다고 주장했습니다. 그리고 이러한 부류들의 주장을 가리켜서 '단성론'(Monophysitism)이라고 하는데, 이는 정통 교리에서 논박되어 부정된 입장입니다.

그렇다면 과연 예수 그리스도께서 그의 두 품성 가운데 어느 한 품성으로만 실제로 존재할 수 있었던 것일까요?

■ 마 1:23에서는 예수의 또 다른 호칭인 "임마누엘"(Ἐμμανουήλ)에 대해 어떤 뜻으로 정의하고 있습니까? [64]

■ 요 10:30에서 예수께서는 하나님 아버지와 그의 관계에 대해 뭐라 말씀하셨습니까? [65]

예수께서 이 땅에 나셨을 때에, 그는 스스로 자신이 육신을 입은 사람이신 것과 아울러 하나님이심을 분명하게 밝히셨습니다. 이는 요한복음 10장에서 확인할 수 있는데, 그러나 그러한 예수님의 말씀을 들은 당시의 유대인들은 하나님을 불경하게 모독한다 생각하여 돌로 치려하면서 이르기를 "네가 사람이 되어 자칭 하나님이라 함"이라고 말했습니다.

사실 유대인들의 반응은 레 24:16 말씀을 따라 행한 것이니, "여호와의 이름을 모독하면 그를 반드시 죽일지니 온 회중이 돌로 그를 칠 것이니라."라는 말씀을 따른 것입니다. 그들의 신앙 가운데서는 그 어떤 인간도 하나님의 품성을 지닐 수 없다고 이해하고 있었던 것인데, 하나님과 사람 사이의 무한한 간격만을 인식하고 인정하는 가운데 있었던 것입니다. 그러자 예수께서는 시 82:6에 기록한바 "내가 말하기를 너희는 신들이며 다 지존자의 아들들이라"는 말씀을 인용하시어, "너희 율법에 기록된바 내가 너희를 신이라 하였노라 하지 아니하였느냐."고 답변하셨습니다. 한마디로 율법(레 24:16 말씀)을 바탕으로 대적하는 자들에게, 율법(시 82:6 말씀)으로 논박하신 것이지요.

그런데 예수께서 인용하신 시편 82편을 보면, 6절에 앞서 2-4절에 기록하기를 "너희가 불공평한 판단을 하며 악인의 낯 보기를 언제까지 하려느냐, 가난한 자와 고아를 위하여 판단하며 곤란한 자와 빈궁한 자에게 공의를 베풀지며, 가난한 자와 궁핍한 자를 구원하여 악인들의 손에서 건질지니라 하시는도다."라고 했는데, 예수께서는 친히 그와 같이 공의와 긍휼을 베푸심 가운데 자신이 하나님의 아들 곧, 하나님과 동일하신 분이심을 행위로써 입증해 보이셨습니다. 그러므로 돌을 들어 치려 하는 유대인들에게 "내가 아버지로 말미암아 여러 가지 선한 일로 너희에게 보였거늘 그 중에 어떤 일로 나를 돌로 치려 하느냐"고 말씀하신 것이지요.

하지만 예수 그리스도께서 참으로 사람이 되심과 아울러 참으로 하나님이시라는 진리를 깨닫지 못하는 자들은 당시의 유대인들만이 아니었으니, 앞에서 언급한 '단성론자들'이 바로 그러한 자들입니다. 그들은 인간의 이성과 사고력에 바탕을 두고서 생각하기를, 예수의 하나님으로서의 본질과 사람으로서의 본질이 함께 양립하여 있을 수 없다고 본 것입니다. 예컨대 알렉산드리아의 신학자 유티케스(Eutyches, ?-456)의 주장을 따른 유티케스파는 그리스도의 하나님으로서의 품성과 사람으로서의 품성은 하나로 융합되었으며, 이 때에 그의 사람으로서의 품성은 하나님으로서의 품성에 흡수되어 하나의 본성만이 있었다고 주장했습니다.

■ 히 9:14에서 사도는 예수 그리스도의 희생이 단순히 그의 사람으로서의 품성으로 수행한 것임을 말합니까? [66)]

히 9:14의 "영원하신 성령으로"라는 말씀은 헬라어로 더욱 분명하게 해석하면, '그 영원하신 영으로'(δια πνεύματος αἰωνίου)라는 문구입니다. 즉 그리스도의 영원하신 하나님으로서의 품성으로서 그의 피[즉, 사람으로서의 품성 가운데서 흘리신 피]를 희생 제물로 드렸으니, 어찌 그것이 믿는 자들의 "양심을 죽은 행실에서 깨끗하게 하고 살아 계신 하나님을 섬기게 하지 못하겠느냐"는 것입니다. 그런즉 사도는 분명 예수 그리스도의 희생이 결코 사람으로서의 품성에 근거해서만 수행된 것이 아님을 명백히 증언하고 있는 것이지요. 한마디로 그리스도께서 하나님으로서의 품성과 사람으로서의 품성을 모두, 그리고 동시에 구별되게 지니고 계시는 가운데서만 그러한 사역이 가능한 것입니다.

◼ 딤전 2:5에서 사도는 유일한 중보자이신 그리스도 예수에 대하여 어떤 분이라고 했습니까? [67]

갈 3:20에서 사도는 "그 중보자는 한 편만[율법 혹은 언약만] 위한 자가 아니"라고 하면서, "[그러나] 하나님은 한 분이시니라."(δὲ θεὸς εἶς)고 했습니다. 그런즉 중보자이신 하나님의 아들 곧, 예수 그리스도께서도 성부 하나님과 동일한 하나님이심을 증언하는 것입니다. 마찬가지로 롬 3:30에서 사도는 또한 이르기를 "할례자도 믿음으로 말미암아 또한 무할례자도 믿음으로 말미암아 의롭다 하실 하나님은 한 분이시니라."고 하여 유대인이나 이방인이나, 혹은 구약 백성들이나 신약 백성들이나 모두 동일한 한 분 하나님에 대한 믿음으로 말미암아 구원에 이름을 말했습니다. 그러므로 사람이신 그리스도 예수는 분명 참된 하나님이심에 분명한 것이지요.

◼ 히 7:24에서 사도는 예수의 제사장 직분이 이 땅에 오신 이후에야 부여되었음을 시사합니까? **68)**

◼ 이와 관련하여 시 110:4은 어떻게 기록하고 있습니까? **69)**

예수 그리스도의 중보자 직분에 관한 가장 직접적인 예시는 구약의 '제사장' 직분입니다. 그런데 구약성경 시편 110편이나 신약성경 히브리서 7장에서는 공히 "주"[히: אָדוֹן, 아돈] 예수께서 "영원한 제사장"이심을 기록하고 있습니다. 따라서 그리스도께서는 항상 중보자로서 계시는 하나님이심을 성경은 말하고 있는 것이지요. 그리고 이는 그리스도의 두 본성[하나님으로서의 품성과 사람으로서의 품성]에 있어서도 마찬가지입니다.

◼ 엡 1:23에서 사도는 교회를 가리켜서 누구의 "몸"[헬: σῶμα, 소마]이라고 했습니까? **70)**

◼ 행 20:28에서 사도는 교회를 가리켜서 누구의 "피"[헬: αἷμα, 하이마]로 사신 것이라고 했습니까? **71)**

◼ 요일 1:7에서 사도는 "우리를 모든 죄에서 깨끗하게" 하는 피를 가리켜서 누구의 피라고 했습니까? [72]

이처럼 성경은 교회의 성도들 곧, 모든 죄에서 깨끗하게 된 자들로서의 참된 교회의 성도들이 중보자 예수의 피로 말미암아 깨끗하게 된다고 할뿐 아니라 그것을 하나님의 피로 말하기도 합니다. 그런즉 성경은 중보자가 사람으로서의 품성만이 아니라 하나님으로서의 품성 또한 지닌 분이심을 전제하고 있는 것입니다.

그렇다면 왜 중보자가 그처럼 참 하나님의 본성과 참 사람의 본성을 모두 지녔던 것일까요?

◼ 히 5:7에서 사도는 중보자 예수 그리스도께서 십자가에 달려 죽으심에 있어 어느 품성이 주도적이었던 것으로 말합니까? [73]

◼ "아들이시면서도 받으신 고난으로 순종함을 배워서 온전하게 되셨"(히 5:8-9)던 중보자 그리스도에 대해, 히 1:3에서는 어떤 분으로 기록하고 있습니까? [74]

◼ 벧전 3:18에서 사도는 그리스도께서 무엇으로 "살리심을 받으셨"다고 했습니까? [75]

성경은 이처럼 중보자이신 그리스도께서 주로 그의 사람으로서의 품성 가운데서 십자가의 고난을 받으셨지만, 그것이 결코 하나님으로서의 그의 품성과 무관하게 따로 분리된 가운데서 수행하신 것이 아님을 드러내고 있습니다. 만일에 그렇지 않고 순수하게 그의 사람으로서의 품성만으로 십자가의 고난과 죽음을 감당하셨다고 한다면, 그는 결코 사망을 이기고 부활하실 수가 없었을 것입니다.

◼ 히 4:15에 언급한바 "우리에게 있는 대제사장[곧 예수 그리스도]"이 "우리의 연약함을 동정하지 못하실 이가 아닌" 이유는 무엇입니까? [76]

◼ 히 4:15에서 언급한바 "모든 일에 우리와 똑같이 시험을 받으신 이"이신 예수께서는 어떤 점에서 하나님의 품성을 지녔음을 알 수 있습니까? [77]

만일에 단성론자들의 주장과 같이 예수 그리스도의 하나님 되심과 사람 되심이 어느 한 품성으로서만 존재했다고 한다면, 예컨대 사람으로서의 품성으로만 계셨다고 한다면 예수 그리스도께서는 십자가의 고난과 사망의 올가미를 벗어날 수 없었을 것입니다. 또한 하나님으로서의 품성만으로 계셨다고 한다면 우리의 연약함에 공감할 수 없었을 것이며, 또한 고난과 죽음 또한 겪으실 수 없었을 것입니다. 그런 것들은 하나님으로서는 전혀 직면할 수 없는 일들이기 때문이지요.

더구나 중보자로서의 직무를 수행하기 위해서는 더욱 필연적으로 하나님으로서나 사람으로서의 어느 한 품성만을 지니실 수는 없었습니다. 만일에 그가 참 사람이기만 하셨다면 그는 우리의 연약함을 누구 못지않게 공감하실 수 있겠지만, 오직 그 자신의 죄와 연약함에 매일 뿐이었을 것입니다. 반면에 참 하나님이기만 하셨다면 그는 결코 고난을 받거나 시험을 당하실 수 없었을 것이며, 무엇보다 십자가에 달리시어 죽음을 볼 수도 없었을 것입니다. 그렇게 하여 예수께서는 그저 사람이기만 하셨거나, 사람처럼 가현(헬: δοκέω)하신 하나님이기만 하셨을 것이겠지요. 하지만 그러한 분으로서의 예수는 결코 중보자의 직무를 수행하실 수가 없습니다.

하지만 무엇보다 예수께서 한 위격(one person) 안에서 하나님이자 사람이신 분으로 계셔야 했던 것에는, 믿음의 백성들에 대한 더욱 유익한 의도가 내포되어 있었습니다.

◼ 히 7:26에서 사도는 중보자이신 예수 그리스도의 대제사장 되심에 관하여 어떻게 말하고 있습니까? [78]

◼ 히 7:28에서 사도는 "율법 후에 하신 맹세의 말씀"에 따라 세워진 제사장에 관하여 어떻게 말하고 있습니까? [79]

◼ 벧전 2:4에서 사도는 "하나님 아버지의 미리 아심을 따라 성령이 거룩하게 하심으로 순종함과 예수 그리스도의 피 뿌림을 얻기 위하여 택하심을 받은 자들에게 편지"하여 이르기를, 누구에게 나아가라 말합니까? [80]

▣ 사 28:16에서 선지자는 "귀하고 견고한 기촛돌"에 관하여 이르기를, "그것을 믿는 이는" 어떠할 것이라 말합니까? 81)

이처럼 예수께서 한 위격 가운데 하나님이자 사람으로서의 품성을 동시에 지니신 분이시기에 유일한 중보자로서 믿음의 제사장 직무를 수행하실 수가 있는 것이며, 그로 말미암아 우리들은 더욱 그를 신뢰하며 의뢰하는 가운데서 그야말로 고통스럽게 동요하지 않는 믿음 가운데 거할 수가 있는 것입니다.

제40문의 답변

하나님과 사람을 화해시킬 중보자 스스로가, 한 위격 안에서 하나님이자 사람이어야 하는 이유는, **각 본성의 고유한 일들이** 위격 **전체의 일들로서**, 우리를 위해 **하나님께서 받으시도록** 하고, 우리로 **의지할 수 있도록** 하기 위함입니다.

사도행전 2장에서 베드로 사도는 "하나님께서 그를 사망의 고통에서 풀어 살리셨으니 이는 그가 사망에 매여 있을 수 없음이라."(24절)고 했고, 이후로도 "이 예수를 하나님이 주와 그리스도가 되게 하셨느니라 하니라"(36절)고 했습니다. 그런즉 예수께서 중보자로서의 사역을 수행하심에 있어서, 참 사람으로서의 예수의 품성과 더불어서 참 하나님으로서의 예수의 품성이 함께 동시에 한 위격 안에 거하여야만 했음을 짐작할 수 있습니다. 특별히 행 2:31에 기록한바 다윗이 "그리스도의 부활"을 미리 보고 말한 것에서 알 수 있듯이, "항상 내 앞에 계신 주를 뵈었음"이라고 말할 수 있는 것은 예수 그리스도께서 참 사람으로서 다윗의 눈에 보이되, 또한 하나님으로서 항상 계실 수 있기 때문이었습니다. 즉 예수께서 참 사람의 품성과 참 하나님의 품성을 모두, 그리고 동시에 지니신 분이시기에 다윗이 볼 수 있으며, 또한 "주와 그리스도가 되게" 하나님께서 그를 받으시고 살리실 수 있었던 것입니다. 그런즉 그와 같은 중보자는 오직 예수 그리스도 외에는 없으며, 그런 만큼 전적으로 의지하고 의뢰할 수 있는 유일한 중보자이신 것입니다.

복습 : 하나님과 사람을 화해시킬 중보자 스스로가, 한 위격 안에서 하나님이자 사람이어야 하는 이유는, 각 ▢▢의 ▢▢▢ 일들이 위격 ▢▢의 일들로서, ▢▢를 위해 하나님께서 ▢▢▢▢▢ 하고, 우리로 ▢▢할 수 있도록 하기 위함이다.

제41문

왜 우리의 중보자를 '예수'라 부르는가?   (또한,)

제42문

왜 우리의 중보자를 '그리스도'라 부르는가? *

앞선 문답들 가운데서 파악해 볼 수 있듯이 은혜 언약의 중보자 예수의 나심은 이미 구약성경의 선지자들로부터 오래 전부터 예언된 바이며, 또한 신약성경에 기록되어 있는바 예수께서 이 땅에 오시기 직전, 그리고 오신 이후로도 지속적으로 그의 나심이 의미하는 바와 중보자이심에 대해 예시되어 있음을 볼 수가 있습니다.

시 90:10에서 시인은 이르기를 "우리의 연수가 칠십이요 강건하면 팔십이라도 그 연수의 자랑은 수고와 슬픔뿐이요 신속히 가니 우리가 날아가나이다."라고 하여, 인생이 얼마나 짧은 기간과 안목의 제한 가운데 있는지를 생각하게 하고 있습니다. 특별히 인간의 안목(discernment)은 자신이 보고 느끼며 살아간 기간과 지경(territory)의 한계가 분명하여, 한 세대 이상을 통찰하거나 앞서서 조망하는 경우가 거의 없습니다. 그러므로 구약시대[예컨대 아브라함의 때나 출애굽 시대 등]로부터 신약시대에 이르기까지의 구속사(Salvation history)

---

* 제41문답이 매우 간결하며, 곧장 제42문답과 연계하여 설명할 수 있으므로 두 문답을 함께 묶어서 살펴보도록 한다.

적인 전망조차도 거의 쉽지 않은 것입니다. 하지만 그럼에도 불구하고 하나님께서는 지속적으로 '메시아' 곧 '그리스도'의 나심을 예언하며 조망하는 자[선지자(히: אבִנ, 나비)]들을 보내시어, 예수 그리스도의 나심을 깨닫도록 하셨습니다. 아울러 다양한 사물들과 이름들을 통해서도, 하나님께서는 은혜 언약의 중보자이신 예수 그리스도를 예언하며 증거하셨습니다.

■ 마 1:21에서 "주의 사자"(ἄγγελος κυρίου)가 마리아에게 이른 아들의 이름은 무엇입니까? [82)]

■ 위의 이름을 검색해 보면, 그 헬라어 이름의 히브리어 발음을 어떻게 설명합니까? [83)]

마 1:21에서 마리아에게 현몽한 주의 사자는 "예수"(헬: Ἰησοῦς)라는 이름의 뜻에 관해 미리 이르기를 "그가 자기 백성을 그들의 죄에서 구원할 자이심이라"고 했습니다. 그런즉 예수라는 이름이 구약성경에 등장하는 이름 "여호수아"(히: יהושע)임을 알 수가 있는데, 왜냐하면 구약성경에 등장하는 여호수아라는 이름의 뜻이 바로 '여호와의 구원'이라는 것이기 때문입니다. 그러므로 예수의 나심과 관련해서는 최소한 출애굽 한 이후 광야시대에까지 거슬러 올라가는 계시가 담겨 있었음을 짐작할 수 있을 것입니다. 물론 그러한 계시를 소수의 선지자들 외에 대부분의 사람들이 알지 못했는데, 그 "연수가 칠십이요 강건하면 팔십"인 인간으로서는 그토록 긴 역사를 흐르며 이어지

8. 은혜 언약의 중보자

는 계시의 의미를 통찰하는 것이 거의 불가능한 일이었던 것입니다.

그런데 이어지는 22절에서 사도는 이르기를 "이 모든 일이 된 것은 주께서 선지자로 하신 말씀을 이루려 하심"이라고 하면서, 구약성경 사 7:14에 기록된 말씀을 인용하여 "보라 처녀가 잉태하여 아들을 낳을 것이요 그의 이름은 임마누엘이라 하리라 하셨"다면서, "이를 번역한즉 하나님이 우리와 함께 계시다 함이라."고 했습니다. 따라서 마리아가 잉태한 아이는 그저 육신의 아이가 아니라 하나님으로서의 품성을 지닌 것을 알 수가 있는 것이지요.

무엇보다 예수라는 헬라어 이름은 구약시대의 이름 여호수아를 말하는 것인데, 여호수아라는 이름은 또한 어원상 히브리어 'יָדָה'(야다)에 뿌리를 두고 있으며, 그러한 '야다'는 창 29:35에서 '찬송하다'라는 뜻으로 사용되었습니다. 그러므로 완성된 구약성경과 신약성경을 모두 읽을 수 있는 우리들은 그 "연수가 칠십이요 강건하면 팔십"인 인간의 한계를 넘어서서, 최소한 창세기에서부터 시작하여 신약성경 마태복음에 이르기까지 "자기 백성을 그들의 죄에서 구원할 자"이신 예수에 대한 계시의 맥락을 이해할 수 있습니다. 아울러 마 1:23은 예수께서 '우리와 함께 계시는 하나님'이심을 파악할 수 있으니, 예수께서 마리아의 복중에 잉태된 아이로 나심에서 드러나는 사람으로서의 품성과 더불어 하나님으로서의 품성을 모두, 그리고 동시에 지니신 분이시라는 사실을 분명하게 파악할 수 있는 것입니다. 따라서 '예수'라는 이름은 사람으로서의 그의 품성을 분명하게 드러내 주는 이름이지만, 그와 더불어 하나님으로서의 그의 품성에 긴밀하게 연계되어 있는 또 다른 의미를 지향하는 이름이기도 한 것이지요. 즉, 마리아의 복중에 잉태된 아이가 특별한 직무를 수행하는 아이 곧, 중보자이신 것에 관해서는 또 다른 그의 호칭인 '그리스도'(헬: Χριστός)라 불림을 통해 더욱 명확하게 드러납니다.

■ 마 1:18에서 사도는 예수의 잉태에 관하여 누구로 인하여 잉태되었다고 말합니까? [84]

■ 마 3:16에서 사도는 예수께서 세례 요한에게 세례를 받으시고 물에서 올라오실 때에 누가 그 위에 임하셨다고 했습니까? [85]

■ 마 4:1에서 사도는 예수께서 누구에게 이끌리어 마귀에게 시험을 받으러 광야로 가셨다고 했습니까? [86]

■ 요 3:34에서 세례 요한은 예수께서 "하나님의 말씀을 하"시는 것에 관해 뭐라고 말했습니까? [87]

이처럼 예수의 나심과 공생애(the ministry of Jesus) 초기의 행적들에 관한 기록들을 보면, 상당부분에 걸쳐서 '성령'(헬: πνεύματος)과 연관되어 언급된 것을 볼 수가 있습니다. 이는 예수께서 어떤 분이신지를 지속적으로 암시해 주는 것으로서, 특히 눅 4:18-19에서는 예수께서 안식일에 회당에 들어가셔서, "주의 성령이 내게 임하셨으니 이는 가난한 자에게 복음을 전하게 하시려고 내게 기름을 부으시고 나를 보내사 포로 된 자에게 자유를, 눈 먼 자에게 다시 보게 함을 전파하며 눌린 자를 자유롭게 하고 주의 은혜의 해를 전파하게 하려 하심이라."는 사 61:1-2 말씀을 읽으신 것을 기록하고 있으니, 이를 통해 그가 '성령의 기름부음'을 받으신 것을 깨달을 수가 있습니다. 한마디로 예수께서 나심과 공생애 초기의 일들 가운데 성령께서 임하신 일들은 공히, 예수께서 성령의 기름부음을 받으신 것을 증거하고 있는 것이지요. 그리고 그렇게 기름부음을 통해서, 예수께서는 메시아 곧, 그리스도의 직분으로 거룩하게 구별되셨던 것입니다.

▣ 헬라어 '그리스도'라는 이름을 검색해 보면, 그에 대해 어떻게 설명합니까? [88]

▣ 시 45:7에서 시인은 누구에게 기름을 부어 "동료보다 뛰어나게 하셨"다고 기록했습니까? [89]

구약성경 삼상 9:25-10:8은 선지자 사무엘이 이스라엘의 초대 왕 사울을 여호와 하나님께서 택하신 왕으로 세우는 것을 기록하고 있습니다. 특히 10:1에서 기록하기를 "사무엘이 기름병을 가져다가 사울의 머리에 붓고 입맞추며 이르되 여호와께서 네게 기름을 부으사 그의 기업의 지도자로 삼지 아니하셨느냐."고 했는데, 이처럼 이스라엘에서 대대로 왕을 세우는 절차로서 그 머리에 기름을 부었습니다. 그러므로 '기름부음 받은 자'라는 뜻의 '메시아' 곧, '그리스도'라는 이름에서 곧바로 '왕'(히: מֶלֶךְ)의 이미지를 떠올릴 수가 있는 것이지요. 더구나 그러한 왕의 이미지는 세상의 왕과 같은 것이 아니라 '만왕의 왕'으로서 세상의 그 어떤 왕들보다도 더욱 탁월하고 뛰어난 것입니다.

▣ 눅 19:38에서는 예수를 어떤 분으로 언급하고 있습니까? [90]

시 118:26에서 시인은 기록하기를 "여호와의 이름으로 오는 자가 복이 있음이여"라고 했는데, 이 문구를 따라서 예루살렘에 입성하시는 예수께 대하여 그의 "제자의 온 무리"는 이르기를 "주의 이름으로 오시는 왕이여"(눅 19:38)라고 큰 소리로 찬양했습니다. 이는 "자기들이 본 바 모든 능한 일로 인하여" 자발적으로 그렇게 찬양한 것이었는데, 그 가운데서 시편 118편에서 계시하는바 "여호와의 이름으로 오는 자"가 바로 예수이심을 만방에 드러내게 되었던 것입니다. 그와 동시에 그를 "왕"이라 칭하되 'ὁ βασιλεὺς' 즉, '그 왕'이라고 하여 구약성경[예컨대 시편 118편 등]에서 계시한 왕이 바로 예수이심을 공표한 것이지요. 그러므로 시 2:1-2에서 기록한 바를 따라서 "세상의 군왕들이 나서며 관리들이 함께 모여 주와 그리스도를 대적"(행 4:26)했던 것입니다.

▣ 히 5:5에서 사도는 기름부음 받은 자이신 '그리스도'께서 어떤 직분을 수행하심을 말합니까? [91]

8. 은혜 언약의 중보자

■ 히 4:14에서 사도는 우리에게 있는 "큰 대제사장"(ἀρχιερέα μέγαν, 위대한 대제사장)을 가리켜서 또 누구라 칭했습니까? [92]

일반적으로 예수 그리스도의 중보자 되심을 가장 단적으로 이해하게 하는 것이 바로 '제사장'이 되심일 것입니다. 특히 히 5:1에서 사도는 이르기를 "대제사장마다 사람 가운데서 택한 자이므로 하나님께 속한 일에 사람을 위하여 예물과 속죄하는 제사를 드리게 하나니"라고 기록하여, 속죄를 위한 중보자적인 사역을 수행하는 제사장의 직무가 무엇인지를 이해할 수 있도록 했습니다. 더욱이 히브리서의 사도는 그러한 제사장에 대하여서 "사람 가운데서 택한 자"라고 했으니, 그리스도께서도 그와 같은 대제사장으로서의 직무를 수행하실 때에 "예수"라는 이름을 지닌 참된 사람으로서 수행하셨음을 알 수가 있을 것입니다.

■ 눅 4:14에서 예수 그리스도께서는 성령의 능력으로 갈릴리에 돌아가시"어서 어떠한 일을 수행하셨습니까? [93]

■ 눅 4:21 말씀은, 나사렛에 이르러 안식일에 회당에서 읽으신 사 61:1-2 말씀과 관련하여 예수께서 어떠한 말씀을 하셨다고 기록했습니까? [94]

■ 이어지는 22절 말씀에 따르면, 사 61:1-2 말씀이 회당에 모인 자들의 귀에 응하였음이 어떻게 입증되었습니까? [95]

▣ 마 21:11에 따르면 예수께서 예루살렘에 들어가셨을 때에, 많은 사람들이 그를 어떤 분이라고 했습니까? [96]

▣ 마 13:35에 따르면 예수께서 모인 무리에게 "비유로 말씀하시고 비유가 아니면 아무 것도 말씀하지 아니"하신 것은, 무엇을 이루려 하심입니까? [97]

왕상 19:16에서 여호와 하나님께서는 선지자 엘리야에게 이르시기를 "아벨므홀라 사밧의 아들 엘리사에게 기름을 부어 너를 대신하여 선지자가 되게 하라."고 말씀하셨습니다. 이스라엘의 왕, 그리고 제사장과 아울러서 선지자에게도 기름을 부음으로서 택하심과 거룩하게 구별됨을 나타냈던 것이지요. 특별히 신 18:15 말씀은 기록하기를 "네 하나님 여호와께서 너희 가운데 네 형제 중에서 너를 위하여 나[모세]와 같은 선지자 하나를 일으키시리"라고 했는데, 18절에도 기록하기를 "내가 그들의 형제 중에서 너와 같은 선지자 하나를 그들을 위하여 일으키고 내 말을 그 입에 두리니 내가 그에게 명령하는 것을 그가 무리에게 다 말하리라."고 하여, 누가복음 4장에 기록한바 예수께서 성령의 능력으로 갈릴리로 돌아가시고 나사렛 회당에서 사 61:1-2 말씀에 관하여 "그 입으로 나오는바 은혜로운 말"로 전하신 것을 떠올리게 합니다. 예수께서 선지자로서의 직무를 은혜롭고 놀랍게 감당하신 것은, 그가 성령의 능력으로 기름부음 받은 선지자이심을 깨닫도록 하는 것이지요. 더욱이 신 18:22에 기록한바 "만일 선지자가 있어 여호와의 이름으로 말한 일에 증험도 없고 성취함도 없으면 이는 여호와께서 말씀하신 것이 아니요 그 선지자가 제 마음대로 한 말이니 너는 그를 두려워하지 말지니라."는 말씀을 따라, 예수께서도 수많은 이적들 및 표적들과 더불어서 "선지자

[구약의 선지자]로 하신 말씀을 이루려" 하셨던 것입니다.

이처럼 예수께서는, 은혜 언약의 중보자로서의 능력들 곧, 제사장 그리고 왕과 선지자들로 보인 능력들을 모두 수행하실 수 있는 분이시니, 심지어 마 28:18에서 그의 열한 제자들[곧 사도들]에게 친히 이르시기를, 하나님께서 "하늘(heaven)과 땅(earth)의 모든 권세를 내게 주셨"다고 하시어, 그의 권세가 이 지상에서의 비하(humiliation 즉, 땅)의 신분뿐 아니라 더욱 승귀(exaltation 즉, 하늘)의 신분에서야말로 충분하게 부여되어 있음을 말씀하셨습니다. 한마디로 예수께서야말로 참되고 진실한 은혜 언약의 유일한 중보자이신 '그리스도'시라는 것이지요.

제41문의 답변

우리의 중보자를 예수라 부르는 것은, **그의 백성들**을 그들의 **죄로부터** 그가 **구원**하시기 때문입니다.

제42문의 답변

우리의 중보자를 그리스도라 부르는 것은, **성령**과 더불어 한량없이 **기름부음**을 받았기 때문입니다. 그리하여 구별되시며, 또한 그의 비하와 승귀 그 모두의 지위에서 그의 교회의 **선지자, 제사장,** 그리고 **왕**의 직분을 수행하기 위한 모든 **권세와 능력**을 온전히 갖추셨기 때문입니다.

끝으로 이러한 문답들 가운데서 우리들이 기억해야 할 것이 있는데, 그것은 우리의 중보자께서 그리스도라 불리는 것은 이 지상에서의 비하의 지위에서뿐 아니라 하늘에 오르시어 하나님 보좌 우편에 앉으신 승귀의 지위에서도 그렇다는 점입니다. 헤르만 바빙크(H. Bavinck)는 그의 개혁교의학 3권에서 그리스도의 제사장, 왕, 선지자로서의 세 직분을 비하와 승귀 모두에 있어 동시에 맡으신다고 언급했습니다. 구약시대에 이스라엘의 제사장, 왕, 선지자들은 그러므로 이러한 예수 그리스도의 직분에 대한 예표요 모형일 뿐이었으며, 이는 히 10:1에서 "율법은 장차 올 좋은 일의 그림자일 뿐이요 참 형상이 아니"라고 한 것과 마찬가지의 맥락인 것입니다. 구약시대든지 지금 우리들의 시대이든지 간에, 그 세 직분의 참된 원형과 본질은 오직, 그리고 항상 그리스도의 직분에만 모두 함께 담겨 있는 것이지요.

복습 : 우리의 중보자를 예수라 부르는 것은, 그의 ☐☐들을 그들의 ☐로부터 그가 ☐☐하시기 때문이다.

복습 : 우리의 중보자를 그리스도라 부르는 것은, ☐☐과 더불어 한량없이 ☐☐☐☐을 받았기 때문이다. 그리하여 구별되시며, 또한 그의 ☐☐와 ☐☐ 그 모두의 지위에서 그의 교회의 ☐☐☐, ☐☐☐, 그리고 ☐의 직분을 수행하기 위한 모든 ☐☐와 ☐☐을 온전히 갖추셨기 때문이다.

제43문

그리스도께서는 어떻게 선지자의 직분을 수행하시는가?

우리들이 예수 그리스도의 중보자로서 수행한 일들을 성경에서 살펴보면서 그가 주로 말씀에 관련한 일 즉, 구약에 기록되어 있는 말씀을 성취하시며 그 뜻을 풀어주시는 사역을 수행하셨음을 보게 됩니다. 오늘날 기독교 신앙에서 종종 볼 수 있는 것과 같이 이적과 표적을 가장 많이 보이신 분이 바로 예수 그리스도이심에도 불구하고 정작 그가 중보자로서 행하신 일들을 보면, 구약에 계시된 말씀을 성취하시고 그 뜻을 풀어 알려주는 일에 중점을 두신 것을 볼 수 있는 것이지요.

아마도 일반적인 우리에 생각에서는 왕으로서의 일이 가장 막강하며 중요하다 할 것입니다. 그러므로 그리스도께서 그의 중보자로서의 직분을 수행하실 때에 가장 먼저 왕으로서의 막강한 권세로서 그 직분을 수행하셨을 것이라 볼 수 있겠지만, 정작 그의 공생애의 면면을 살펴보자면 구약에 기록된 말씀의 뜻을 풀어 가르치는 일과 더불어서 그처럼 계시된 말씀을 이루시는 일을 중심으로 수행하셨음을 볼 수가 있습니다. 따라서 마태복음 1장에 기록한바 예수 그리스도의 잉태됨과 관련하여 22절에서 이르기를 "이 모든 일이 된 것은 주께서 선지자로 하신 말씀을 이루려 하심이니"라는 것이었으며, 이어지는 23절에서 더욱 이르기를 "보라 처녀가 잉태하여 아들을 낳을 것이요 그의 이름은 임마누엘이라 하리라 하셨으니 이를 번역한즉 하나님이 우리와 함께 계시다 함이라."고 기록하여, 예수께서 구약성경 사 7:14 말씀을 이루려고 오신 것을 기록하고 있습니다.

이처럼 예수 그리스도의 중보자로서의 면면에 있어서 중요한 것이 바로 선지자로서의 직분이기에, 웨스트민스터 대교리문답에서도 그의 중보자 직분을 살펴보는데 있어서 가장 먼저 선지자로서의 직분을 다루고 있는 것입니다. 마찬가지로 기독교 신앙에 있어서도 가장 중요하고 핵심적인 것이 바로 하나님의 말씀으로서의 구약과 신약의 계시들을 풀어내고 이해하는 데에 있는 것이지요.

■ 요 1:1에서 "말씀"을 가리켜서 ☐☐☐이라 했습니다.

■ 요 1:4에서 "그 안에 생명이 있었"다고 한 분은 구체적으로 누구를 말합니까? [98]

요한복음 1장에서는 헬라어로 '로고스'(헬: λόγος)라고 하는 중요한 단어를 사용하는데, 특히나 그 로고스[말씀]는 추상적인 개념으로서의 용어가 아니라 한 분의 인격체로서 표현되어 있습니다. 즉, 요 1:14에 기록한바 "말씀이 육신이 되어(ὁ λόγος σὰρξ ἐγένετο, the Word flesh became) 우리 가운데 거하시매 우리가 그의 영광을 보니 아버지의 독생자의 영광이요 은혜와 진리가 충만하더라."고 한 것입니다. 이러한 "말씀"(λόγος)의 표현은 신약성경, 그 가운데 사복음서 가운데서의 요한복음이 나타내는 독특하고 중요한 것으로서, 그리스도를 이해하는데 있어서 오래도록 핵심적인 용어이기도 했습니다.

그런데 요 1:4에서 사도는 이르기를 "그 안에 생명이 있었으니 이 생명은 사람들의 빛이라."고 하여, 그리스도 안에 있는 생명을 가리켜서 "빛"(헬: φῶς)이라고 표현하고 있습니다. 그리고는 5절에서 곧장 이르기를 "빛이 어둠에 비치되 어둠이 깨닫지 못하더라."고 했으며, 9-11절에서는 이르기를 "참 빛 곧 세상에 와서 각 사람에게 비추는 빛이 있었나니······세상이 그를 알지 못하였고, 자기 땅에 오매 자기 백성이 영접하지 아니하였"다고 했는데, 마태복음 2장을 보면 실제로 그리스도께서 유대 땅에서 나셨음에도 불구하고 정작 그를 맞이하고자 "별(τὸν ἀστέρα)을 보고" 찾아온 자들은 멀리 동방으로부터 온 박사*들이었습니다. 정작 유대 땅에서는 분봉왕(tetrarch) 헤롯이 아기 예수를 죽이려 하므로 그가 죽기까지 애굽으로 피신해야만 했으니, 요 1:5에 기록한 바와 같이 그야말로 "빛이 어둠에 비치되 어둠이 깨닫지 못하"였던 것이지요. 그러나 마 2:15에서는 이에 대해 기록하기를, "이는 주께서 선지자를 통하여 말씀하신바 애굽으로부터 내 아들을 불렀다 함을 이루려 하심이라."고 했습니다. 이처럼 예수께서는 그의 중보자로서의 직분 곧, 그리스도의 직분을 수행하시러 오심에서부터 철저히 선지자들을 통하여 말씀하신 바에 긴밀하게 연계되어 있는 것을 볼 수가 있습니다. 한마디로 예수 그리스도께서는 자신을 드러내실 때에, 그저 이적과 표적을 통해서가 아니라 구약성경에 기록한 말씀과 연관해서 자신이 중보자로서의 그리스도이심을 나타내 보이신 것입니다.

---

* 이들은 사실 헬라어로 'μάγος'라 불리는 자들로서, 영어로는 '마술사'(a magician) 혹은 '점성가'(an(oriental) astrologer)로 번역되는 자들이었습니다.

◼ 요 1:18에서는 그리스도께서 어떠한 역할을 수행하심을 말하고 있습니까? [99]

◼ 벧전 1:11에서 사도는 구약의 선지자들이 "연구하고 부지런히 살펴서……미리 증언하여……상고"한 것이 누구의 영으로 말미암아 수행된 것이라 했습니까? [100]

선지자란 일반적으로 '하나님의 대변자'를 지칭합니다. 그러므로 선지자로 지칭되는 모세(신 18:15)와 같이, 많은 선지자들이 "이스라엘의 하나님 여호와께서 이렇게 말씀"(출 5:1)하셨다고 말한 것입니다. 한마디로 선지자들은 하나님의 뜻을 나타내며 드러내는 임무(신 18:20)를 수행하는 직분인 것입니다. 벧전 1:11에서 베드로 사도는 그러므로 선지자들이 "연구하고 부지런히 살펴서" 예언했음을 기록한 것입니다. 즉, 모세와 같이 여호와 하나님의 현현에 직접 마주하고 경험하는 선지자는 없으며(민 12:7-8), 종종 환상 가운데서 하나님의 음성을 들은 선지자들이 있었을지라도 대부분의 선지자로서의 직무는 기록된 말씀[예컨대 모세오경 등]을 연구하고 부지런히 살펴보는 것이었습니다.

그러나 선지자들이 성경[구약성경]을 연구하고 부지런히 살펴본 바에 관하여 베드로 사도는, 그리스도께서 "받으실 고난과 후에 받으실 영광을 미리 증언하여 누구를 또는 어떠한 때를 지시하시는지 상고"하는 것이라고 했습니다. 그런즉 구약시대부터 선지자의 주된 직무는 말씀을 연구하고 부지런히 살펴서 그리스도께서 "받으실 고난과 후에 받으실 영광을 미리 증언"하고, 또한 "누구를 또는 어떠한 때를 지시하시는지"를 깊이 연구하고 살피는 것이었습니다. 그런즉 바로 이러한 이미지가 예수 그리스도의 선지자 직분의 이미지이기도 한 것이지요.

■ 신 18:18에서 모세는 어디에서 자신과 같은 선지자가 일어나리라고 했습니까? [101]

■ 신 34:11은 모세를 가리켜서 어떠한 자라 말합니까? [102]

■ 신 34:10에서는 모세와 같은 선지자에 관해 뭐라 말합니까? [103]

앞서 설명한 바와 같이 모세는 구약의 선지자들 가운데 가장 독특하고 특별한 인물입니다. 오직 그 만이 여호와 하나님의 임재[혹은 현현(Theophany)] 앞에 직면했었으며, "사람이 자기의 친구와 이야기함 같이 여호와께서는 모세와 대면하여 말씀"하셨던 것입니다. 그러므로 신 18:15에서 말하는바 "나와 같은 선지자"는 그처럼 하나님과 특별하게 친밀한 선지자일 것인데, 모세 이후로 그런 선지자가 없었다가, "이 모든 날 마지막에"(히 1:2) "아들을 통하여 우리에게 말씀하셨"던 것입니다. 즉 하나님의 아들이신 예수께서는 마지막 때에 모세와 같이 하나님과 친밀하여 그 말씀하시는 뜻을 나타내시고 드러내실 유일하고 확실한 선지자의 직분을 수행하시는 분이신 것이지요. 그러므로 이제도 참된 선지자로서 하나님의 뜻을 드러내 주시는 영은, "그리스도의 영"(벧전 1:11)** 외에는 없는 것입니다.

■ 요 15:15 말씀은 예수 그리스도께서 그의 제자들인 사도들에게 "친구"라 부르신 근거가 무엇임을 깨닫게 합니까? [104]

요 15:14에서 예수 그리스도께서는 그의 제자들인 사도들에게 이르시기를 "너희는 내가 명하는 대로 행하면 곧 나의 친구라."고 말씀하셨는데, 이어지는 15절에서 또한 이르시기를 "[왜냐하면, 헬: ὅτι] 내가 내 아버지께 들은 것을 다 너희에게 알게 하였음"이기 때문이라 했습니다. 특히 "다"(헬: πάντα) 알게 하였다고 하셨으니, 그의 제자들인 사도들은 하나님의 뜻을 따른 그리스도의 계명들을 다 알므로 이제 그 계명들을 따라 진실로 사랑을 따라 행할 수 있게 된 것입니다. 이처럼 예수 그리스도께서는 하나님의 모든 뜻을 알게 하시는 의미에서의 '참된 선지자'직을 수행하십니다.

■ 히 1:1에서 사도가 말하는바 옛적 선지자들에게 말씀하신 "여러 부분"(Πολυμερῶς)이라는 말을, 영어성경(제네바 성경, 킹 제임스 성경)에서는 어떻게 번역했습니까? [105]

** '성령'께서도 또한 "그리스도의 영"(롬 8:2)이라 불린다.

◼ "여러 모양"(πολυτρόπως)이라는 말을, 영어성경(제네바 성경, 킹 제임스 성경)에서는 어떻게 번역했습니까? [106]

◼ 히 1:2에서 사도는 "이 모든 날 마지막에는" 누구를 통하여 우리에게 말씀하셨다고 했습니까? [107]

히브리서의 사도는 유대인의 풍습과 문화, 특히 제사법이나 율법에 관해 정통한 자였음을 확인할 수 있는데, 그러한 히브리서의 사도는 히브리서를 시작하면서 곧장 이르기를 "옛적에 선지자들을 통하여 여러 부분과 여러 모양으로 우리 조상들에게 말씀하신 하나님이, 이 모든 날 마지막에는 아들을 통하여 우리에게 말씀하셨"다고 했습니다. 따라서 그는 구약의 여러 선지자들을 조상으로 알고 있는 자였으며, 그러한 선지자들이 여러 시대들(sundry times) 가운데서, 다양한 방식들로(divers manners) 하나님의 말씀을 받았음을 잘 알고 있었음을 확인할 수가 있습니다. 아울러서 "이 모든 날 마지막에는" 그의 아들을 통해 말씀하셨다고 하여, 옛적 선지자들의 때에 다양한 시대와 다양한 방식들로 계시하시던 것들의 마지막 방식이 그의 아들이신 예수 그리스도를 통하여 말씀하시는 것이었음을 분명하게 기록하고 있습니다. 그러므로 예수 그리스도께서는 마지막 선지자이셨던 것이지요.

그렇다면 그처럼 마지막 선지자이셨던 예수 그리스도께서는 최종적이며, 가장 확실한 하나님의 말씀을 계시하는 방편으로서 그의 선지자 직무를 수행하셨을 것이 분명합니다. "선지자들을 통하여 여러 부분과 여러 모양으로 우리 조상들에게 말씀하신 하나님"께서 "아들을 통하여 우리에게 말씀"하신 것이, "이 모든 날 마지막"이었으니 말입니다. 또한 그처럼 예수 그리스도를 통하여 말씀하신 것은, 이미 "마지막 날"이 도래했음을 반증하여 드러내고 있는 것입니다.

▣ 엡 4:11에 기록한 다양한 은사의 직분들[***]을 세우신 목적이 무엇이라고 이어지는 12절은 기록하고 있습니까?[108)]

▣ 엡 4:13에서 사도는 "그리스도의 몸"인 에베소 교회[에베소 지역의 교회들]의 성도들에게, 무엇에 있어서 하나가 되도록 권면하고 있습니까?[109)]

은혜 언약의 중보자로서의 예수 그리스도의 사역은 이처럼 선지자로서의 직무를 수행하는 것으로서, 특별히 성경[구약성경]에 기록된 바 오실 그리스도가 바로 자신인 것을 나타내시고, 또한 율법[תורה, Torah]에 기록한바 진리의 계명들과 가르침이 무엇인지를 깨닫도록 하는 것이었습니다. 그가 수많은 이적과 표적들을 보이셨을지라도, 그것은 율법(신 18:22)에 기록한바 "만일 선지자가 있어 여호와의 이

[***] 그러나 이러한 은사의 직분들은 각각의 직분들이 아니라 하나의 직분이 부여받은 여러 다양한 은사들을 일컫는 표현이다. 그런즉 앞서 4-8절에서 사도는 기록하기를 "몸이 하나요 성령도 한 분이시니 이와 같이 너희가 부르심의 한 소망 안에서 부르심을 받았느니라……우리 각 사람에게 그리스도의 선물의 분량대로 은혜를 주셨나니……사람들에게 선물을 주셨다 하였도다."라고 기록한 것이다. 그런즉 엡 4:11절에서 언급하는 사도, 선지자, 복음 전하는 자 등의 '교회 창설 직원'은 최종적으로 '목사와 교사'로서 교회의 항존직원(ordinary officers)으로 남아 있는 것이다.

름으로 말한 일에 증험도 없고 성취함도 없으면 이는 여호와께서 말씀하신 것이 아니요 그 선지자가 제 마음대로 한 말이니 너는 그를 두려워하지 말지니라."는 말씀을 따라서 성취하심이었습니다. 그러므로 예수께서 이 땅에 계시는 동안에 주로 수행하신 일은 구약성경에 기록한 말씀들이 예언하는바 오실 그리스도가 바로 자신인 것을 나타내 보이심과, 아울러 구약성경에 기록한 말씀들의 참된 뜻과 진리를 가르치시며 깨닫도록 하시는 일이었던 것입니다.

그런즉 은혜 언약의 중보자이신 예수 그리스도의 선지자로서의 직분에 관해서, 우리들은 다음과 같이 정리할 수 있겠습니다.

제43문의 답변

그리스도께서는 모든 시대에, 그의 **영과 말씀**으로, 다양한 방식 가운데서, 교회의 **가르침**과 **구원**에 관한 모든 것들에 있어서의, **하나님의 온전한 뜻**을 교회에 **계시하심**으로 선지자의 직분을 수행하십니다.

앞서 살펴본 바와 같이 예수 그리스도의 사역은 그 시작에서부터 마지막에 이르기까지, 구약성경으로 이미 계시된 하나님의 가르침과 구원에 관한 온전한 뜻을 드러내는 선지자적인 일들이 항상 중심에 있었습니다. 그러므로 그러한 그의 선지자적인 직분으로써, 그의 제자들인 초대 기독교회의 사도들에게 "그러므로 너희는 가서 모든 민족을 제자로 삼아 아버지와 아들과 성령의 이름으로 세례를 베풀고,

내가 너희에게 분부한 모든 것을 가르쳐 지키게 하라."(마 28:19-20)고 하신 것이며, 아울러서 이러한 그의 명령을 수행하는 사도들 또한 "하나님의 나라를 전파하며 주 예수 그리스도에 관한 모든 것을 담대하게 거침없이 가르친"(행 28:31) 것입니다.

무엇보다 이러한 그리스도의 선지자로서의 직분과 그 실행들은, 은혜 언약의 중보자로서의 그의 사역에 있어 선행적이며 그 만큼 중요한 부분입니다. 물론 그리스도의 선지자 직분을 따로 분리해서 탁월하다 말할 수 없는 것이지만, 그의 다른 두 직분들[제사장, 왕의 직분]을 이해함에 있어서도 그 자신의 영[혹은 성령]과 말씀 가운데서 깨닫고 실감할 수 있도록 한다는 점에서 중요하게 강조해 볼 수가 있는 것이지요. 그런즉 지금도 하나님의 아들이신 예수 그리스도를 믿는 것과 아는 것에 있어, 그의 선지자적인 직분에 대한 이해가 반드시 선행되어야 하겠습니다.

복습 : 그리스도께서는 모든 시대에, 그의 ☐과 ☐☐으로, 다양한 방식 가운데서, 교회의 ☐☐☐과 ☐☐에 관한 모든 것들에 있어서의, ☐☐☐의 ☐☐☐ ☐을 교회에 ☐☐☐☐으로 선지자의 직분을 수행하신다.

제44문

그리스도께서는 어떻게 제사장의 직분을 수행하시는가?

예수 그리스도에 대해 이해함에 있어서 그의 공생애 동안의 행적들을 탁월한 인간적 행동들로서 바라보고, 그의 십자가에 달리신 희생의 일이야말로 그리스도의 직분을 명확하게 드러내시며 수행하신 것으로 파악할 수가 있습니다. 즉, 예수께서 은혜 언약의 중보자이신 그리스도이심을 드러냄에 있어서 최고로 고양된 지점이 바로 십자가에서의 희생의 시점이라는 것입니다. 그러므로 십자가에 달리시어 희생하신 그 일이야말로 예수께서 은혜 언약의 중보자이심을 간명하게 확인해볼 수 있는 것이지요.*

그러나 구약에 기록되어 있는 은혜 언약의 면면을 살펴보면, 그리스도의 직분은 십자가에 달리심으로 그 스스로가 단 번에 드리는 희생의 제물이 되심 가운데서 드러나는 제사장의 직분만이 아니라 앞서 살펴본 선지자의 직분, 그리고 이어서 살펴보게 될 왕으로서의 직분을 모두 기록하고 있기 때문에, 그처럼 어느 한 직분만을 집중적으로 부각시키는 것은 원래의 그리스도의 직분에 대한 왜곡이나 오해

---

* 그러므로 토마스 리즐리(Thomas Ridgley, D.D.)의 웨스트민스터 대교리문답 해설 (A BODY OF DIVINITY: WHEREIN THE DOCTRINES OF THE CHRISTIAN RELIGION ARE EXPLAINED AND DEFENDED BEING THE SUBSTANCE OF SEVERAL LECTURER ON THE ASSEMBLY'S LARGER CATECHISM.)에서는 세 직분들의 설명 중에서 가장 많은 분량에 걸쳐 설명한다.

를 부를 수 있습니다. 그러므로 앞서 제43문답에서 그의 선지자 직분이 중요함을 말하면서도, 그러나 "그리스도의 선지자 직분을 따로 분리해서 탁월하다[혹은 우월하다] 말할 수 없는 것"이라는 언급을 첨언한 것입니다.**

그렇다면 성경을 통해 확인할 수 있는바, 그리스도의 제사장 직분은 어떤 것이며, 또한 어떠한 방식으로 그러한 직분을 수행하셨던 것일까요?

■ 히 4:15에서 사도는 "승천하신 이 곧 하나님의 아들 예수"를 가리켜서 어떠한 직분으로 소개합니까? 110)

■ 히 5:4에서 사도는 그러한 직분이 어떠한 자라야 취할 수 있다고 말합니까? 111)

** J. G. Vos 와 G. I. Williamson이 해설한 『웨스트민스터 대요리문답 강해』(The Westminster Larger Catechism -A Commentary-)에서는 얼핏 이러한 해설과 다르게, "그리스도의 제사장직은 그의 세 가지 직무 즉 선지자, 제사장, 그리고 왕직 가운데 가장 중심적이며 중대한 직무"라고 했다. 그러나 사실은 이 교재의 해설적 입장과 마찬가지로 "우리가 그리스도의 구원 사역이 통일적이며 그 가운데 단 하나라도 본질적이지 않은 것이 없음을 인정"한다는 문구를 덧붙이고 있어서, 결코 어느 한 직무 혹은 직분을 부각시키려는 것은 아니라는 입장을 취한다. 그러므로 이 교재와 웨스트민스터 대요리문답 강해 모두가 다 그리스도의 어느 한 직분을 집중하여 살피는 것일 뿐, 각각 분리하여 어느 한 직분만을 우위로 두려는 입장은 아님을 알 수가 있다. 예수 그리스도의 선지자, 제사장, 왕직은 항상 통합적으로 파악해야 하는 것이다.

◼ 히 5:5에서 사도는 그리스도께서 그러한 직분의 취하심에 대해 어떻게 기록했습니까? [112]

히브리서의 사도는 예수께서 수행하시는 그리스도의 직분에 관해 "대제사장"(헬: ἀρχιερέα, 아르케뤼아)이라고 했을 뿐만 아니라 "큰"(헬: μέγαν) 대제사장이라고(히 4:14) 하면서, 이어지는 구절에서 이르기를 "우리에게 있는 대제사장은 우리의 연약함을 동정하지 못하실 이가 아니요 모든 일에 우리와 똑같이 시험을 받으신 이"라고 했습니다. 그런즉 히5:1에서는 "대제사장마다 사람 가운데서 택한 자"라고 언급하는 것이지요. 바로 이러한 맥락에서 "하나님의 아들 예수"께서는, 가장 중요하고 위대한 대제사장으로서의 부르심을 받도록 이 땅 가운데 나셨던 것이지요. 그런즉 예수께서는 첫 사람 아담을 대신하며 하나님의 택하심을 입은 모든 자들의 대표이신 "마지막 아담"(고전 15:45)이신 것입니다.

◼ 고전 15:45에서 예수께서 "마지막 아담"이시라고 한 것은, 결국 사람들을 대표하는 대표자로서의 역할을 수행하는 분이 마지막 아담이신 예수 외에는 없다는 말입니까? [113]

◼ 히 2:17에서 사도는 예수께서 "범사에 형제들과 같이 되심이 마땅"한 이유에 대해 무어라 했습니까? [114]

"속량"(헬: ἱλάσκομαι)이라는 말은 '자비로운' 혹은 '관대한'의 뜻을 지닌 헬라어 'ἵλαος'를 어원으로 하는 단어로서, '호의를 갖다'(to be propitious) 혹은 '화해시키다'(to make propitiation for) 등의 의미를 담고 있습니다. 그러므로 '중보자'(mediator)로서의 예수 그리스도의 이미지는 그의 제사장 직분에서 가장 뚜렷하게 드러나는데, 다만 그러한 제사장의 이미지를 뚜렷하게 드러내는 일은 단 한번을 통해서만 이뤄진 것입니다. 분명 "예수는 영원히 계시므로 그 제사장 직분도 갈리지 아니하"(히 7:24)지만, 그러나 실제로 사람으로서 그 직분을 수행하시는 것은 단 한 번만 시행되었을 뿐인 것입니다. 그러므로 히 9:26에서 사도는 이에 관해 기록하기를 "이제 자기를 단번에 제물로 드려 죄를 없이 하시려고 세상 끝에 나타나셨느니라."고 했습니다. 구약시대로부터 예언되었던 메시아에 관한 모든 예언들이 예수 그리스도로 말미암아 전부 성취되었으니, 이제 그 후로는 종말론적인 묵시[즉, 요한계시록]를 통해서 또 다른 조망과 확신을 줄 뿐인 것이 신약성경의 종결인 것입니다. 그런즉 이제 우리 눈으로 그리스도의 속량하시는 희생을 다시 볼 수는 없으며, 다만 성경의 계시를 통해서 단 번에 이루신 그 속량과 희생에 대해서 믿음으로 바라볼 수 있을 뿐인데, 그것이 가능한 것은 그리스도의 선지자 직분을 따라 우리로 그러한 성경의 진리를 깨닫고 확신하도록 하시는 성령[곧, '그리스도의 영']으로 말미암아서입니다.***

■ 시 110:4에서 다윗은 "내 주"(my Lord)라 일컬은 분에 관하여 여호와께서 이르시기를, "☐☐☐☐의를 ☐☐따라 ☐☐한 ☐☐☐☐이라 하셨"다고 기록했습니다.

*** 이러한 선지자의 직무가 지금도 성령을 통해 이뤄지는 것은, 곧장 그리스도의 선지자직에 연계되는 것이다.

■ 히 5:6에서 사도는 "하나님의 아들 예수"에 광하여 이르기를 "이와 같이 다른 데서 말씀하시되 네가 영원히 □□□□의 □□를 따르는 □□□이라 하셨"다고 했습니다.

이처럼 구약성경 시편 110편과 신약성경 히브리서 5장에서 공히 예수께서 영원한 대제사장이심을 알려주고 있는데, 이처럼 긴 역사와 시간의 간격을 두고 기록된 말씀들의 연결조차도 "그리스도의 영" 곧, 성령님의 계시와 가르침을 통해서 비로소 우리들은 깨달으며 확신할 수가 있습니다. 더구나 그러한 말씀의 성취가 복음서에 기록되어 있는 시대에 단 한 차례 이뤄졌음에도 불구하고 우리가 믿음으로 바라볼 수 있는 것은, 전적으로 그리스도의 선지자 직분을 따라 우리에게 계시와 뜻을 깨닫게 하시는 성령님으로 말미암는 것입니다. 그런즉 믿음으로 그러한 일들을 깨닫고 확신하는 우리들에게도 "예수를 너희가 보지 못하였으나 사랑하는도다 이제도 보지 못하나 믿고 말할 수 없는 영광스러운 즐거움으로 기뻐하니"(벧전 1:8)라고 한 말씀이 고스란히 적용되어, "믿음의 결국 곧 영혼의 구원을 받음이"되기를 원합니다.

그런데 예수 그리스도의 제사장 직분의 수행은 과거 곧, 주후 1세기 때에 일어난 사건에만 국한되는 것이 결코 아닙니다. 예수 그리스도의 제사장으로서의 속량은 지금도, 그리고 마지막 심판 날에 이르기까지 계속해서 수행되는 것입니다. 물론 그렇다고 로마 가톨릭교회에서 행하는 바와 같은 '미사'(Missa)의 형식을 통해서 아직까지 제사장의 직분을 유효하게 하는 것 또한 아니지요.

그렇다면 예수 그리스도께서는 과연 어떠한 의미로서 계속해서 제사장의 직분을 수행하시는 것일까요?

◼ 히 5:7에서 사도는 예수께서 "육체에 계실 때에 자기를 죽음에서 능히 구원하실 이에게" 어떠한 일을 행하셨다고 했습니까? [115]

◼ 히 7:24에서 사도는 예수 그리스도의 제사장 직분이 갈리지 않는 이유에 대해 어떻게 말합니까? [116]

◼ 이어지는 25절에서 사도는 예수 그리스도께서 제사장 직분으로서 "자기를 힘입어 하나님께 나아가는 자들을 온전히 구원하실 수 있"는 것이 무엇으로 말미암음을 가르칩니까? [117]

이러한 예수 그리스도의 제사장 직분의 수행과 관련하여 로마 가톨릭교회는 '미사'의 정당성의 근거로 삼는데, "미사가 갈바리아[갈보리] 언덕에서 자신의 몸을 제물로 바친 예수의 희생 제사와 모든 점에서 똑같은 제사이고 똑같은 봉헌이라고 가르치고 있다. 다만 십자가 제사는 유혈제사고 미사 성제는 무혈제사이다. 즉 십자가 제사는 그리스도가 온 인류의 죄를 용서하기 위하여 단 한 번 자기 자신을 바친 봉헌 행위이며, 미사 성제는 그리스도의 말씀을 따라 빵과 포도주의 형상으로 그리스도의 몸과 피를 봉헌하는 피 흐름 없는 제사다. 십자가 제사와 미사 성제가 근본적으로 동일한 제사이기 때문에 미사 성제는 죄를 용서하는 효과를 낸다. 십자가 위에서 단 한 번 완벽하게 이루어진 죄의 용서를 날마다 실현하는 것이 미사 성제다."****라고 설명하면서, 또한 "제물은 유일하고 동일하며, 그때 십자가 위에서 자신을 바치셨던 분이 지금 사제의 직무를 통해서 봉헌하시는 바로 그분이시다. 단지 봉헌하는 방식이 다를 뿐이다. 십자가 제단 위에서 단 한 번 당신 자신을 피 흘려 봉헌하신 저 그리스도께서 그 똑같은 제사를, 미사로 거행되는 이 신적 희생 제사에서 피 흘림 없이 제현하고 계시기 때문에 이 희생 제사는 참으로 속죄의 제사이다." *****라고 설명합니다. 그런즉 로마 가톨릭교회의 사제들은 예수 그리스도의 제사장 직분을 대행하는 실재적인 제사장들인 것이지요.

그러나 히브리서의 사도는 히 7:11에서 "레위 계통의 제사 직분으로 말미암아 온전함을 얻을 수 있었으면 (백성이 그 아래에서 율법을 받았으니) 어찌하여 아론의 반차를 따르지 않고 멜기세덱의 반차를 따르는 다른 한 제사장을 세울 필요가 있느냐."고 하면서, "제사 직분이 바꾸어졌"다고 했습니다. 아울러서 "예수는 더 좋은 언약의 보증(헬: ἔγγυος, a surety)이 되셨느니라."(22절)고 말하면서, "제사장 된 그들의 수효가 많은 것은 죽음으로 말미암아 항상 있지 못함이로되, 예수는 영원히 계시므로 그 제사장 직분도 갈리지 아니하느니라."(23-24절)고 했습니다. 그런즉 예수 그리스도의 제사장 직분을 대행하는 실재적인 제사장들은 구약의 제사장들이며, 예수 그리스도께서 실재로 제사장 직분을 성취하시며 수행하신 이후로는 그 직분을 어떤 자도 대행할 수가 없는 것입니다. 더구나 로마 가톨릭교회가 지금까지도

**** https://ko.wikipedia.org/wiki/미사
***** 트리엔트 공의회, 제22회기, 미사성제에 관한 교리, 제2장: DS 1743.

시행하는 미사는 결코 제사(θυσία, Sacrifices 곧, 희생의 제사)가 아니며, 다만 "주의 죽으심을……전하는 것"(τὸν θάνατον τοῦ κυρίου, show the Lord's death)입니다. 웨스트민스터 대교리문답 제168문답에서 언급하는바, 성찬은 그리스도의 "죽으심을 보여주는 신약의 성례로……하나님께 대한 그들의 감사와 약속, 그리고 서로간의 사랑과 교제를 증거하고 새롭게 하는" 성례인 것이지요.

결국 우리들은 이러한 성경 구절들이 가르치는 바에 따라, 그리스도께서는 어떻게 제사장의 직분을 수행하시는가? 하는 질문에 대하여 다음과 같이 답할 수 있는 것입니다.

제44문의 답변

그리스도께서는 **그의 백성들**의 죄를 **속량**하기 위해, 그 스스로를 하나님께 흠 없는 **희생 제물**로 단 번에 드리셨습니다. 그리고 그들을 위하여 **계속해서 중보기도**를 하심으로, 제사장의 직분을 수행하십니다.

이러한 대교리문답의 답변은 사실, 히브리서 10장에서 분명하고도 간결하게 가르치고 있는 바이기도 합니다.

먼저 히 10:8-9에서 사도는 삼상 15:22-23에 기록한바 "여호와께서 번제와 다른 제사를 그의 목소리를 청종하는 것을 좋아하심 같이 좋아하시겠나이까 순종이 제사보다 낫고 듣는 것이 숫양의 기름보다 나으니, 이는 거역하는 것은 점치는 죄와 같고 완고한 것은 사신 우상에게 절하는 죄와 같음이라"는 말씀을 인용하는 다윗의 시편인, 시 40:6-8에 기록한바 "주께서 내 귀를 통하여 내게 들려 주시기를 제사와 예물을 기뻐하지 아니하시며 번제와 속죄제를 요구하지 아니하신다 하신지라. 그 때에 내가 말하기를 내가 왔나이다 나를 가리켜 기록한 것이 두루마리 책에 있나이다. 나의 하나님이여 내가 주의 뜻 행하기를 즐기오니 주의 법이 나의 심중에 있나이다 하였나이다."라는 말씀을 다시 인용하면서 기록하기를, "주께서는 제사와 예물을 원하지 아니하시고 기뻐하지도 아니하신다 하셨고 (이는 다 율법에 따라 드리는 것이라), 그 후에 말씀하시기를 보시옵소서 내가 하나님의 뜻을 행하러 왔나이다 하셨으니 그 첫째 것을 폐하심은 둘째 것을 세우려 하심이라."고 했습니다. 그런즉 사무엘서로부터 시편, 그리고 히브리서에 이르기까지 희생의 제사에 담긴 진정한 속죄[혹은 속량]가 오직 예수 그리스도의 제사장 직분의 수행으로서만 이루어질 수 있는 것임을 일관되게 가르치고 있는 것이지요. 그리고서는 이어지는 10절에서 "이 뜻을 따라 예수 그리스도의 몸을 단번에 드리심으로 말미암아 우리가 거룩함을 얻었노라."고 했습니다.

▣ 히 10:16에서 사도는 "죄를 위하여 한 영원한 제사를" 그리스도께서 드린 이후로, 믿는 자들과 맺을 언약이 무엇이라고 성령께서 증언하셨다 했습니까? [118)]

▣ 이어지는 17절에서 사도는 또 무슨 증언을 성령께서 하셨다고 기록했습니까? [119)]

■ 계속하여 18절에서 사도는 "이것들[앞선 16절과 17절에서 언급한 것들]을 사하셨은즉" 최종적으로 어떠한 결과에 이르게 된 것을 가르칩니까? [120]

이처럼 예수 그리스도께서는 "동산 각종 나무의 열매는 네가 임의로 먹되, 선악을 알게 하는 나무의 열매는 먹지 말라"(창 2:16-17)는 명령을 거스름으로 나타난 하나님의 명하시는 말씀과 뜻에 대한 불순종과 타락, 그리고 이로 말미암은 불법의 죄악들을 기억하지 않게 하시며, 또한 다시 하나님의 명하시는 말씀과 뜻에 대해 순종할 수 있도록 마음과 생각에 그 법을 다시 두도록 하시는 속량의 결과들을 단번에 효력 있게 예비하신 유일한 제사장으로서의 중보직분을 언제든지 수행하십니다. 그런즉 이처럼 완전하고 온전한 예수 그리스도의 제사장 직분은 그 어떤 사람이나 그 어떤 재 시행도 없이 지금도 계속해서 수행되며, 그러한 예수 그리스도의 제사장 직분으로 말미암아 우리들은 하나님께 담대히 나아갈 수 있는 것이니, 고전 15:45에 기록한바 "마지막 아담"(ὁ ἔσχατος Ἀδάμ, the last Adam)이신 것이지요.

복습 : 그리스도께서는 그의 ☐☐☐의 죄를 ☐☐하기 위해, 그 스스로를 하나님께 ☐ 없는 ☐☐ ☐☐로 단 번에 드리셨습니다. 그리고 그들을 위하여 ☐☐해서 ☐☐☐☐를 하심으로, 제사장의 직분을 수행하십니다.

제45문

그리스도께서는 어떻게 왕의 직분을 수행하시는가?

웨스트민스터 대교리문답의 강해로서 가장 저명한 책인 토마스 리즐리(Thomas Ridgley, 1667-1734)의 '신학의 본체'(A BODY OF DIVINITY)에서는, 이 문답을 천년기(Millennium)에 관한 설명에 이어서 다루고 있는 것을 볼 수가 있습니다. 즉 눈에 보이지 않는 교회의 본질로서의 택함을 입은 백성들의 회중이자 우리의 눈으로는 잘 분별할 수 없는 '비가시적인 교회'(Invisible Church), 그리고 지상에 분명하게 분별될 수 있도록 존재하기도 하는 '가시적인 교회'(Visible Church)에 관한 설명을 덧붙여서 이 문답을 다루고 있는 것입니다. 그러므로 웨스트민스터 대교리문답 제45문답은, 제61~65문답에서 중점적으로 다루는 교회론(Ecclesiology)과 깊은 연관 가운데 있는 문답임을 알 수가 있습니다. 예수 그리스도께서는 그의 교회에서 가장 분명하고도 직접적으로 '왕'으로서의 직분을 수행하시는 것이지요.

■ 마 27:11에서 "네가 유대인의 왕이냐" 라는 총독 빌라도의 물음에 대하여, 예수께서는 무어라 답하셨습니까? [121]

■ 요 18:36에서 예수께서는 "네가 유대인의 왕이냐"라고 물은 총독 빌라도에게 무어라 답하셨습니까? [122]

■ 요 18:37에서 "그러면 네가 왕이 아니냐" 하고 물은 빌라도의 말에, 예수께서는 무어라 답하셨습니까? [123]

눅 23:2 말씀을 보면, 유대 "백성의 장로들 곧 대제사장들과 서기관들"(눅 22:66)이 예수를 유대의 총독 빌라도에게 끌고 가서 이르기를 "우리가 이 사람을 보매 우리 백성을 미혹하고 가이사에게 세금 바치는 것을 금하며 자칭 왕 그리스도라 하더이다."라고 고발한 것을 볼 수가 있습니다. 그들에게 예수에 대한 문제는 그가 오실 하나님의 아들 그리스도이신가? 하는 점이었지만(눅 22:70), 그들은 예수를 죽일 권한이 없었기 때문에 그가 "자칭 왕 그리스도라" 주장하여 백성들을 미혹하고 로마의 지배를 거스른다고 총독 빌라도에게 고발하여 죽이려 한 것입니다. 그러나 빌라도는 예수에 관한 문제가 로마의 지배체제에 대한 저항에 관련한 것이 아니라 유대의 종교적 문제에 관한 것이었음을 이미 알고 있었기에, 갈릴리를 관할하는 명목상의 유대교 집안인 이두매(Idumea) 왕가의 헤롯에게 보내기도 했었습니다(눅 23:7).

그러나 예수께서 왕의 직분을 수행하시는 것에 관한 이러한 모사와 오해들에 대해 예수께서 직접적으로 설명하신 것을 볼 수가 있는데, 이는 요한복음 18장에 기록한 빌라도와의 대화 가운데서 드러나 있습니다. 즉, "네가 유대인의 왕이냐" 하는 빌라도의 물음에 대해 "네 말이 옳다."고 말씀하신 예수께서는 이후로 "내 나라는 이 세상에 속한 것이 아니니라."(요 18:36)고 말씀하신 것이지요. 그리고서는 계속하여 이르시기를 "만일 내 나라가 이 세상에 속한 것이었더라면 내 종들이 싸워 나로 유대인들에게 넘겨지지 않게 하였으리라."고 말씀하셨고, 또한 "이제 내 나라는 여기에 속한 것이 아니니라."고 하시어서 예수께서 자신이 왕이라 답하신 의미에 대해 설명하셨던 것입니다. 그런즉 예수께서 수행하신 왕으로서의 직분은, 빌라도나 헤롯과 같은 이 지상에서의 왕으로서의 직분을 말하는 것이 아니라 "진리에 속한 자"(요 18:37)들의 왕으로서의 직분을 말씀하신 것임을 짐작할 수가 있는 것입니다.

■ 요 18:37에 의하면, "네가 유대인의 왕이냐"고 물은 빌라도에게 "네 말과 같이 내가 왕이니라."고 답하신 예수께서는 어떻게 그의 백성들을 부르십니까? [124]

구약성경 아모스서 9장을 보면 범죄한 나라들을 심판하리라는 여호와의 말씀들을 찾아볼 수 있는데, 그러한 날에 관하여 11-12절에서 선지자 아모스를 통하여 여호와 하나님은 이르시기를 "그 날에 내가 다윗의 무너진 장막을 일으키고 그것들의 틈을 막으며 그 허물어진 것을 일으켜서 옛적과 같이 세우고, 그들이 에돔의 남은 자와 내 이름으로 일컫는 만국을 기업으로 얻게 하리라" 말씀하신 것을 볼 수가 있습니다. 그런데 신약성경 사도행전 15장에서 사도 바울은 "모세의 법대로 할례를 받지 아니하면 능히 구원을 받지 못하리라."(행 15:1)고 가르치는 어떤 유대사람의 일로 인해 예루살렘 회의에 나가게 되는데, 야고보 사도가 암 9:11-12 말씀을 인용한 후에 이르기를 "내 의견에는 이방인 중에서 하나님께로 돌아오는 자들을 괴롭게[필히 할례를 받아야 한다고 강요] 하지 말고, 다만 우상의 더러운 것과 음행과 목매어 죽인 것과 피를 멀리하라고 편지하는 것이 옳으니"라고 판결하는 것을 볼 수가 있습니다. 그런즉 아모스서 9장에서 예언된 "다윗의 무너진 장막을 일으키"는 때는, 단순히 이스라엘과 유대인들에게만 해당하는 부르심의 때를 일컫는 것이 아니라 "그들[이방인들]이나 우리[유대인]나 차별하지 아니"하여 부르시는 때인 것입니다. 바로 그 일을 위해 힘쓰는 바나바와 바울, 그리고 베드로와 야고보 등의 사도들과 더불어서 예수께서야말로 그러한 부르심으로서 진리에 대하여 증언하심으로서 진리에 속한 자들을 불러 모으셨던 것입니다. 아울러 예수께서는 바로 그렇게 부르심을 듣고 모이는 그의 백성들의 왕의 직분을 수행하시고자 이 땅에 나신 것을 요 18:37에서 명확하게 밝히신 것이지요.

무엇보다 그처럼 진리에 속한 자들을 불러 모으시는 예수 그리스도의 왕으로서의 직분은, 신약시대에 이르러 비로소 계시된 것이 아니었습니다.

◼ 시 110:1에서 다윗은 여호와께서 그의 주 곧, 예수 그리스도께 뭐라 말씀하셨다고 기록했습니까? [125]

◼ 이어지는 2절에서는 "시온에서부터" 보내시는 것이 무엇이라 기록했습니까? [126]

■ 민 24:17에 기록된 발람의 예언은 무엇입니까? [127]

■ 창 49:10에 기록된 야곱의 예언은 무엇입니까? [128]

"규"(히: שבט [쉐벹])는 '왕홀'(scepter)을 가리키는 것으로서, 통치자인 왕의 권위와 권세를 나타냅니다. 창 49:10에서 야곱은 그러한 왕권이 유다를 떠나지 않으리라는 예언과 같은 유언을 남겼는데 그것은 '실로'(히: שילה) 곧 '메시아'께서 이르시기까지이니, "그에게 모든 백성이 복종하리"라고 말한 것입니다. 그러므로 이스라엘에 세워진 역대의 왕들은 바로 그처럼 "모든 백성들이 복종"할 메시아 곧, 그리스도를 예표하는 것입니다. 따라서 그러한 그리스도의 왕으로서의 직분은 이스라엘의 역대 왕들이나 로마의 왕 혹은 총독, 그리고 황제의 권세와는 전적으로 다른 것임에 분명한 것이지요. 앞서 여러 차례 언급한 바와 같이, 이 세상의 모든 좋고 긍정적인 것들은 오직 하나님 안에서만 그 원형을 찾을 수가 있는 것이니, 세상의 왕들에 있어서도 그 진정한 영광과 권세는 그리스도 안에서 비로소 그 진정하고 영원한 원형을 볼 수가 있는 것입니다.

그런데 그러한 왕의 직분에 있어서 반드시 따라야만 하는 것이 바로 그의 백성들입니다. 그가 수행하는 왕의 직분은 그에게 복종하는 그의 백성들이 없이는 결코 성립할 수 없는 것이지요. 따라서 요 18:37에 기록한바 "무릇 진리에 속한 자는 내 음성을 듣느니라."는 말씀은 예수께서 바로 그러한 백성들을 부르시며 모으시는 것을 나타내주는 것이지요. 의미심장한 것은, 이어지는 38절에서 빌라도는 그러한 말씀을 하시는 예수께 이르기를 "진리가 무엇이냐 하더라"고 말한 점입니다. "무릇 진리에 속한 자는 내 음성을 듣느니라"고 말씀하시는 그 앞에서조차 빌라도는 그리스도의 왕국 백성이 아니므로, 진리가 무엇이냐고 말함으로써 그 자신이 진리를 선포하는 예수 그리스도의 음성을 전혀 듣지 못하는 자인 것을 그 스스로 드러내 보인 것입니다. 앞서 요 8:46-47에 기록한바 "너희 중에 누가 나를 죄로 책잡겠느냐 내가 진리를 말하는데도 어찌하여 나를 믿지 아니하느냐. 하나님께 속한 자는 하나님의 말씀을 들으니 너희가 듣지 아니함은 하나님께 속하지 아니하였음이로다."라는 말씀대로 고스란히 나타내 보였던 것이지요. 그런고로 "그들은 세상에 속한 고로 세상에 속한 말을 하며 세상이 그들의 말을 듣느니라"고 한 요일 4:5 말씀과 같이 세상에 속한 빌라도는 "진리가 무엇이냐"고 하여 예수 그리스도의 말씀을 전혀 알아듣지 못하는 것을 보여주는 것입니다. 사 55:5에 기록한바 "보라 네가 알지 못하는 나라를 네가 부를 것이며 너를 알지 못하는 나라가 네게로 달려올 것은 여호와 네 하나님 곧 이스라엘의 거룩하신 이로 말미암음이니라."는 말씀의 성취를 위해, 그의 나라 백성들이 교회를 이루어 모이도록 하시고자 예수께서 왕으로서 이 땅에 오신 것입니다.

◼ 그리스도의 왕으로서의 직분은 세상이 아니라 하나님의 나라 백성들이 모이는 교회에서의 왕의 직분을 말하는 것입니까? [129]

◼ 엡 4:11에서 말하는바 사도, 선지자, 복음 전하는 자, 목사와 교사는 누가 세우셨습니까? [130]

■ 고전 12:28로 보건대, 사도, 선지자, 교사 등은 모두 어디에서 세워진 자들입니까? [131]

■ 엡 4:12에 따르면, 그리스도께서 그러한 직원들을 교회에 세우신 목적은 무엇입니까? [132]

이처럼 예수 그리스도께서는 이 땅에 오시어서 진리를 전하시므로 그의 백성들을 그의 나라이자 그의 몸된 교회로 부르셨으니, 요 10:3에 기록한바 "그가 자기 양의 이름을 각각 불러 인도하여 내"시는 것입니다. 그리고 그러한 교회에서 "성도를 온전하게 하여 봉사의 일을 하게 하며 그리스도의 몸[즉, 교회]을 세우려"고, 사도와 선지자, 그리고 목사와 교사 등의 직원들을 교회에 세우시는 것 또한 세상에 속하지 않은 왕으로서의 예수 그리스도의 직분을 수행하심에 속하는 일입니다.

그런데 엡 4:4-6에서 사도는 이르기를 "몸이 하나요 성령도 한 분이시니 이와 같이 너희가 부르심의 한 소망 안에서 부르심을 받았느니라. 주도 한 분이시요 믿음도 하나요 세례도 하나요. 하나님도 한 분이시니 곧 만유의 아버지시라"고 하여, 사도와 선지자, 그리고 목사와 교사 등 교회의 직원들이 한 소망 안에서 부르심을 받은 한 교회의 개념임을 언급하고 있는 것을 볼 수가 있습니다. 그런즉 그리스도의 교회의 직원들이 세워진 교회는, 각각 수많은 개별 교회들의 직원들로서 이뤄진 교회가 아니라 그리스도로부터 부르심을 받아 한 몸을 이룬 한 교회 즉, '공교회'(헬: ἐκκλησια καθολικη, 혹은 라:

Ecclesia Catholica)로서 언급된 것입니다. 이 지상에 수많은 교회들이 있지만, 그리스도의 몸인 교회는 어느 한 개별 교회로서의 교회가 아니라 공교회로서의 교회인 것이지요. 그러므로 비록 개별 교회들이 없이 공교회가 존재할 수 있는 것이 아닌 것 같을지라도, 참으로 예수께서 왕으로서의 직분을 수행하시는 교회는 그리스도를 머리로 하여 한 몸을 이루는 "거룩한 공교회"[엡 4:1-6에서 언급하고 있는 교회]를 일컫는 것입니다. 이를 가리켜서 '가시적인 교회'(visible church)라고도 하는데, 비록 그 원형(the original)이 가시적인 것이 아니라 비가시적인 것 곧, '비가시적 교회'(invisible church)일지라도, 이 세상에서 눈으로 볼 수 있게 모이는 교회 또한 기본적으로 개별적인 교회들 하나하나이기 이전에 온 세계에 흩어져 있는 전체 교회로서의 공교회의 개념인 것입니다. 바로 그러한 교회의 머리이자 왕으로서 예수 그리스도께서 그 직분을 수행하시는 것이지요.*

■ 마 18:15-17에 따르면, 왕이신 그리스도의 몸된 교회는 직분자들 외에 또한 어떠한 수단으로서 운영되어야 합니까? [133]

그리스도의 몸된 교회의 직원들은, 예수 그리스도와 동일한 직분으로서 그 직무를 수행하는 것이 아닙니다. 오히려 교회의 직원들은 예수 그리스도의 왕으로서의 직분을 수행하는 수단이자 도구로서의 역할을 하는 것입니다. 그러므로 교회의 직원들은 직접적으로 왕의 직분적 권세를 부여받은 것이 아니며, 오히려 필연적으로 교회의 유

---

* 그러므로 개별적인 개체로서의 교회로서밖에는 인식하거나 이해하지 못하는 교회관[즉, 개교회주의(local churchism)]는, 그리스도의 몸된 교회를 전혀 이해하거나 생각하지 못하는 불신앙적인 개념입니다.

일한 왕이신 예수 그리스도의 가르침을 따라서만 그 직무를 수행하는 것이니, 예수 그리스도께서 가르치신 교회의 운영을 말하는 것으로서의 '치리'(Discipline)가 반드시 수반되어야 하는 것입니다. 직원(officer)들만 있고 직무(office)가 없을 수는 없는 것이지요. 예컨대 교회 안에서 범죄한 자가 있을 때에 먼저 교회의 직원이 범죄한 당사자를 직접 권면하고, 그 다음으로는 몇몇 직원들과 더불어서 확실하게 증언토록 하며, 그리고 마지막으로 교회에서 공적으로 권징하되, 그조차도 순종하지 않는다고 한다면 교회에서 출교(excommunication)토록 한 마 18:15-17 말씀은, 그리스도께서 친히 가르치신 치리와 권징의 분명한 제시인 것입니다.

■ 사 33:22 말씀으로 볼 때에, 교회의 치리의 시행은 예수 그리스도의 가르침 외에 또한 무엇에 근거하는 것입니까?[134]

사 33:22에서 선지자는 이르기를 "여호와는 우리에게 율법을 세우신 이요 여호와는 우리의 왕이시니"라고 했으니, 마치 한 나라의 왕이 법령을 반포하는 것이 지당한 일인 것처럼 하나님께서도 그의 나라 백성들에게 율법을 선포하여 세우셨다고 했습니다. 그리고 예수께서도 마 5:17에 기록한바 "내가 율법[토라]이나 선지자[느비힘]를 폐하러 온 줄로 생각하지 말라 폐하러 온 것이 아니요 완전하게 하려 함이라."고 말씀하셨으니, 구약성경에서나 신약성경에서나 율법은 하나님의 백성들에 대한 계율로서 항상 자리하고 있는 것입니다. 바로 그러한 율법[율법주의의 겉치레가 아니라 참된 율법의 정신에 따른 것]을 따라서 그리스도께서는 그의 교회의 왕으로서의 직분을 수행[다스림]하시는 것이지요. 하물며 그가 세우신 교회의 직원들이야 말할 것도 없이 율법과 예수 그리스도께서 참되게 가르치신 치리와 권징에 관한 것들 외에 자신의 생각과 판단으로는 교회 안에서 아무 것도 행할 수가 없는 것이 마땅합니다. 그렇게 하는 것은, 그야말로 '적그리스도'(헬: Ἀντίχριστος, 라: Antichristus)의 행실이기 때문입니다. 오직 성경에 근거하는 교회의 직원들과 하나님의 법으로서의 율법, 그리고 예수 그리스도와 율법의 가르침을 따라 수행하는 치리[혹은 권징]을 통해, 눈에 드러나지 않는 '비가시적인 교회'로서의 택함을 입은 하나님의 백성들의 모임인 천상(the heaven)의 교회가 이 땅에서도 비로소 '가시적인 교회'로 드러나게 되는 것이지요. 그러므로 그러한 교회의 실행은, 곧바로 예수 그리스도께서 수행하시는 왕의 직분을 수행하는 것이기도 합니다.

제45문의 답변 - 1

그리스도께서는 왕의 직분을, 그의 백성들을 세상으로부터 **불러 냄**, 그리고 그들에게 **직분**과 **율법**, 또한 주님이 그들을 다스리는 가시적 수단인 **치리**를 부여하심으로 수행하십니다.

하지만 그리스도의 왕의 직분을 수행하는 것으로 말미암는 여러 유익들과 그 권세 등은 결코 교회의 직원들과 그들이 수행하는 율법에 근거하는 온전한 치리로 말미암은 결과인 것이 아닙니다. 오히려 그러한 모든 것들은 그리스도의 왕의 직분을 수행하는 수단이 되는 것들일 뿐, 여전히 그러한 수행으로 말미암는 유익들과 그 권세 등은 왕이신 그리스도로 말미암는 것이기 때문입니다.

▣ 행 5:31에서 사도는 하나님께서 그리스도를 오른손으로 높이시어 임금과 구주로 삼으신 것이 무엇 때문이라 말합니까? [135]

▣ 고전 15:25에 따르면, 그리스도인들의 모든 대적들과 원수들을 발아래 두고 승리하는 것은 무엇 때문입니까? [136]

하나님의 택하신 자들로 된 하나님의 나라로서의 '비가시적인 교회'는 또한 그리스도의 불러내시는 '소명'과 그 '직원들'의 임명, 그리고 '치리' 혹은 '권징'의 수행을 통해서 이 지상에 '가시적인 교회'로서 나타나게 됩니다. 그러므로 이 지상의 교회는 바로 그러한 요소들을 통해서 이 지상에 있는 그리스도의 왕국으로서 그 모습을 드러내게 되는 것이지요. 아울러 그리스도의 왕으로서의 직분은 바로 그러한 요소들을 수단으로 사용함으로 실행되는 것이기도 합니다. 즉 가시적인 교회를 통하여 왕이신 예수 그리스도께서는 구원의 은총을 베풀며(행 5:31) 순종하는 자에게 상급을 주시고(계 22:12, 2:10), 죄를 교정하며(계3:19) 모든 시험과 환란에서 그의 택하신 자들을 보호하실 뿐만 아니라 모든 원수들을 억제하고 정복하시는 것입니다. 또한 이러한 교회는 지상에 있는 모든 가시적인 형태의 교회들을 지칭하는 것이 아니라 그리스도께서 가르치시고 제정하시며 세우신 '소명'(Calling)과 '임직'(Ordination), 그리고 '치리'(Discipline)를 시행하는 온전한 상태의 교회를 말하는 것입니다. 마 3:17은 예수께서 세례자 요한을 통해 세례를 받으셨을 때에 하늘로부터 들리는 음성에 이르기를 "이는 내 사랑하는 아들이요 내 기뻐하는 자라"고 한 것을 기록하고 있습니다. 시 2:7 말씀에 의하면, 이는 단순한 세례받으심이 아니며, 오히려 그가 시 2:6에서 언급한 "거룩한 산 시온에 세울" 왕이신 것을 드러내신 사건이었습니다. 무엇보다 요 18:36에서 예수께서는 친히 빌라도에게 대답하여 이르시기를 "내 나라는 이 세상에 속한 것이 아니니라."고 말씀하셨는데, 그가 이 땅에 오셨을 때에 수행하신 왕의 직분은 이 세상의 권세를 확보하는 것에 있지 않고 "진리에 대하여 증언"하므로서 "진리에 속한 자"들이 그의 음성을 듣고 모이도록 하심이었음을 계속해서 이르셨습니다. 그런즉 그가 성육신 하셨을 당시에는 바로 그처럼 "진리에 속한 자"들을 모으시고자 왕의 직분을 수행하신 것이지요.

그러나 그리스도의 왕으로서의 직분수행은 이처럼 비가시적인 교회와 그에 연계되는 가시적인 교회에서만 국한하여 수행되는 것이 결코 아닙니다.

◼ 시 2:1-3에서 이방 나라들과 민족들, 그리고 세상의 군왕들과 관원들이 누구를 대적하리라 했습니까? [137]

◼ 시 2:6은 여호와 "거룩한 산 시온"에 세우신 분을 어떤 분이라고 했습니까? [138]

◼ 이어지는 8절에서 여호와께서는 시온에 세운 거룩한 왕이자 하나님의 아들이신 분에게 무어라 말씀하십니까? [139]

예수께서 이 땅에 오신 때에, 그의 왕의 직분은 주로 하나님의 택하신 백성들에게 진리를 전하시므로 그들이 그 진리를 듣고서 모이도록 함이었습니다. 그리고 그렇게 진리에 관한 그리스도의 가르침을 듣고 모인 자들로 이뤄진 교회가 그의 가르침과 교훈을 따라서 그리스도의 복음을 전하고 그를 믿음으로 말미암아 비로소 참된 생명을 얻도록(요 20:31) 하는 일에 그의 왕의 직분을 사용하신 것입니다.

그러나 마지막 심판 때에, 예수께서는 더 이상 하나님의 택하신 백성들에게 진리를 전하시고 모으는 목적으로서만 그의 왕의 직분을 행사하지 않으십니다. 오히려 마지막 심판 때에는 그의 소유가 땅 끝까지 이르게 될 것이니(시 2:8), 하나님을 알지 못할 뿐만 아니라 그의 복음에 복종하지 않은 자들을 철장으로 깨뜨리며 질그릇 같이 부숴버릴 것(시 2:9)입니다. 그리고 그러한 마지막 때란, 히 1:2에서 사도가 이르는바 "이 모든 날 마지막에는 아들을 통하여 우리에게 말씀하셨"다고 함에서 알 수 있듯이 이미 예수 그리스도로 말미암아 이르러 있는 것입니다.

◼ 살후 1:7에서 사도는 하나님의 공의로운 심판이 언제 최종적으로 이뤄지리라고 기록했습니까? [140]

◼ 이어지는 8절에서 사도는 어떠한 자들에게 형벌이 내려지리라고 기록했습니까? 141)

제45문의 답변 – 2

또한 그의 택하심에 **구원**의 은총을 베푸시고 그들의 **순종**을 포상하시며, 그들의 죄들에 대해 **징계**하심으로 바로잡으시고, 그들이 당한 모든 시험과 환란에서 그들을 **보호**하시고 도우시며, 모든 그들의 원수들을 억제하고 정복하고, 또한 그 자신의 영광과 그들의 선을 위해 모든 것들을 강력하게 **정하심**으로써 행하십니다. 그리고 또한 하나님을 모르는 자와 복음에 복종하지 않는 나머지에게 **복수하심**으로 행하십니다.

인간은 통상적으로 지나치게 빠른 사물이나 시간에 대해서 뿐 아니라 너무 느리거나 긴 사물과 시간의 역사도 통찰하지 못합니다. 르네상스(Renaissance) 이후로 사람들은 비교적 긴 기간을 통해 이뤄진 일들과 그 변화를 더욱 잘 통찰할 수 있게 되었지만, 그럼에도 불구하고 그처럼 긴 역사적 안목을 가지고서 생각하며 판단하기보다는 자신들의 생각과 가치, 그리고 필요와 요구에 따른 안목 가운데 있는 경우가 대부분입니다. 그러므로 그러한 인간의 짧은 안목 가운데서 보자면, 그리스도께서는 눈에 보이지 않는 하나님의 나라에서나 왕이시지 이 세상에서는 왕의 직분을 수행하는 분이 아니라 생각될 것입니다.

그러나 성경은 예수 그리스도께서 천상의 왕이실 뿐 아니라 지상에서의 왕이시기도 함을 밝히고 있는데, 사람의 안목 가운데서는 모두 사람들의 모사와 계획으로 발생하는 듯 보이는 결과와 일들도 근본적으로 주 예수 그리스도의 왕으로서의 통치 가운데서 일어남을 가르쳐 주고 있습니다. 즉 모든 '섭리'(Providence)의 일들은 그저 필연과 인과율(Causality)에 의해 일어나는 일련의 연결고리 가운데 한 고리인 것이 결코 아니며, 오히려 예수 그리스도께서 이 지상에서 수행하시는 왕으로서의 직분을 수행하심 가운데서 이뤄지는 것입니다. 그리고 이를 분별하는 것이 바로 '믿음'이지요.

무엇보다 예수 그리스도의 왕으로서의 직분이 세상 모든 것들을 포함한다(히 1:2 "이 아들을 만유의 상속자로 세우시고") 할지라도, 그의 직분은 "그의 택하심에 구원의 은총을 베푸시고 그들의 순종을 포상하시며, 그들의 죄들에 대해 징계하심으로 바로잡으시고, 그들이 당한 모든 시험과 환란에서 그들을 보호하시고 도우시며, 모든 그들의 원수들을 억제하고 정복하고, 또한 그 자신의 영광과 그들의 선을 위해 모든 것들을 강력하게 정하심으로써 행하"심이지, 결코 악행과 죄까지도 포함하여 이뤄지는 것이 아닙니다. 물론 세상의 악과 죄가 억제되고 다스려지는 것이 그리스도의 통치방식 가운데서 일어나는 일이지만, 그럴지라도 예수 그리스도께서는 그러한 악과 죄의 원인이나 창시자로서가 아니라 통제하고 다스리시며, 결국에는 승리하시고 모든 자들을 복종하게 하는 것으로서 일어나는 것이지요.

■ 눅 23:24-25에서 빌라도가 예수를 십자가에 달리도록 내어 준 것은 무엇 때문이었습니까? [142]

■ 막 14:21에 따르면, 빌라도가 예수를 십자가에 달도록 내어 준 사건의 더욱 근본적인 이유는 무엇입니까? [143]

신 29:29에서 모세는 이르기를 "감추어진 일은 우리 하나님 여호와께 속하였거니와 나타난 일은 영원히 우리와 우리 자손에게 속하였"다고 했습니다. 즉 이스라엘 백성들에게 요구되는 것은, 하나님 안에 감추어진 일들에 관한 것이 아니라 그들에게 있는 "율법의 모든 말씀"을 행하는 것이었습니다. 그런즉 우리들은 성경에 명확히 드러나 있는 그리스도의 왕의 직분이 세상에 대해서도 예외가 아님을 그대로 믿고 인정하되, 그것이 어떻게 성립되는지에 대한 지나친 호기심을 물리치고 자제해야 마땅한 것입니다. 그런 일들은 모두 하나님 안에 감추어진 일이기 때문이지요. 구약의 율법에 점쟁이와 복술사들을 죽이라 한 것도 바로 그러한 맥락이라 볼 수가 있는 것입니다.

제45문의 답변: 그리스도께서는 왕의 직분을, 그의 백성들을 세상으로부터 ☐☐☐, 그리고 그들에게 ☐☐과 ☐☐, 또한 주님이 그들을 다스리는 가시적 수단인 ☐☐를 부여하심으로 수행하십니다. 또한 그의 택하심에 ☐☐의 은총을 베푸시고 그들의 ☐☐을 포상하시며, 그들의 죄들에 대해 ☐☐하심으로 바로잡으시고, 그들이 당한 모든 시험과 환란에서 그들을 ☐☐하시고 도우시며, 모든 그들의 원수들을 억제하고 정복하고, 또한 그 자신의 영광과 그들의 선을 위해 모든 것들을 강력하게 ☐☐으로써 행하십니다. 그리고 또한 하나님을 모르는 자와 복음에 복종하지 않는 나머지에게 ☐☐☐☐으로 행하십니다.

36~45문답의 정리를 위한 NOTE

9
그리스도의 중보 사역

구약 성경에서 광범위하게 등장하는 사역 가운데 하나는 바로 '제사장'의 사역입니다. 그리고 그러한 제사장의 사역이야말로 십자가에 달리시어 친히 자신을 희생의 제물로 삼으신 그리스도의 대속(redemption)을 실감하게 하는 것입니다. 그런즉 이러한 그리스도의 제사장적 사역 곧, 속죄를 위한 희생이야말로 그리스도의 중보사역의 총체라고 생각하는 경우를 흔히 볼 수가 있습니다.

그러나 그리스도의 제사장적인 속죄의 사역은 하나님의 아들이자 참 사람으로 이 땅에 오신 그리스도의 비하(humiliation)의 측면일 뿐, 그리스도의 승귀(exaltation)의 측면에 대비되는 부분적인 것만이 아니라는 점을 이해해야 합니다. 그리스도께서 부활하시고, 이후로 하늘에 오르시어 하나님의 보좌 우편에 앉으시어 대제사장으로서의 사역을 여전히 유지하시는 것입니다. 뿐만 아니라 그리스도께서 수행하시는 그 사역은 왕으로서의 사역으로서 지금 오히려 더욱 유력하게 이뤄지고 있습니다. 그러므로 그리스도의 중보자로서의 사역은 이 지상에서의 사역만이 아니라 더욱 천상에서의 사역과 더불어서 이해해야만 하는 것입니다.

하지만 일반적으로 그리스도의 중보 사역은 그 특성에 있어서 온전한 희생과 더불어서 이 지상에 있는 "손으로 만든 성소"(히 9:24)가 아니라 참 하늘에 들어가시어서, 우리[하나님의 택하신 백성들]를 위하여 하나님 앞에 나타나 계신다는 데에 있습니다. 아울러서 그리스도께서는 단 번에 이루신 속죄를 통해서 율법의 모든 요구들을 만족시키셨으니, 그 스스로 율법에 대한 완전한 순종을 이루심으로서 하나님의 택하신 백성들 곧, 구속의 백성들에 대한 속전을 대신 지불하심으로써 율법의 요구에 대한 모든 참소[고소]를 무위로 돌리신 것입니다. 뿐만 아니라 그리스도의 중보 사역은 그의 구속된 백성들의 도덕적인 상태 즉, 성화(sanctification)와도 관련된 것입니다. 그런즉 우리의 불성실하고 부족한 기도가 하나님께서 들으시는 기도로 상달되는 것은, 곧바로 그리스도께서 그의 중보 사역을 통해서 우리의 기도를 거룩케 하시기 때문입니다. 그리고 무엇보다 우리의 거룩과 경건, 또한 우리의 예배와 섬김을 온전케 함이 바로 예수 그리스도의 중보 사역으로 말미암아 이뤄지는 것입니다. 아울러서 그의 중보 사역으로 말미암아 우리의 연약함과 어려움, 환란과 시험을 이겨낼 수가 있는 것이니, 히 4:15-16에서 사도가 이르는 바 "우리에게 있는 대제사장은 우리의 연약함을 동정하지 못하실 이가 아니"시기에, "우리는 긍휼하심을 받고 때를 따라 돕는 은혜를 얻기 위하여 은혜의 보좌 앞에 담대히 나아갈" 수가 있는 것입니다.

사실 이러한 그리스도의 중보 사역은, 지금 우리들의 시대에 더욱 절실히 그 이해가 요구됩니다. 신자들 개인의 행위와 도덕성의 고양을 바라는 시각과 목소리가 갈수록 커지고 있는 실정이지만, 그럼에도 불구하고 우리가 가장 관심을 기울여야만 하는 것은 우리 자신의 행실과 의로움의 완성이라기보다는 오히려 더욱 예수 그리스도의 중보 사역에 대한 깊은 믿음과 이해에 있어야 하는 것입니다.

제46문

무엇이 그리스도의 '비하'(humiliation, 낮아지심) 신분인가?

예수께서 이 땅에 오셨을 때에 그가 어떠한 상태로 계셨는지에 관해서 몇몇 오해와 그로 말미암는 오류들이 있었는데, 대표적으로 그가 이 땅에 오셨을 동안에는 순수하게 사람의 본성만을 취하였다고 하는 주장이 그것입니다. 앞서 예수께서 사람으로서의 품성과 하나님으로서의 품성이 동시에 지니신다는 것을 제39문답과 제40문답에서 확인한 바와 같은 이해를 부족하게 정립한 자들에 의해, 예수께서 이 땅에 계시는 동안에 그저 여느 사람들과 다르지 않았다고 하는 주장이 제기된 것이지요. 심지어 '소시니안주의'(Socinianism)에서는 그리스도의 하나님으로서의 품성을 모두 부인하고, 그가 받으신 고난조차도 우리의 죄를 위한 중보로서가 아니라 고난 가운데서도 하나님의 뜻에 순종하며 인내하는 교훈을 제시하는 모범이라고 주장했습니다. 그리고 현대의 자유주의신학에서는 '역사적 예수'(Historical Jesus)에 대한 탐구가 이뤄지기도 했는데, 아프리카에서 봉사한 의사로서 더욱 잘 알려진 알베르트 쉬바이처(Albert Schweitzer, 1875-1965)와 같은 인물들에 의해 예수의 실재 역사적 삶이 무엇이었는가를 탐구하는 작업이 이뤄지기도 했습니다. 한 마디로 예수라는 한 인간의 삶이 어떠했으며, 그 삶이 우리에게 교훈하는 바가 무엇인가를 통해 그리스도를 이해하고 해석하는 방법으로 신학이 이뤄졌던 것이지요.

그러나 소시니안주의나 역사적 예수에 대한 탐구와 같이, 예수라는 한 인간을 중심으로 이해하는 그리스도는 우리의 삶의 모범일 수는 있어도 하나님의 아들 곧, 하나님으로서의 그의 품성을 이해하는 것을 거의 배제하는 맥락을 내포하고 있었습니다. 그러므로 당연히 하나님의 아들이 어떻게 자신을 한없이 낮추시고 치욕스러운 인간 곧, 피조물과 같은 모습으로 나셨는지에 대한 문제는 전혀 논의 대상이나 탐구의 대상이 되지 못했습니다.

그렇다면 예수께서는 한 인간으로서 숭고한 삶을 통해 훌륭한 신앙과 인격의 모범이 되신 분이라는 데에 그 본질적인 정체성이 담긴 분일까요?

■ 빌 2:7에서 사도는 그리스도 예수의 나심에 관하여 어떻게 기록했습니까? [144)

■ 빌 2:6에서 사도는 그리스도 예수를 가리켜 "하나님의 ☐☐"시라고 했습니다.

요 1:18에서 사도는 예수에 관하여 기록하기를 "본래 하나님을 본 사람이 없으되 아버지 품 속에 있는 독생하신 하나님이 나타내셨느니라."고 했습니다. 이와 마찬가지로 빌립보서의 사도는 "그는 근본 하나님의 본체"시라고 하여 요 1:18의 "아버지 품 속에 있는 독생하신 하나님"이라는 문맥을 그대로 따르고 있으며, 또한 "종의 형체를 가지사 사람들과 같이 되셨"다고 하여 "독생하신 하나님이 나타내셨느니라."는 요 1:18 말씀의 맥락을 그대로 따라서 언급하고 있는 것을 볼 수가 있습니다. 그런즉 요한과 바울 두 사도가 공히, 예수께서는 하나님이시되 사람들과 같이 되어 오신 그리스도이심에 관해 동일한 언급을 하고 있는 것이지요.

그런데 빌립보서에서 바울 사도는 요한 사도와 동일한 그리스도를 아는 지식 가운데 있음에도 불구하고 조금 다른 관점으로 예수 그리스도를 설명하고 있습니다. 요한 사도가 예수 그리스도께서 하나님의 아들이신 분이심을 드러내는 관점에서 요한복음을 기록한 것에 반해, 바울 사도는 그런 예수 그리스도께서 무엇 때문에 이 땅 가운데 사람으로 오셨는지의 관점에서 빌립보서를 기록하고 있는 것입니다.

■ 빌 2:8은 예수 그리스도께서 사람의 모양으로 나타나신 것에 관하여 이르기를 "자기를 ☐☐"셨다고 했습니다.

■ 빌 2:8에서 사도는 또한 예수 그리스도께서 십자가에 달려 죽으심에 대해 "☐☐☐☐ ☐☐"하심이라고 했습니다.

빌립보서 2장에서 바울 사도는 "겸손한 마음으로 자기보다 남을 낫게 여기"며 행할 것에 관해 기록하고 있는데, 특히 그리스도 예수께서 그러한 마음을 품게 하셨음을 말하고 있습니다. 그러면서 그리스도 예수께서 보이신 겸손의 모습이 어떠한 것인지를 설명하고 있는데, 그것을 가리켜 "복종"(ὑπήκοος)하셨다고 언급하고 있음을 볼 수가 있습니다. 한마디로 피조물들에게 명령하여 복종하도록 하시는 분이신 하나님의 아들이, 친히 복종하는 자로서 오신 것*을 설명한 것입니다.

■ 롬 5:19에서 사도는 그러한 예수 그리스도의 복종[혹은 순종]이 어떠한 목적으로 행한 것임을 알게 합니까? [145]

■ 그처럼 친히 복종할 자로 이 땅에 오신 예수 그리스도에 관하여, 요 1:14에서 사도는 어떠하더라고 기록했습니까? [146]

빌 2:8에서 사도는 예수 그리스도께서 "사람의 모양으로 나타나"신 것에 대해서 "자기를 낮추"셨다고 했는데, "자기를"이라 번역한 헬라어 'ἑαυτὸν'은 '그 스스로' 혹은 '자기 스스로'라는 뜻입니다. 그러므로 "자기를 낮추시고"라는 한글 번역은, 좀 더 정확히는 '자기를 스스로 낮추시고'라는 의미로 이해되어야 합니다. 예수 그리스도께서는 그 근본에 있어서 하나님과 동일한 본체이시나 하나님과 동등한 본질만을 취하려 하지 않으시고, 오히려 그 스스로 자원하여 낮

---

* 이와 관련하여, 고전 15:28에서 사도는 이르기를 "만물을 그에게 복종하게 하실 때에는 아들 자신도 그 때에 만물을 자기에게 복종하게 하신 이에게 복종하게 되리"라고 하여, 예수께서 그처럼 만물을 복종하게 하시기 위하여 복종하는 자로 오셨음을 가르쳐 주고 있습니다. 한마디로 예수께서 친히 하나님의 명령에 복종하는 자로 오심으로써 만물들을 다시 하나님께 복종하도록 이끄셨다는 것이지요.

아지셨다는 말씀입니다.

그런데 하나님의 아들이 그처럼 자기를 낮추시기 위하여 반드시 선행하여 이뤄야 하는 것이 있는데, 그것은 바로 자신의 신성(Divine nature)곧, 하나님으로서 가지신 품성을 잠시 비우는(κενόω) 것입니다. 그러므로 예수 그리스도의 '비하' 혹은 '수욕'이라고도 번역되는 'humiliation'이라는 말은, 일차적으로 하나님으로서의 그리스도의 품성을 예수 자신의 품성에서 잠시 사용하지 않으심을 나타내는 말입니다.** 그렇게 하심으로써 예수께서는 비로소 자신을 피조물의 모습으로 낮추시어 사람들과 같이 되실 수가 있었던 것이지요. 그런즉 예수 그리스도의 중보자로서의 사역에 있어 반드시 수반되어 이해되어야만 하는 것이 바로 이 같은 그리스도의 품성에 대한 타당한 이해라 하겠습니다.

그렇다면 예수께서는 무엇 때문에 그처럼 자신을 스스로 낮추신 것일까요? 그 자신의 겸손을 통해서 자기 스스로의 영광을 더욱 드러내고 높이려 하심이었을까요?

** 물론 이 말은 예수 그리스도의 품성이 지상에 있는 동안에 그의 신성과 분리되었다는 의미의 말이 아니라, 잠시 나타내지 않으셨다는 의미입니다. 왜냐하면 예수 그리스도의 하나님으로서의 품성과 사람으로서의 품성은 각각 따로 분리될 수 있는 것이 아니며, 또한 완전히 하나로 융합(fusion)되어 있는 것도 아니기 때문입니다. 만일에 각각 분리될 수 있다고 한다면 지상에서 예수께서는 순전히 사람으로서만 활동하신 것이며, 또한 하나로 융합되어 있는 것이라면 스스로 낮아질 수가 없게 되는 것이지요. 빌 2:6-8까지의 말씀은, 바로 이러한 예수 그리스도의 품성에 대한 이해를 바탕으로 하는 말씀입니다.

◼ 고후 8:9에서 사도는 "주 예수 그리스도의 은혜"에 관해 어떻게 기록했습니까? [147]

◼ 마 20:28에서 주님은 자신이 온 것에 관하여 스스로 무어라 말씀하십니까? [148]

빌 2:6에 언급한바 "그는 근본 하나님의 본체시나" 라는 말씀에서 알 수 있듯이, 그리스도께서는 하나님과 동일한 영광을 지니신 분이십니다. 그러므로 요 1:14에서 사도는 이르기를 "말씀이 육신이 되어 우리 가운데 거하시매 우리가 그의 영광을 보니 아버지의 독생자의 영광이요 은혜와 진리가 충만하더라."고 했으며, 또한 히 1:2-3에서도 사도는 이르기를 "이 아들을 만유의 상속자로 세우시고 또 그로 말미암아 모든 세계를 지으셨느니라. 이는 하나님의 영광의 광채시오 그 본체의 형상이시라 그의 능력의 말씀으로 만물을 붙드시며 죄를 정결하게 하는 일을 하시고 높은 곳에 계신 지극히 크신 이의 우편에 앉으셨느니라."고 기록한 것입니다.

◼ 마 26:53에서 예수께서는 자신을 잡으러 온 큰 무리 가운데 한 대제사장의 종의 귀를 친 제자에게 뭐라 말씀하셨습니까? [149]

◼ 요 17:22에서 예수께서는 그에게 주신 영광을 누구에게도 주신다고 말씀하시는가? [150]

왕하 6:17에는 도단 성읍을 에워싼 아람 군대를 보고 두려워 하는 엘리사의 사환이, 그의 눈을 열어 그보다도 더욱 많은 "불말과 불병거가 산에 가득"한 것을 보게 되는 일이 기록되어 있는 것을 볼 수가 있습니다. 그런데 마 26:53에 기록한바 "내가 내 아버지께 구하여 지금 열두 군단 더 되는 천사를 보내시게 할 수 없는 줄로 아느냐."며 자신을 잡으러 온 무리 가운데 한 사람의 귀를 칼로 잘라버린 제자를 만류하시는 것을 볼 수가 있으니, 예수께서는 그처럼 자신에게 있는 능력과 권한 곧, 하나님으로서의 능력과 권한을 얼마든지 사용하실 수 있는 상황과 형편 가운데서도 하나님의 기록된 말씀인 성경의 예언을 따르시고자 철저히 순복하셨습니다. 그리고 그처럼 순복하시는 이유와 목적 또한 단순히 자신의 겸손과 온유하심을 드러내심만이 아니라 더욱, 자신에게 있는 하나님의 능력과 영광이 드러나도록 사용하지 않으심으로서 그의 제자들과 그에게 주어진 사람들을 위하도록 하셨던 것입니다. 그러므로 그런 예수 그리스도의 생애는 그야말로 "자기를 낮추시고 죽기까지 복종하셨"던 생애인 것입니다.

■ 예수 그리스도의 이 같은 비하의 상태는 오직 '공생애'(public ministry) 기간에만 적용되는 것입니까? [151]

■ 빌 2:7-8은, 예수 그리스도의 비하의 기간에 관하여 어떠한 결론에 이르게 합니까? [152]

빌 2:7에서 사도는 예수께서 "자기를 비워 종의 형체를 가지사 사람들과 같이 되셨"다고 했는데, 이러한 종의 이미지(images)에 관해서는 이미 구약성경 사 53:11에서 계시되고 있는바 "나의 의로운 종이 자기 지식으로 많은 사람을 의롭게 하며 또 그들의 죄악을 친히 담당하리로다."라는 말씀을 따른 것입니다. 그런즉 요 1:14에서 사도 요한 또한 이르기를 "은혜와 진리가 충만하더라."고 기록한 것이지요.

그러나 그런 예수의 이 땅에 나심은, 사 53:2에 기록한바 "고운 모양도 없고 풍채도 없은즉 우리가 보기에 흠모할 만한 아름다운 것이 없"더라고 함과 같이, 지극히 낮은 모양이었습니다. 그런즉 하나님으로서의 경외와 두려움을 느끼게 할 만한 모양을 모두 비우고, 요 1:11-12에 기록한바 "세상이 그를 알지 못하였고, 자기 땅에 오매 자기 백성이 영접하지 아니하였"던 것이지요.

제46문의 답변

그리스도의 비하의 신분(estate)이란 **낮아지신 상태**(condition)로서, 그의 잉태됨 그리고 출생, 삶, 죽음, 그리고 그의 죽음 이후에 그의 부활에 이르기까지, 우리를 위하여 그 자신의 **영광을 비우시고, 종의 형체를 취하신 것**입니다.

사실 그리스도의 비하의 상태는, 그가 메시아 곧 그리스도이신 것을 가리키는 것과 같았습니다. 그러므로 그리스도께서 "사람의 모양으로 나타나사 자기를 낮추"(빌 2:8)셨을 때에, 대부분의 사람들은 그에게서 하나님으로서의 영광과 위엄을 볼 수가 없었던 것입니다. 예컨대 칼뱅은 빌 2:7의 주석에서 이와 관련하여 설명하기를, "나는 육신의 낮아지심은 자기의 신적 위엄을 가리우는 베일과 같은 것에 불과했다고 답한다. 이것은 그가 부활 후까지는 변형된 모습이 공개되기를 원하지 않았던 이유이기도 하다(마 17:9)."고 했습니다. 그런즉 사 53:2에 기록한바 "고운 모양도 없고 풍채도 없은즉 우리가 보기에 흠모할 만한 아름다운 것이 없"더라고 함은, 예수께서 평범하거나 다소 못난 모습이었을 것이라는 사실을 증거하는 표현이 아니라 그에게서 얼핏 하나님의 위엄과 영광을 찾아볼 수 없었더라고 하는 표현인 것입니다. 그러나 "참으로 하나님은 사람의 외모를 보지 아니하시고, 각 나라 중 하나님을 경외하며 의를 행하는 사람은 다 받으시는"(행 10:34-35)는 분이시니, 예수 그리스도의 외모와 인간적인 신분이 아니라 그가 행하신바 이적들과 표적들, 아울러 그 선행들 가운데서 그에게 함께 있는 하나님의 모습 곧, 하나님의 품성을 분별할 수가 있는 것(행 10:38)입니다.

◼ 고후 13:4에서 사도는 무엇으로 그리스도께서 "십자가에 못박히셨"다고 말합니까? [153]

◼ 빌 2:8 말씀에 따르면, 그리스도께서 그처럼 십자가에 달려 죽으시기까지 자기를 낮추신 것은 하나님께 대해 ☐☐하심을 말합니다.

이처럼 예수 그리스도께서는 자기를 비우시되, 사람으로서 가장 비천한 상태인 죽음에 이르기까지 하나님의 뜻에 전적으로 복종하는 '종'(헬: δοῦλος, a slave)의 모습을 통해 사 53:11에 기록한 "의로운 종"의 모습을 생생히 보여주셨습니다.*** 더군다나 그러한 복종이 그리스도의 하나님으로서의 품성을 전혀 사용하지 않으시고, 다만 참된 인간으로서의 그의 품성 가운데서 행한 것이라는 점에서 참으로 하나님께 받으실만한 중보자로서의 순종이었음을 알 수 있습니다.

복습 : 그리스도의 비하의 신분이란 ☐☐☐☐ 상태로서, 그의 ☐☐☐ 그리고 ☐☐, ☐, ☐☐, 그리고 그의 죽음 이후에 그의 ☐☐에 이르기까지, 우리를 위하여 그 자신의 ☐☐을 비우시고, ☐의 형체를 취하신 것이다.

*** 이러한 그리스도의 낮아지심에 담긴 의미와 목적에 관해서는 하이델베르크 교리문답 제40문답이 잘 설명해주고 있다. 즉, "그리스도께서는 왜 "죽으시기"까지 낮아지셔야 했습니까?"라고 물음에 대해서 "하나님의 공의와 진리로 인하여, 하나님의 아들의 죽음 이외에는 우리의 죄에 대한 보상을 치를 방도가 없었기 때문입니다."라고 답하고 있는 것이다.

제47문

그리스도께서는 그의 잉태와 출생 가운데서 어떻게 자신을 낮추셨는가? (또한,)

제48문

그리스도께서는 그의 삶 가운데서 어떻게 자신을 낮추셨는가?

모든 성경의 문구들이 시작되는 창 1:1은 기록하기를 "태초에 하나님이 천지를 창조하시니라."고 했습니다. 그리고 신약성경 요 1:1에서는 또한 기록하기를 "태초에 말씀이 계시니라 이 말씀이 하나님과 함께 계셨으니 이 말씀은 곧 하나님이시니라."고 했는데, 이어지는 14절에서 사도는 기록하기를 "말씀이 육신이 되어 우리 가운데 거하시매 우리가 그의 영광을 보니 아버지의 독생자의 영광이요 은혜와 진리가 충만하더라."고 했습니다. 그런즉 창 1:1에 기록한 바 "태초에" 천지를 창조하신 하나님은 성부(God the Father)만이 아니라 말씀(λόγος)이신 하나님 또한 함께 하셨음을 알 수가 있으며, 그 말씀이신 하나님을 가리켜서 사도는 이르기를 "독생하신 하나님"(μονογενὴς θεὸς)이라고 했으니, 성자(라: Deus Filius, God the Son)이신 예수 그리스도를 말하는 것입니다.

이처럼 성경은 하나님에 관하여 성부, 성자로* 각각 구별하여 기록

---

* 마찬가지로 요 1:32에서는 "성령이 비둘기 같이 하늘로부터 내려"왔다고 기록

하고 있으니, 성자 곧, 하나님의 아들이신 예수께서는 최소한 창세 이전부터 하나님의 아들로서 성부 하나님과 함께 계셨음을 알 수가 있습니다. 한마디로 그리스도께서는 성부 하나님과 더불어서 동일한 한 하나님이신 것이지요. 이는 요 10:30에 기록한바 "나와 아버지는 하나이니라."는 말씀 가운데서도 분명하게 확인되는 사실입니다. 그러므로 하나님의 아들이신 그리스도께서도 웨스트민스터 대교리문답 제7문답에서 언급하는바, "영으로서, 본래부터 그리고 스스로 존재, 영광, 복되심, 그리고 완전함에 있어서 영원하시며, 완전히 충족하고 불변하며, 이해를 초월하시고 편재하며 전능"하신 분이심에 틀림이 없는 것입니다.

그렇다면 이처럼 영이신 하나님인 그리스도께서는 언제쯤부터 "육신"(헬: σὰρξ, flesh)이 되셨던 것일까요?

■ 갈 4:4에서 사도는 □가 □□ 하나님이 그 아들을 보내셨다고 기록했습니다.

■ 갈 4:4에서 사도는 "그 아들을 보내사 여자에게서 나게 하시"는 것이 "□□ 아래에 나게 하신 것"이라고 했습니다.

갈라디아서 4장에서 사도는 이르기를 "유업을 이을 자가 모든 것의 주인이나 어렸을 동안에는 종과 다름이 없어서, 그 아버지가 정

하고 있다.

9. 그리스도의 중보 사역 **123**

한 때까지(ἄχρι τῆς προθεσμίας, until the term previously appointed) 후견인과 청지기 아래에 있나니"(1-2절)라고 했습니다. 그런즉 갈 4:4에서 언급하는바 "때가 차매"(τὸ πλήρωμα τοῦ χρόνου, the fullness of the time)라는 말은 그저 막연하게 때가 이른 것을 뜻하는 것이 아니라 성부 하나님의 정하신 때[연속적인 시간의 흐름 가운데서 정한 한 때]가 차기까지라는 뜻이 전제되어 있는 것입니다. 마치 첫 사람[대표자] 아담이 하나님의 말씀하시는 것에 순종할 수 있는 온전한 의지(Free Will)와 의(Original Righteousness)를 지니고 있었던 것, 혹은 그 이상으로 하나님의 정하신 바에 순종하는 가운데 계셨음을 암시하는 것이지요.

이처럼 "때가 차매"라는 문구 안에는 그저 무심한 세월의 흐름을 나타내기보다는, 오히려 적극적인 그리스도의 순종이 내포되어 있는 가운데서의 그 경륜(Dispensation)의 무르익음이 전제되어 있음을 알 수가 있는 것입니다. 그리스도께서는 그저 막연하게 때가 이르기를 기다리신 것이 아니라 성부 하나님의 질서 있는 통치 가운데서 정해진 때를 향하여 순종하심 가운데 계셨던 것이지요.

◼ 골 2:9에서 사도는 그리스도에 관하여 이르기를 "그 안에는 ☐☐의 모든 ☐☐이 ☐☐로 거하"신다고 했습니다.

◼ 갈 4:4에서 사도는 "때가 차매 하나님이 그 아들을 보내"시되 ☐☐에게서 나게" 하셨다고 했습니다.

◼ 딤전 2:13에서 사도는 하나님의 창조의 순서에 있어서 남자와 여자를 각각 어떻게 언급하고 있습니까? [154]

◼ 딤전 2:14에서 사도는 인간의 타락의 순서에 있어서 남자와 여자를 각각 어떻게 언급하고 있습니까? [155]

◼ 눅 1:48에서 마리아는 자신에 관해서 "그의 여종의 ☐☐☐을 돌보셨음이라"고 했습니다.

이처럼 성경은 그리스도의 출생에 관하여 언급하면서, 그리스도께서 자신을 얼마나 낮추셨는지를 깨닫게 합니다. 하나님의 경륜 가운데서 정한 때가 이르렀을 때에 그리스도께서는 그 아들을 보내어 사람으로 나게 하시되 여자에게 나게 하셨는데, 그에 대하여 마리아는 고백하기를 비천한 자에게서 나셨다고 한 것입니다.** 심지어 그리스도의 출생이 얼마나 지극한 낮아지심이었는지에 관련해서, 눅 2:7에서는 "첫아들을 낳아 강보로 싸서 구유에 뉘었으니 이는 여관에 있을 곳이 없음이러라."고 기록하고 있습니다. 이는 대부분의 사람들의 출생에도 못 미치는 열악한 형편 중에 태어나셨음을 단적으로 시사하는 말씀이지요.

** 이는 직접적으로 눅 1:48의 마리아의 고백에 근거하며, "그의 여종의 비천함을 돌보셨음이라"고 하는 말은 그의 사회적 신분의 비천함을 말함이 아니라 영적인 비천함을 말하는 것이다. 즉, 시 138:6에서 하나님 앞에서 사람의 비천함에 관해 표현하기를 "여호와께서는 높이 계셔도 낮은 자를 굽어살피시며"라고 말함과 같은 것이다.

9. 그리스도의 중보 사역

그러나 이러한 그리스도의 출생은 마지못함이 아니었습니다. 이미 갈 4:4의 "때가 차매"라는 문구를 통해 살펴보았듯이, 그리스도의 출생은 그의 적극적인 순종의 경륜 가운데서의 결과인 것입니다. 그러므로 그리스도께서는 기꺼이 기쁨 가운데서 그처럼 낮아지신 것이니, 이는 그를 잉태한 마리아의 찬양인 "내 영혼이 주를 찬양하며, 내 마음이 하나님 내 구주를 기뻐하였음은, 그의 여종의 비천함을 돌보셨음이라 보라 이제 후로는 만세에 나를 복이 있다 일컬으리"(눅 1:47-48)라는 문구 가운데서도 간접적으로 확인할 수가 있습니다.

제47문의 답변

그리스도께서 그의 잉태와 출생 가운데서 그 자신을 낮추심은, **영원 전부터** 아버지 품에 계신 **하나님의 아들**이시나, 때가 참 가운데 비천한 **여자에게서** 태어나시며, 또한 **사람의 아들**이 되기를 기뻐하심입니다. 아울러서 **통상적인 비천함보다도 더한** 여러 상황들 가운데 처하심입니다.

사실 이러한 비천함만으로도 '하나님의 아들' 곧, 하나님으로서의 영광을 감추시고 자기 스스로를 낮추심은 보통 이상으로 충분하다 할 것입니다. 더구나 그의 출생이 그처럼 비천함 가운데였던 것에 관해, 요 1:11에서 사도는 이르기를 "자기 땅에 오매 자기 백성이 영접하지 아니하였"다고 했으니 말입니다. 웨스트민스터 대교리문답 제7문답에서 언급하는바, "영으로서, 본래부터 그리고 스스로 존재, 영광, 복되심, 그리고 완전함에 있어서 영원하시며, 완전히 충족하고 불변하며, 이해를 초월하시고 편재하며 전능"하신 하나님이심에도 말입니다.

하지만 그리스도께서 자신을 낮추심[비하]은 거기에서 그치는 것이 아니었습니다. 오히려 그의 이후 생애 가운데서 그러한 낮아지심의 진면목과 목적들을 찾아볼 수가 있었습니다. 그가 영원한 하나님의 아들이심에도 불구하고 자신을 낮추어 여자에게서 태어나되 보통 이하의 상황과 형편 가운데서 태어나심뿐만 아니라 그의 성장 가운데서도 보이신 낮추심이 있는 것이지요.

■ 갈 4:4에서 사도는 그리스도의 나심을 "여자에게서 나게 하시"는 것 외에 또한 어떻게 나셨다 했습니까? [156]

■ 마 5:17에서 예수께서는 그의 오심이 무엇을 위함이라고 언급되어 있습니까? [157]

■ 갈 4:5에서 사도는 그리스도께서 율법 아래에 나신 것은 더욱 어떤 목적이라 했는가? [158]

갈 4:4에서 사도는 그리스도에 대하여 이르기를 "때가 차매 하나님이 그 아들을 보내사……율법 아래에 나게" 하셨다고 했습니다. 그리고 그 말인즉 율법을 준행해야만 하는 사람으로 나게 하셨다는 것이지요. 그러므로 눅 2:21-24에서 사도는 기록하기를 "할례할 팔일이 되매……모세의 법대로 정결예식의 날이 차매 아기를 데리고 예루살렘에 올라가니, 이는 주의 율법에 쓴 바 첫 태에 처음 난 남자마다 주의 거룩한 자라 하리라 한 대로 아기를 주께 드리고, 또 주의 율법에 말씀하신 대로 산비둘기 한 쌍이나 혹은 어린 집비둘기 둘로 제사하려 함이더라."고 예수의 유년기에 율법을 준수한 것을 기록한 것입니다. 마찬가지로 공생애를 시작하신 이후로도 "누구든지 이 계명(헬: ἐντολῶν, commandments) 중의 지극히 작은 것 하나라도 버리고 또 그같이 사람을 가르치는 자는 천국에서 지극히 작다 일컬음을 받을 것이요 누구든지 이를 행하며 가르치는 자는 천국에서 크다 일컬음을 받으리라."(마 5:19)고 말씀하신 것을 볼 수가 있습니다.

그러나 그리스도께서는 영원하신 하나님의 아들이신 분으로, 율법 아래에서 율법을 준행할 자가 아니라 율법을 명하신 분이었습니다. 그러므로 율법을 명하신 분이 율법을 준행할 자로 오신 것이야말로 그리스도께서 얼마만큼이나 낮은 자리로까지 오신 것인지를 생생하게 직시하게 하는 것입니다. 그것이야말로 하나님으로서의 품성을 비우시고(헬: κενοσις, 라: exinanitio, 영: kenosis) 사람으로서의 품성 가운데 자신을 드러내신 낮아지심의 생생한 예시라 할 것입니다. 더구나 예수께서는 그러한 율법을 그저 수동적으로 일부분만을 준행하신 것이 아닙니다.

▣ 마 5:18의 "율법의 일점일획도 결코 없어지지 아니하고 다 이루리라."(……till all things be fulfilled.)는 말씀은, 그리스도로 말미암아 율법이 □□□□ 성취될 것을 가리킨다.

■ 롬 5:19에서 사도는 무엇으로 인해 "많은 사람이 죄인 된 것"이라고 말합니까? [159]

■ 롬 5:19에서 사도는 또한 무엇으로 인해 "많은 사람이 의인이 되리라"고 말합니까? [160]

■ 약 2:10에서 사도는 율법을 지키지 않음에 관해 어떤 기준으로 언급하고 있습니까? [161]

롬 5:18에서 사도는 이르기를 "한 범죄로 많은 사람이 정죄에 이른 것 같이 한 의로운 행위로 말미암아 많은 사람이 의롭다 하심을 받아 생명에 이르렀느니라."고 했는데, 앞서 15절에서 "아담은 오실 자의 모형이라"고 했으므로 "한 범죄로 많은 사람이 정죄에 이른 것"이라는 말은 첫 사람 아담을, "한 의로운 행위로 말미암아 많은 사람이 의롭다 하심을 받아 생명에 이르렀"다는 말은 "마지막 아담"(고전 15:45)이신 예수 그리스도를 가리키는 것임을 알 수가 있습니다. 그런즉 아담은 완전한 불순종의 범죄를, 예수 그리스도는 완전한 순종의 의를 각각 대표하는 것입니다. 바로 그러한 이유로 예수께서는 이 땅 가운데서 율법을 완전히 지켜 순종하신 분으로 오신 것이지요. 그러므로 마 5:17에서는 "내가 율법(헬: νόμον, law)이나 선지자(헬: προφήτας, prophets)를……완전하게 하려 함이라."고 했으며, 또한 18절에서도 이르기를 "율법의 일점 일획도 결코 없어지지 아니하고 다 이루리라."고 한 것입니다. 그리스도의 의는 이처럼 율법을 온전히 지켜 행함으로서 이르게 되는 것이 결코 아님에도 불구하고, 모든 율법을 온전히 지켜 행하시어 완전하게 이루시는 일을 이 땅 가운데서 수행하신 것입니다. 더욱이 그처럼 적극적이고 능동적인 그리스도의 율법에의 순종(law-keeping obedience)이 그 자신의 의***가 아니라 "율법 아래에 있는 자들을 속량하시고 우리로 아들의 명분을 얻게 하려 하심"이라는 점에서 자신을 지극히 낮추심이라 하겠습니다.

하지만 그리스도께서 이 땅의 공생애 가운데서 자신을 낮추심은 여기에 그치지 않습니다.

▣ 마 4:3에서 마귀는 예수께 대하여 어떤 일을 행했습니까? [162)]

▣ 마 26:67-68에 기록한바 이스라엘의 대제사장과 서기관과 장로들의 온 공회에서는 예수께 대해 어떤 일을 행했습니까? [163)]

▣ 마 27:28-30에 기록한바 빌라도의 군병들은 관정 안에서 예수께 대해 어떤 일을 행했습니까? [164)]

▣ 마 16:21로 볼 때에, 예수께서 당하신 모든 수욕(受辱)들은 이미 알고 계신 일들이었습니까? [165)]

*** 이러한 의(righteousness)는 하나님으로서의 의이며 이미 그리스도 안에 영원토록 있는 것이지만, 이 땅에서는 잠시 이러한 의를 감추시고 율법을 온전히 모두 지키심으로 이루시는 의를 성취하셨다.

벧전 2:22-23에서 사도는 예수 그리스도께서 받으신 고난에 관하여 기록하기를 "그는 죄를 범하지 아니하시고 그 입에 거짓도 없으시며, 욕을 당하시되 위협하지 아니하시고 오직 공의로 심판하시는 이에게 부탁"하셨다고 했습니다. 그는 율법의 수여자이시나 율법을 지키는 자로서 이 땅 위에서 사셨을 뿐 아니라 적극적이고도 능동적으로 율법을 온전하게 지키셨으므로, 그야말로 "죄를 범하지 아니"하셨을 뿐만 아니라 "그 입에 거짓도 없으"셨음에도 불구하고 "욕을 당하시되 위협하지 아니하시고 오직 공의로 심판하시는 이"이신 하나님 아버지께 모든 처분을 의뢰하셨던 것입니다. 이로써 그리스도께서는 첫 사람 아담이 실패했던 불순종의 죄를 온전한 순종으로 바꾸셨지만, 그가 담당하셔야 했던 수욕은 동시에 끝없는 낮아짐이었습니다.

하지만 그리스도의 낮아지심은 여기에 그치는 것이 결코 아니었습니다. 심지어 그의 육신의 강건함조차도 지니실 수 없는 지경으로까지 낮아지셔야 했지요.

■ 사 52:14은 고난 받는 하나님의 '종'에 관하여서 어떻게 기록했습니까? [166)]

■ 마 27:46 말씀은 예수께서 "엘리 엘리 라마 사박다니"라고 외치신 것이, "나의 하나님, 나의 하나님, 어찌하여 □를 □□□나이까" 라는 뜻이라 했습니다.

■ 요 19:28에 기록된바 예수 그리스도의 말씀하신 것은 "내가 □□□□"는 것이었습니다.

예수 그리스도께서 자신을 낮추심은 보통의 인간이 경험할 수 있는 상태나 형편보다도 훨씬 낮은 것이었으니, 그것은 이미 그의 탄생에서도 확인할 수 있었고, 또한 이후로 그의 삶과 그가 당하신 수욕, 그리고 고난 가운데서도 확인할 수 있는 바입니다. 뿐만 아니라 그러한 낮아짐을, 그는 하나님의 아들로서의 탁월하심으로 감당하신 것이 아니라 우리와 못지않은 혹은 우리보다도 극심한 고통과 연약함 가운데서 짊어진 것이었습니다. 이처럼 예수 그리스도의 낮아지심 [곧 비하(humiliation)]은 인간을 대표해서도 보통 이상의 극심한 고통과 연약함을 수반하는 것이었음을 알 수가 있습니다.

제48문의 답변

그리스도께서는 그의 삶 가운데서 **율법에** 스스로를 **복종**시키되, 그가 **완전하게 실행하심**으로써 자신을 낮추셨습니다. 또한 **세상의 모욕**과 **사탄의 시험,** 그리고 인간의 본성에 공통된 것이었거나 특별히 그의 낮은 상태에 수반되었던, **육신의 연약함과 싸우심**으로써 자신을 낮추셨습니다.

그리스도의 생애와 관련해서 한 가지 중요한 요소는 바로 율법의 준

행 혹은 성취에 있습니다. 첫 사람 아담이 하나님의 계명에 대해 전적으로 순종하기를 실패한 이후로, 마지막 아담이신 예수 그리스도께서는 하나님의 모든 계명들을 온전히 준수하여 순종하신 것입니다. 그러므로 그러한 그리스도의 순종은 불가피한 것이 아니라 적극적이고 능동적인 것이었습니다. 한마디로 그리스도께서는 기꺼이 기쁨으로 그 일을 감당하신 것이지요. 하지만 그리스도의 그러한 낮추심은 다음 문답에서 다루게 될 마지막 정점에 가장 큰 의미를 두고 있습니다.

복습 : 그리스도께서 그의 잉태와 출생 가운데서 그 자신을 낮추심은, ☐☐ 전부터 아버지 품에 계신 ☐☐☐의 ☐☐이시나, 때가 참 가운데 비천한 ☐☐에게서 태어나시며, 또한 ☐☐의 ☐☐이 되기를 기뻐하심이다. 아울러서 ☐☐☐☐ ☐☐☐☐보다도 더한 여러 상황들 가운데 처하심이다. 뿐만 아니라 그리스도께서는 그의 삶 가운데서 ☐☐에 스스로를 ☐☐시키되, 그가 ☐☐하게 ☐☐하심으로써 자신을 낮추셨다. 또한 세상의 ☐☐과 사탄의 ☐☐, 그리고 인간의 본성에 공통된 것이었거나 특별히 그의 낮은 상태에 수반되었던, ☐☐의 ☐☐☐과 싸우심으로써 자신을 낮추셨다.

제49문

그리스도께서는 그의 죽음에서 어떻게 자신을 낮추셨는가?
(또한,)

제50문

그리스도의 죽음 이후의 낮아지심은 어떠한 것이었는가?

지금까지 살펴본 그리스도의 낮아지심만으로도 우리들은 너무도 가혹하고 과하다고 생각할 것입니다. 그리스도의 출생에서부터 그의 삶 전반에 걸쳐서, 우리와 동일한 연약함을 경험하실 뿐만 아니라 우리들 가운데 누구도 감당하지 못한 극심한 고난과 고통, 조롱과 억울함을 겪으시는 형편에까지 낮아지신 그리스도의 비하(humiliation)가 그 스스로 기꺼이 감당하신 것이라는 점만으로도 중보자로서의 낮추심에 손색없이 적합한 듯 보이는 것입니다.

그러나 그리스도께서는 은혜 언약의 중보자로서 그 일들을 감당하셨습니다. 그러므로 그러한 은혜 언약의 중보자로 적합함이 입증되기 위해서는, 은혜 언약에 앞서 제시되었던 행위 언약으로서의 순종의 본을 가장 완전하게 이루셔야만 했습니다. 그리고 그렇게 되기까지 쉬지 않으시는 하나님의 열심으로써 실제로 그리스도께서는 가장 어려운 순종의 길을 향하셨으니, 바로 그러한 순종이야말로 누구도 감당할 수 없는 유일하며 그 높이와 폭과 깊이를 가늠할 수 없는 낮아지심인 것입니다. 한마디로 중보자이신 그리스도 외에는 그 누구도, 또한 그 어느 때라도 그러한 낮아지심을 감당할 수가 없는 것이지요.

◼ 마 26:49-50은 예수 그리스도께서 죽음에 이르시기 전에 어떠한 일을 기꺼이 당하셨음을 기록하고 있습니까? [167]

◼ 마 26:24로 보건대 예수께서 유다에게 배신을 당하신 것은 무엇 때문이었습니까? [168]

◼ 마 26:56 말씀은, 예수께서 잡히시던 때에 그의 제자들이 어떻게 행했다고 기록했습니까? [169]

예수께서 잡히시던 날에 관한 기록들 가운데 막 14:51-52에는 독특하고 유일하게 마가복음에만 기록되어 있는 사건을 하나 볼 수가 있는데, 그것은 바로 "한 청년이 벗은 몸에 베 홑이불을 두르고 예수를 따라가다가 무리에게 잡히매, 베 홑이불을 버리고 벗은 몸으로 도망하니라."고 한 사건입니다. 이 사건이야말로 예수께서 잡히시던 그 날의 분위기를 단적으로 드러내고 있으니, 제자 가룟 유다는 배신자가 되어 가장 친근한 우정의 표현인 입맞춤으로 예수를 표시하여 넘기고, 제자들은 다 예수를 버리고서 뿔뿔이 도망치되, 심지어 그 가운데 한 청년은 발가벗은 몸으로 허둥지둥 도망치던 참담하고 볼썽사나운 모습이 바로 예수께서 대제사장들과 서기관들과 장

9. 그리스도의 중보 사역 **135**

로들에게 파송된 무리들에게 잡히시던 날의 풍경이었던 것입니다.

이처럼 예수께서는 마지막 죽으심을 향하는 동안에도 참으로 참담하고 볼썽사나운 낮고 낮은 모양새 가운데서 스스로 자원하여 나아가신 것임을 알 수가 있습니다. 사 53:2-3에 기록한바 "그는 주 앞에서 자라나기를 연한 순 같고 마른 땅에서 나온 뿌리 같아서 고운 모양도 없고 풍채도 없은즉 우리가 보기에 흠모할 만한 아름다운 것이 없도다. 그는 멸시를 받아 사람들에게 버림 받았으며 간고를 많이 겪었으며 질고를 아는 자라 마치 사람들이 그에게서 얼굴을 가리는 것 같이 멸시를 당하였고 우리도 그를 귀히 여기지 아니하였도다."라는 말씀 그대로인 것이지요.

■ 마 27:32에서 시몬이라는 구레네 사람에게 예수의 십자가를 억지로 지워 가게 한 것에서, 예수의 신체적인 형편이 어떠함을 알 수 있겠습니까?[170]

■ 마 27:34에서 "쓸개 탄 포도주"[혹은 "몰약(Myrrh) 탄 포도주"막 15:23]를 예수께서 마시지 않음은 무엇을 암시합니까?[171]

■ 마 27:38의 "예수와 함께 강도 둘이 십자가에 못 박히니"라는 말씀은, 예수께서 어떠한 부류로 취급됨을 나타냅니까?[172]

예수께서 십자가에 달리시기까지 당하신 수욕은 참혹하기 그지없는 것이었습니다. 그 이전까지의 생애 가운데서도 그는 자신을 한 없이 비천한 데에까지 낮추셨지만, 그러한 낮추심은 그것으로 끝이 아니라 오히려 십자가에 달리시기까지의 배반과 모욕, 정죄와 고문 등 그야말로 한 육체 가운데서 당할 수 있는 거의 모든 수욕을 다 당하시는 것이었습니다. 30세가 넘은 한 인간으로서 군중들 앞에서 자신의 가장 수치스러운 치부조차 가리지 못하고 온 몸이 발가벗겨지며, 몸 전체가 채찍에 맞아 찢기고 터진 피투성이 꼴을 하고서도, 거반 죽은 것이나 다름이 없는 그런 상태로 십자가에 달리고서도 그에게 가해지는 수욕과 비참함은 여전히 그치지를 않은 것입니다.

◼ 마 27:46의 "엘리 엘리 라마 사박다니"라고 소리를 지르는 상황에서 대해, 앞서 45절에서는 어떻게 기록했습니까? [173)]

◼ 사 53:4에서 선지자는 고난 받는 종에 관하여서, 당시의 사람들이 어떻게 여겼다 했습니까? [174)]

◼ 눅 23:35 말씀은 유대의 관리들이 예수를 어떻게 비웃었음을 기록했습니까? [175)]

◼ 마 27:43의 "그가 하나님을 신뢰하니 하나님이 원하시면 이제 그를 구원하실지라."는 대제사장들 및 서기관들과 장로들의 희롱하는 말은, 구약성경의 어느 구절을 인용한 것입니까? [176)]

이처럼 예수께서는 십자가에 달리시어 마지막으로 죽음을 맞이하기
까지도 비난과 조롱, 그리고 정죄에 직면해 계셨습니다. 특별히 마
27:43에 기록한바 대제사장들과 서기관들, 그리고 유대 백성의 장
로들이 보인 비난은 평소 예수께서 자주 보이시던 성경의 인용을 통
하는 것이어서, 그들이 얼마나 예수를 조롱하려 했었는지를 실감하
게 합니다. "나는 벌레요 사람이 아니라 사람의 비방거리요 백성의
조롱거리니이다."(시 22:6)라고 기록한 다윗의 시편 가운데 있는 구절
을 인용하여, 과연 네가 그리스도란 말이냐! 라고 외치는 듯한 그들
의 사악한 비방은, 마태복음 4장에 기록한바 예수를 시험하던 사탄
의 태도를 연상케 하는 것이지요. 그것도 이스라엘의 모든 종교 지
도자들이 한 통속이 되어서 말입니다.

▣ 갈 3:13에서 사도는 예수께서 그처럼 십자가에 달려 죽으심에 대해
"그리스도께서 우리를 위하여 ☐☐를 받은 바 되"었다고 기록했습니다.

▣ 갈 3:13에서는 또한 그러한 것을 가리켜서 "☐☐의 저주"라고 했습
니다.

그리스도께서는 이처럼 온갖 수욕과 더불어서 그 죽음마저도 율법
에 따라 저주 아래 있는 것을 나타내는 "나무에 달린 자"로서의 죽
음을 당하셨습니다. 그런즉 이처럼 철저히 낮아지고 수욕을 당하신
분은 예수 그리스도 외에 그 이전에도 없었으며, 또한 그 이후로도
결코 없었음을 인정하지 않을 수 없을 것입니다. 더구나 갈 3:13에

서 사도는 "그리스도께서 우리를 위하여 저주를 받은" 것이 다름 아닌 "율법의 저주에서 우리를 속량하"심이었다고 했으니, 이를 위해서는 예수께서 결코 율법을 흠 없이 완전하게 지킨 의 가운데 있어야만 했던 것입니다. 만일에 그렇지 않았다면, 예수께서는 그야말로 자기의 죄를 인하여서 그 모든 수욕을 당한 것에 불과하게 되는 것이지요.

제49문의 답변

그리스도께서 그의 죽음 가운데서 스스로를 낮추신 것은, 유다에게 **배신을 당하고** 그의 제자들로부터 **버림을 받으시며**, 세상으로부터 **모욕과 배척**을 받으시고, 빌라도에게 **정죄**를 받으며, 또한 그를 박해하는 자들로부터 **괴롭힘**을 당하신 것입니다. 아울러서 죽음의 공포와 **어둠의 권세**와 더불어 싸우시고, **하나님의 진노**의 무게를 느끼며 부담하시고, **속죄의 제물**로서 자기의 목숨을 버리셨으며, 고통스럽고 수치스러우며, 또한 저주받은 **십자가의 죽음**을 견디신 것입니다.

익히 알려진 바와 같이, 십자가에 달려서 죽는 일은 당시의 사회에서 공히 가장 낮고 저주받은 죽음을 나타내는 것이었습니다. 유대 문화 가운데서 볼 때에 나무에 달려 죽는 죽음은 저주받은 것임을 나타내는 것(신 21:23)이며, 로마 사회에서도 극악한 죄수들이나 반역자들의 경우에나 십자가형을 집행했던 것입니다. 그러므로 당시의 사회 가운데서 그리스도께서는 그 죽음조차도 가장 낮고 저주받은 죽음을 맞았던 것이지요. 하지만 그리스도의 낮아지심은 그처럼 십자가에 달려 죽으신 것으로 끝난 것이 아니었습니다. 오히려 십자가에 달려 죽으신 이후에도 그리스도의 낮아지심이 이루어졌습니다.

◼ 롬 6:16에서 사도는 사망에 이르는 것이 어떠한 일로 말미암는 것이라 기록했습니까? [177]

◼ 이어지는 롬 6:23에서 사도는 무엇의 "삯"[즉, 보상]이 "사망"[즉, 죽음]이라고 했습니까? [178]

◼ 눅 23:14-15 말씀은 예수께서 죽음을 삯으로 받을만한 분이었음을 나타내주고 있습니까? [179]

창 2:16-17에서 여호와 하나님께서는 최초의 사람에게 이르시기를 "동산 각종 나무의 열매는 네가 임의로 먹되, 선악을 알게 하는 나무의 열매는 먹지 말라 네가 먹은 날에는 반드시 죽으리라."고 말씀하셨습니다. 그러나 뱀에게 미혹된 여자가 그 나무를 보았을 때에, 그 나무는 "먹음직도 하고 보암직도 하고 지혜롭게 할 만큼 탐스럽기도 한 나무"로 보였습니다. 그리고 여자가 그 열매를 따먹고 자기와 함께 있는 남편에게도 주어 그도 그 나무의 열매를 먹었으니, 이렇게 하여 그야말로 죄가 장성하게 되었습니다. 그리고 결국 하나님께서는 아담에게 이르시기를 "너는 흙이니 흙으로 돌아갈 것이니라."고 말씀하셨으니, 그렇게 하여 모든 인류가 흙으로 돌아가는 사망에 이르는 인생으로 살아가게 된 것입니다. 그러므로 이러한 모든 일들에 관해 약 1:15에서는 한 문장으로 이르기를 "욕심이 잉태한즉 죄를 낳고 죄가 장성한즉 사망을 낳느니라."고 기록했습니다. 롬 6:23에서는 이를 더욱 간략하게 "죄의 삯은 사망"이라고 기록했지요.

이처럼 인간에게 있어서 '죽음'은 죄와 결부되어 하나님의 요구에 순종하지 않은 "한 범죄"(롬 5:18)로 인해 "많은 사람이 정죄에 이른 것"을 단적으로 나타내주는 것입니다. 그러므로 예수께서 죽으셨다는 것은, 그러한 인간에 대한 저주가 고스란히 그에게도 적용되었음을 시사하는 것이며, 그만큼 하나님의 아들이신 그리스도께서 죽을 수 없는 존재(Immortal being)가 아니라 죽을 수밖에 없는 존재(Mortal being)로까지 낮아지심을 단적으로 보여주는 사건인 것이지요. 따라서 그리스도께서는 그의 출생에서부터 죽음에 이르기까지, 그리고 실제로 죽는 일 가운데서 인간이 겪을 수 있는 모든 비참과 인간이 직면할 수 있는 가장 낮아진 상태에까지 자신을 낮추신 '비하'(humiliation)를 이루신 것이지요.

■ 롬 5:18에서 사도는 아담이 범한 "한 범죄"로 많은[혹은 모든] 사람에게 이른 정죄가, 무엇으로 말미암아 또한 많은 사람들로 하여금 "의인이 되"게 함을 기록했습니까? [180]

■ 마 12:40에서 예수께서는 자신이 보일 표적이 무엇이라 말씀하셨습니까? [181]

예수께서는 그 출생에서부터 죽으시기까지, 그리고 죽음에 이른 후에까지 철저히 낮아지셨는데, 이러한 낮아지심은 단순한 겸손의 모범이 아니라 완전하고 유일한 '순종'의 완성이었습니다. 바로 이러한 예수 그리스도의 순종이야말로 하나님의 요구에 부합하는 완전한 순종이었으니, 그는 십자가에 달리시기까지 모든 율법의 요구를 모두 만족시키는 적극적이고 능동적인 순종을 보이셨으며, 또한 십자가에 달리시고 실재로 죽으시기까지 더욱 큰 요구들을 만족시키시는 순종을 통해 "한 의로운 행위"(헬: ἑνὸς δικαιώματος)를 완성하신 것입니다. 그러므로 롬 5:19에서 사도는 "한 사람이 순종하지 아니함으로 많은 사람이 죄인 된 것 같이 한 사람이 순종하심으로 많은 사람이 의인이 되리라."고 하여 완전한 순종으로 언급했습니다.

▣ 행 2:24에서 사도는 그리스도께서 어디에 매여 있을 수 없었다고 했습니까? [182]

▣ 행 2:31에서 사도는 그리스도께서 어디에 버림이 되지 않았다고 했습니까? [183]

사도행전 2장에서 사도는 예수 그리스도의 죽음에 관하여, 그가 "사망(헬: θάνατος)에 매여 있을 수 없었"을 뿐 아니라 더욱 "음부(헬: ᾅδης)에 버림이 되지 않"았다고 했는데, 그 말인즉 예수 그리스도께서 죽음 이후에 사망에 매이고 음부에 내려가셨음을 반증하는 것입니다. 다만 그가 사흘 만에 부활하심으로 사망에 계속해서 매이지 않으시고, 또한 음부에 계속해서 버려지지 않았을 뿐이지요. 특히나 그가 내려가신 "음부"는 헬라어로 'ᾅδης'[하데스]라 불리는 곳이었으니, 그는 상징적인 형벌의 장소가 아니라 실재적인 사망의 영역인 지옥에 내려가 계셨음을 알 수가 있습니다. 그런즉 또한 예수께서는 "사망의 고통"만을 몸소 경험하신 것이 아니라 실제적인 지옥 곧, '음부'에 내려가셔서 그 매임을 풀어버리신 것을 알 수가 있습니다. 물론 그 일은 행 2:32에 따르면 "하나님이 살리신" 것이며, 사도들이 "다 이 일에 증인"이라고 기록했습니다. 한마디로 예수께서는 사망의 고통만을 경험하셨을 뿐이 아니라 실제로 지옥에 내려가셔서 그 절대적인 듯 보이는 권세를 풀어버리신 것입니다.

제50문의 답변

그리스도께서 죽으신 후의 낮아지심은, **장사지낸 것**과 죽은 상태로 계속해서 사흘째 되기까지 **죽음의 권세 아래에 있었던 것**입니다. 달리 표현하자면, 그가 **지옥에 내려가셨다는 것**입니다.

하지만 이러한 예수 그리스도의 비하는 그것으로 종결되었던 것이 아닙니다. 오히려 "안식일이 다 지나고 안식 후 첫날이 되려는 새벽에"(마 28:1), 예수께서는 부활하셨으니, 그 일 가운데서 예수 그리스도의 낮아지심은 참으로 극적인 반전에 이르게 된 것입니다.

제51문

무엇이 그리스도의 승귀(Exaltation, 높아지심)의 신분인가?

그리스도께서 만일에 죽으시고 사흘 만에 부활하지 않으셨다고 한다면, 그가 말한바 "제삼일에 살아나리라"(마 16:21; 17:23; 20:19)고 말씀하신 것이 거짓이 되며, 또한 그가 말한 다른 모든 것들도 그와 같이 무의미하고 불완전한 말씀이라 할 수 있을 것입니다. 그러므로 고전 15:14-15에서 사도는 이르기를 "그리스도께서 만일 다시 살아나지 못하셨으면 우리가 전파하는 것도 헛것이요 또 너희 믿음도 헛것이며, 또 우리가 하나님의 거짓 증인으로 발견되리니 우리가 하나님이 그리스도를 다시 살리셨다고 증언하였음이라."고 했습니다.

무엇보다 행 2:30-32에서 사도는 다윗에 관하여 언급하며 이르기를 "그는 선지자라 하나님이 이미 맹세하사 그 자손 중에서 한 사람을 그 위에 앉게 하리라 하심을 알고, 미리 본 고로 그리스도의 부활을 말하되 그가 음부에 버림이 되지 않고 그의 육신이 썩음을 당하지 아니하시리라 하더니, 이 예수를 하나님이 살리신지라 우리가 이 일에 증인이로다."라고 기록했습니다. 그러면서 33절에서 이르기를 "하나님이 오른손으로 예수를 높이시매 그가 약속하신 성령을 아버지께 받아서 너희가 보고 듣는 이것을 부어 주셨느니라."고 했습니다. 그런즉 부활 후의 예수 그리스도의 신분은 더 이상 낮추심 곧, '비하'(humiliation)의 상태가 아니라 높아지심 곧 '승귀'(Exaltation)의 상태 가운데 계심을 알 수가 있는 것입니다. 그러므로 바로 그러한 그리스도의 높아지심에 관한 구체적인 인식과 이해가 요구되는 것입니다.

◼ 그리스도의 높아지심의 근거는 그리스도의 낮아지심에 있어서 보여주신 완전한 순종[율법 아래서의 순종]에 있습니까? [184]

◼ 빌 4:5에서 사도는 "하나님이 그 아들을 보내사 여자에게서 나게 하시고 율법 아래에 나게 하신" 이유를 무엇으로 말합니까? [185]

◼ 빌 2:8에서 사도는 "하나님이 그를 지극히 높여 모든 이름 위에 뛰어난 이름을 주"신 근거를 무엇으로 언급하는가? [186]

이처럼 그리스도께서 낮아지심은 기본적으로 창조주이신 하나님이 피조물인 인간으로 오심임과 아울러서 율법의 수여자께서 "율법 아래에" 나심으로서의 낮아지심인데, 그러한 낮아지심으로 인해 예수께서는 율법을 온전히 지켜 순종하는 "마지막 아담"(고전 15:45)으로서의 모범을 보이셨으며, 그러한 완전한 순종에 기반하여 그리스도께서는 첫 사람 아담이 성취하지 못한 율법의 의[죽기까지 복종함에 따른 의]를 온전히 이루셨으며, "이러므로 하나님이 그를 지극히 높여 모든 이름 위에 뛰어난 이름을 주사, 하늘에 있는 자들과 땅에 있는 자들과 땅 아래에 있는 자들로 모든 무릎을 예수의 이름에 꿇게" 하신 것입니다. 그러므로 이제 그리스도의 높아짐을 통해서는 마지막 아담이자 영원한 아담이신 그리스도께서 율법의 요구와 의를 온전히 성취하심으로 말미암은 영광이 드러나게 될 것입니다.

그렇다면 과연 그리스도의 높아지심의 영광은 어떻게 나타나게 되었던 것일까요? 구체적으로 어떠한 상태(condition)와 신분(estate)으로서 드러나게 되었던 것인가 말입니다.

◼ 그리스도의 승귀[높아지심]는, 그의 하나님으로서의 품성[신성]이 높아지신 것이겠습니까, 아니면 사람으로서의 품성[인성]이 높아지신 것이겠습니까? [187]

◼ 그리스도의 승귀는, '신인'(Gods and men)으로서 높아지신 것이겠습니까, 아니면 순전히 인간으로서만 높아지신 것이겠습니까? [188]

그리스도의 중보자로서의 신분은 사실 그의 높아지심 이후에 온전하게 시행되는 것입니다. 그러므로 신인으로서의 중보자의 위격이야말로 높아짐의 주체인 것이고, 다만 그처럼 높여진 것은 그의 하나님으로서의 품성이 아니라 사람으로서의 품성 즉, 인성인 것이지요. 마찬가지로 그의 낮아짐에 있어서도 하나님으로서의 품성이 아니라 사람으로서의 품성에 의해 낮아짐이 이뤄진 것입니다.

그런데 이러한 그리스도의 높아지심은 성경에 근거하여 크게 네 단계로서 구별됨을 볼 수가 있습니다.

■ 마 28:6에서는 그리스도의 높아지심의 첫 번째 변화를 무엇으로 기록하고 있습니까? [189]

■ 요 20:19, 26의 "모인 곳의 문들을 닫았더니", 그리고 "문들이 닫혔는데"라는 문구로 볼 때, 부활하신 후의 예수의 몸은 죽었다 다시 살아났던 나사로와 마찬가지의 몸[다시 죽을 몸]입니까? [190]

■ 요 11:25 말씀으로 볼 때에, 부활이자 생명이 되시는 분[즉, 주체이신 분]은 누구입니까? [191]

■ 위의 질문과 관련하여, 요 10:18에서 예수께서는 어떤 말씀을 미리 하셨습니까? [192]

성경에서 '부활'(Resurrection)의 교리는 단순히 육체에 다시 생명이 들어가는 것을 말하지 않습니다. 그런 일은 엘리야가 사르밧 과부의 아들을 살려낸 사건(왕상 17:17-24)이나, 예수께서 죽은 나사로를 살리신 일(요 11:17-44) 가운데서 이미 드러난 것일 뿐입니다. 하지만 예수께서 부활하셨을 때에 그 몸은 '부활체'(a resurrecter)로서 제자들이 이전에 볼 수 있었던 예수와 동일한 모습이지만, 고전 15:42-44에 언급하고 있는바 "썩을 것으로 심고 썩지 아니할 것으로 다시 살아나며, 욕된 것으로 심고 영광스러운 것으로 다시 살아나며, 육의 몸으로 심고 신령한 몸으로 다시 살아나나니"라고 한 그러한 온전하고 영광스러운 몸입니다. 바로 이 점에서 높아지신 예수 그리스도의 몸은 이전과는 현격하게 차이를 보이는 영광스러운 것이었습니다. 요 20:19, 26에 기록한바 문이 닫혀 있음에도 불구하고 어떤 물리적 변동도 없이 방 안으로 들어오시더라는 기록은 그처럼 영광스럽게 높여진 그리스도의 모습을 단적으로 살펴볼 수 있게 합니다.

그렇다면, 이제 성경에 드러나 있는 그리스도의 높아지심의 두 번째 모습은 무엇일까요?

■ 눅 24:51에서 사도는 예수 그리스도께서 이 땅에서 보이신 마지막 행적을 어떻게 기록하고 있습니까? [193]

■ 행 1:9 말씀은, 예수 그리스도의 이 땅에서 보이신 마지막 정황에 대해 어떻게 기록하고 있습니까? [194]

■ 히 4:14에서 사도는 "큰 대제사장"이신 "하나님의 아들 예수"에 관하여 어떠한 이라 칭했습니까? [195]

■ 요 6:62에서 예수 그리스도께서는 제자들이 앞으로 자신의 어떠한 모습을 볼 것을 말씀하셨습니까? [196]

구약성경 왕하 2:1-18 말씀을 보면 엘리야가 회오리바람으로 하늘로 올라간 것을 볼 수가 있습니다. 그러나 신약성경에 기록한바 예수께서 하늘로 올리어 가신 일에서는 회오리바람과 같은 물리적인 수단이 동원되었다는 언급이 없으며, 무엇보다 엘리야와 같이 순전히 인간으로서 올리어 가신 것이 아니라 영화롭게 되신 부활체로서 올리어 가셨다는 큰 차이를 보이는 것을 볼 수가 있습니다. 이외에도 엘리야는 "하늘로 올라가더라"(왕하 2:11)고만 기록하고 있는데 반해, 예수께서 올리어 가심에 대해서는 "인자가 이전에 있던 곳으로 올라"(요 6:62)가신 것으로 기록하고 있음을 볼 수가 있습니다.

그러나 오늘날 우리의 신앙에서는 예수 그리스도의 승천 가운데 나타난 이러한 차이점에 대한 이해가 별로 인식되지 않으며, 하늘로 올리어 가심 자체가 독립적인 의미를 담고 있는 그리스도의 높아지심의 한 모습으로서가 아니라, 그저 과정에 지나지 않은 것처럼 인식되고 있는 경우도 종종 볼 수가 있습니다. 한마디로 오늘날에는 예수 그리스도의 승천이 별로 중요하게 인식되지 않는 것이지요. 하지만 그럼에도 불구하고 예수 그리스도께서 하늘로 올리어 가신 사건은 그리스도의 높아지심에 대한 가장 극명한 시각적 이해의 배경이며, 또한 그것이 장소적인 의미 곧, "인자가 이전에 있던 곳"이라고 하는 명확한 장소적 개념으로 언급되어 있어서 그 중요성을 결코 간과할 수 없게 합니다. 더구나 요 14:2-3에서 예수 그리스도께서는 친히 이르시기를 "내가 너희를 위하여 거처를 예비하러 가노니, 가서 너희를 위하여 거처를 예비하면 내가 다시 와서 너희를 내게로 영접하여 나 있는 곳에 너희도 있게 하리라."고 말씀하셨으니, 그러한 장소적 언급은, 그리스도의 높아지심에 대한 이해의 중요한 한 부분을 보여주는 것입니다.

그러면 이제부터 성경에 드러나 있는 그리스도의 높아지심의 세 번째 모습에 관해 살펴보도록 하겠습니다.

◼ 막 16:19에서 사도는 예수께서 "하늘로 올려지"신 후의 일을 어떻게 기록했습니까? [197]

◼ 행 2:36에서 사도는 예수께서 하나님의 보좌 "우편에 앉아"(35절) 계신 것은 하나님께서 그를 어떤 분이 되게 하심임을 증거하고 있습니까? [198]

행 2:14부터 시작되는 베드로 사도의 오순절 설교를 보면, 선지자 요엘을 통한 말씀(욜 2:28-32)과 다윗 왕이 메시아[그리스도]를 가리켜 이른 말씀들(시 16:8-11, 시 110:1)을 인용하여 풀이한 것을 볼 수가 있습니다. 특별히 시 110:1절에 기록한 "내가 네 원수들로 네 발판이 되게 하기까지 너는 내 오른쪽에 앉아 있으라"는 말씀을 그대로 인용하면서 풀이하기를, "이스라엘 온 집은 확실히 알지니 너희가 십자가에 못 박은 이 예수를 하나님이 주와 그리스도가 되게 하였느니라."고 했습니다. 그런즉 예수께서는 주로 세상 모든 일들을 그의 뜻과 의지대로 다스리시는 전능한 왕으로서의 통치권 가운데로 높여지셨음을 알 수가 있습니다. 물론 예수 그리스도의 중보자로서의 삼중의 직분 곧, 왕과 제사장, 그리고 선지자로서의 직분은 각각으로 분리되어 성립하는 것이 아니기 때문에, 예수께서 하나님 보좌 우편에 계신다고 해서 그의 왕으로서의 권세와 영광으로만 높여지신 것이 아니라 앞서 인용한 욜 2:28-32 말씀에서와 같은 선지자적 영광과 능력, 그리고 "영원히 멜기세덱의 반차를 따르는 제사장"(히 7:17)으로서도 그 영광과 능력 가운데 계시는 것이지만, 직접적으로는 하나님께서 "그를 오른손으로 높이사 임금과 구주로 삼으셨느니라."(행 5:31)고 더욱 분명하게 설명한 것입니다.

■ 롬 8:34에서 사도는 그리스도 예수께서 "하나님 우편에 계신 자"이신 것은, 또한 어떠한 자로 계시고자 함임을 밝혀주고 있습니까? [199]

■ 행 5:31에서 사도는 하나님께서 예수 그리스도를 "오른손으로 높이사 임금과 구주로 삼으셨"던 것은 무엇을 주시고자 함이었다고 기록했습니까? [200]

이처럼 그리스도께서 높아지시는 것은 그저 자신의 능력과 영광이 높여지기만을 위함이 아니라, 오히려 그의 백성들에게 중보자로서의 직분과 사역을 효력 있게 감당하시고자 하심에 있음을 알 수가 있습니다.

끝으로 성경에 드러나 있는 그리스도의 높아지심의 네 번째 모습은 어떠한 것일까요? 그것은 바로 세상의 마지막 심판(the Last Judgement)의 주님으로 다시 오시는 '재림'(헬: παρουσια, Second Coming)입니다. 그러한 높아지심이야말로 예수 그리스도의 높아지심을 온 세상이 명확하게 확인하게 되는 높아짐인 것이지요.

◾ 요 5:22에서 주 예수 그리스도께서는 심판이 누구에게 맡겨져 있다고 말씀하셨습니까? [201]

◾ 이어지는 요 5:27에서 사도는 예수 그리스도의 인자이심(헬: υἱὸς ἀνθρώπου ἐστίν, in that he is the Son of man)으로 말미암아 어떠한 권한이 주어졌다고 했습니까? [202]

사실 '재림'은 단순한 주님의 '임재'(헬: παρουσία, Parousia)가 아니라 주님의 '영광스러운 출현'(헬: ἐπιφάνεια, epiphany)을 뜻하는 것입니다. 그러므로 주 예수 그리스도의 영광스러운 높아지심의 최종이자 가장 명확한 입증이 바로 재림 가운데서 최종적으로 이뤄지는 것이지요. 그런즉 예수 그리스도께서는 십자가에 달려 죽으신 이후로 사흘 만에 부활하심으로부터 '승천'(Ascension)과 '하나님 우편에 앉으심'(sitting at the right), 그리고 '재림'으로서 일련의 높아지심 가운데서 그 완성을 이루는 것입니다.

제51문의 답변

그리스도의 승귀(Exaltation, 높아지심)의 신분은 그의 **부활, 승천,** 아버지의 **우편에 앉으심,** 그리고 세상의 심판을 위해 **다시 오심**입니다.

예수 그리스도의 낮아지심의 신분은 모두 과거[신약시대]의 일들입니다. 그리고 예수 그리스도의 높아지심의 신분 가운데 부활과 승천이 또한 과거의 일인데 반해, 아버지 우편에 앉으심과 재림은 각각 현재 진행되고 있는 일과 종말에 있을 일입니다. 그러므로 우리들은 성경에 기록된바 과거의 부활과 승천을 바탕으로 현재 하나님 보좌 우편에 앉으셔서 세상과 교회를 통치하시고 섭리(그것은 교회의 '보존'과 세상에 대한 '통치'로 이뤄집니다)하시는 그리스도의 사역에 대한 안목을 지닐 수가 있는 것이며, 아울러 다가올 마지막 날의 심판에 관한 임박한 경고에 민감할 수가 있는 것이지요.

그런데 이 모든 일련의 그리스도의 높아지심의 신분들의 가장 확실한 근거가 바로 예수 그리스도의 '부활'에 있습니다. 예수 그리스도의 육체적 부활이 부정된다면, 나머지 모든 높아짐의 신분들이 연쇄적으로 부정되기에 이르는 것입니다. 그러므로 고전 15:16-17에서 사도는 이르기를 "만일 죽은 자가 다시 살아나는 일이 없으면 그리스도도 다시 살아나신 일이 없었을 터이요. 그리스도께서 다시 살아나신 일이 없으면 너희의 믿음도 헛되고 너희가 여전히 죄 가운데 있을 것"이라고 단언한 것입니다.

복습 : 그리스도의 승귀(높아지심)의 신분은 그의 ☐☐, ☐☐, ☐☐☐의 ☐☐에 앉으심, 그리고 세상의 ☐☐을 위해 ☐☐ ☐☐이다.

제52문

그리스도께서는 부활에 있어 어떻게 높아지셨는가?

앞서 우리들은 그리스도의 높아지심이 부활을 통해서 분명하게 드러났던 것을 성경에 근거해서 대략적으로 확인한바 있습니다. 이제 제52문답으로부터 제56문답에서는 그리스도의 높아지심의 신분에 대한 각각의 구체적인 모습들을 집중하여 살펴보게 될 것입니다. 그리고 이를 통해서 그리스도의 높아지심이 어떤 의미를 지녔으며, 또한 우리의 신앙과 생활에 있어 얼마나 실재적인 지를 실감해 볼 것입니다.

이와 관련하여 가장 먼저 살펴보게 되는 그리스도의 높아지심의 진면목은 바로 '부활'에 관한 것인데, 앞서 다른 문답들에 대해 살펴보는 가운데서 언급했던 것처럼 그리스도의 높아지심의 기초요 뿌리가 바로 그의 부활입니다. 그리스도의 부활에 대한 실재적인 믿음이 없이는 다른 모든 높아지심의 면면들이 세워질 수가 없는 것이지요.

■ 요 11:39과 19:41-42을 비교해 볼 때에, 나사로의 죽은 것과 예수의 죽은 것 사이에 가장 큰 차이점이 무엇이겠는가? [203]

■ 행 2:25-28에서 베드로 사도는 예수의 주검과 관련하여 "주의 거룩한 자로 ☐☐을 당하지 않게 하실 것"임이라 했습니다.

그리스도의 부활이 단순히 그 몸에 다시 생명이 부여되는 것을 말하지 않는다는 사실을 실제적으로 생각하게 하는 것이 바로 그 몸이 썩음이 되지 않았다는 점입니다. 그러므로 그 어떤 부패도 이뤄진 적이 없는 새 무덤에 예수 그리스도의 시신을 안치했던 것이지요. 만일에 그의 시신에 조금이라도 부패가 있었다고 한다면, 새 무덤의 특성상 반드시 냄새를 확인할 수 있었을 것입니다.

바울 사도는 고린도전서 15장에서 부활에 관해 상당한 분량에 걸쳐서 다루고 있는 것을 볼 수가 있는데, 특히 42-44절에서 죽은 자의 부활에 관해 언급하기를 "썩을 것으로 심고 썩지 아니할 것으로 다시 살아나며, 욕된 것으로 심고 영광스러운 것으로 다시 살아나며 약한 것으로 심고 강한 것으로 다시 살아나며, 육의 몸(σῶμα ψυχικόν)으로 심고 신령한 몸(σῶμα πνευματικόν)으로 다시 살아나나니 육의 몸이 있은즉 또한 영의 몸도 있느니라."고 하여, 그리스도의 부활하신 몸이 단순히 생명이 다시 부여된 육체가 아니라 '부활체'(a resurrecter)로서 구별된 몸이라는 사실을 알 수 있도록 교훈하고 있는 것을 볼 수가 있습니다. 한마디로 부활하신 그리스도의 육체는 더 이상 썩을 수 있는 몸이 아니라 썩지 않는 몸이었던 것이지요. 바로 그러한 몸을 가리켜서 사도는 "신령한 몸"[혹은 "영의 몸"]이라고 한 것입니다.

그렇다면 그리스도의 부활하신 그 몸은 더 이상 예전과 같은 몸이 아니라 완전히 다른 몸이었던 것일까요?

◾ 요 20:26은 "제자들이 집 안에 있을 때에", 예수께서 어떻게 나타나셨음을 언급하고 있습니까? [204]

◾ 눅 24: 37에서는 부활하신 이후에 집 안으로 들어오신 예수 그리스도에 대해 제자들이 어떤 존재로 생각하더라고 했습니까? [205]

◾ 요 20:27에서 예수께서는 도마에게 무엇을 행하라고 명하셨다고 했습니까? [206]

◾ 롬 6:9에서 사도는 "죽은 자 가운데서 살아나"신 예수 그리스도의 몸이 어떠할 줄을 앎이라고 했습니까? [207]

예수 그리스도께서 부활하신 후에 제자들에게 나타나실 때의 모습은 분명 예전과 같은 육체적인 제약을 상당히 넘어서는 그 어떤 초월적 몸이었던 것을 성경에서 찾아볼 수가 있습니다. 제자들이 있는 집의 문이 분명 닫혀 있었음에도 불구하고 집 안으로 들어가 나타나시는 데에 아무런 방해도 받지를 않으셨으니 말입니다.

그러나 예수 그리스도의 부활하신 몸은 이전의 모습과 전혀 별개의 몸이 아니었습니다. 그리고 이를, 부활하신 뒤 나타나신 예수 그리스도의 손에 있는 못 자국과 옆구리에 있는 창 자국을 직접 보고 만져서 확인했던 도마가 이를 생생히 증언해 줍니다.

하지만 그럼에도 불구하고 이후로 요 21:4에서는 "날이 새어갈 때에 예수께서 바닷가에 서셨으니 제자들이 예수이신 줄 알지 못하는지라."고 하여, 부활하신 예수 그리스도의 몸이 그 이전 십자가에 못 박히던 때의 몸과 전적으로 동일했던 것만은 아니었음을 알 수 있게 합니다. 그러므로 이어지는 7절에서는 기록하기를 "예수께서 사랑하시는 그 제자[요한]가 주님이시라 하니 시몬 베드로가 벗고 있다가 주님이라 하는 말을 듣고 겉옷을 두른 후에 바다로 뛰어 내리더라."고 했습니다. 그런가하면 그 뒤 9-12절에서는 예수께서 생선과 떡[빵]을 드셨던 것을 기록하고 있어서, 그 이전과 같은 육신적인 필요 가운데 있었음을 기록하고 있습니다. 한마디로 예수 그리스도의 부활하신 몸은 그 이전의 몸과 다르지 않은 썩지 않는 몸과 더 이상 죽지도 않는 특성을 지니고 있었지만, 동시에 이전과 같은 연약함도 없는 그 어떤 신비로운 능력과 특성 또한 지니고 있었던 것이지요. 이러한 그리스도의 부활하신 이후의 상태에 관하여 계 1:17-18은 기록하기를 "나는 처음이요 마지막이니, 곧 살아 있는 자라 내가 전에 죽었었노라 볼지어다 이제 세세토록 살아 있어 사망과 음부의 열쇠를 가졌"다고 했습니다.

이처럼 부활을 통해서 예수 그리스도께서는 그가 더 이상 이 땅의 낮은 상태에 계시지 않으시고, 높아진 상태 가운데 계시는 것을 능동적으로* 드러내셨는데, 그 면면은 다음과 같습니다.

■ 롬 1:4에서 사도는 예수 그리스도께서 "죽은 자들 가운데서 부활"하신 것이, "성결의 영"으로서 "☐☐☐의 ☐☐로 선포"된 것이라고 했습니다.

■ 롬 8:34에서 사도는 예수께서 "하나님 ☐☐에 계신 자"라고 했습니다.

예수께서 하나님의 아들이신 것에 관해서는 이미 앞에서 소개된 문답들 가운데서 익히 확인할 수 있는 바입니다. 그러나 예수께서 하나님의 아들이신 그리스도이신 것의 최종적인 선포는, 그의 부활을 통해서 이뤄졌습니다. 아울러서 부활하신 그를 하나님께서는 그 보좌 가운데 앉히셔서 그가 낮아지심 가운데서 행하시고 이루신 모든 순종에 기반을 둔 공의가 충족한 것을 선포하시어 인정하셨습니다. 그런즉 엡 1:20-22에서 사도는 기록하기를 "그의 능력이 그리스도 안에서 역사하사 죽은 자들 가운데서 다시 살리시고 하늘에서 자기의 오른편에 앉히사, 모든 통치와 권세와 능력과 주권과 이 세상뿐 아니라 오는 세상에 일컫는 모든 이름 위에 뛰어나게 하시고, 또 만물을 그의 발 아래에 복종하게 하시고 그를 만물 위에 교회의 머리

---

* 이와 관련하여 요 10:18에서 예수께서는 이르시기를 "나는 버릴 권세도 있고 다시 얻을 권세도 있"다고 하시면서 "이 계명[명령]은 내 아버지에게서 받았노라"고 말씀하셨다.

로 삼으셨느니라."고 했으니, 예수 그리스도의 부활 가운데서 그의 신분은 극적으로 높아짐을 알 수가 있습니다.

▣ 고전 15:22에서 사도는 "☐☐ 안에서 모든 사람이 죽은 것 같이 ☐☐☐☐ 안에서 모든 사람이 삶을 얻으리라."고 했습니다.

▣ 롬 14:9에서 사도는 무엇 때문에 그리스도께서 "죽었다가 다시 살아나셨"다고 했습니까? [208]

이처럼 예수께서는 부활을 통하여서 전적으로 낮아지심에서 높아지심으로 그 신분을 바꾸셨으니, 예수 그리스도께서는 부활을 통해서 자기 자신이 하나님의 아들이신 것을 드러내셨으며, 또한 부활을 통해서 하나님 아버지께서 요구하시는 의를 충족시키셨습니다. 뿐만 아니라 그의 부활 가운데서 예수 그리스도께서는 죽음의 세력을 이기셨고, 그리하여 살아 있는 자들뿐 아니라 죽은 자들에게도 주가 되심을 나타내 보이셨습니다. 바로 그러한 것들로 이제 예수께서는 가장 높으신 하나님의 아들이시며 그리스도이심이 만방에 선포된 것이지요.

그러나 이 모든 높아지신 영광은 그 자신의 영화로움을 위하심이 아니었습니다. 오히려 그는 비록 그의 사람으로서의 품성 가운데서 자신을 한 없이 낮아지게 하신 동안에도 그의 하나님으로서의 품성 가운데서 무한히 높으신 하나님의 아들이었으며, 다만 이 땅 가운데서 잠시 그의 하나님으로서의 영광과 능력을 드러내지 않으시고 감추셨을 뿐이었지요. 그러므로 부활을 통해 높아지신 그리스도의 신분은 오직 그 자신의 영광만을 위하려는 것이 아니라 그 목적하는 바를 위함이었는데, 성경은 그와 관련하여 다음과 같이 언급하고 있습니다.

■ 엡 1:22 말씀은 하나님이 주 예수 그리스도를 "모든 이름 위에 뛰어나게" 하심으로 그를 "□□의 □□로 삼으셨느니라."고 했습니다.

골 1:15-16에서 사도는 이르기를 "그는 보이지 아니하는 하나님의 형상이시오 모든 피조물보다 먼저 나신 이시니, 만물이 그에게서 창조되되 하늘과 땅에서 보이는 것들과 보이지 않는 것들과 혹은 왕권들이나 주권들이나 통치자들이나 권세들이나 만물이 다 그로 말미암고 그를 위하여 창조되었"다고 했습니다. 그러면서 18절에서 이르기를, 그리스도는 "몸인 교회의 머리시라 그가 근본이시오 죽은 자들 가운데서 먼저 나신 이"시라고 하면서 "이는 친히 만물의 으뜸이 되려 하심"이라고 했습니다. 즉 예수 그리스도는 죽은 자들 가운데서 먼저 나심 곧, 부활을 통해서 만물["하늘과 땅에서 보이는 것들과 보이지 않는 것들과 혹은 왕권들이나 주권들이나 통치자들이나 권세들"과 교회들] 가운데 가장 높이 되셨으며, 머리가 되시어 다스리심을 말한 것입니다. 한마디로 예수 그리스도께서는 그의 부활을 통해서 교회를 포함한 모든 만물들의 왕 되심을 드러내신 것이지요. 하지만 예수 그리스도께서 부활을 통해 위하시고자 함은 그 뿐이 아닙니다.

▣ 롬 4:25에서 사도는 죽은 자 가운데서 살아나신 예수께서 무엇을 위하여 살아나셨다고 했습니까? [209]

▣ 엡 2:5에서 사도는 우리가 "은혜로 구원을 받은 것"이 무엇으로 말미암은 것임을 기록했습니까? [210]

이처럼 우리가 의롭다 칭함을 얻으며, 또한 은혜로 되살아나는 구원을 받는 것은 바로 예수 그리스도께서 낮아지심 가운데서 보이신 모든 순종을 바탕으로, 그 죽으심과 부활을 통해서 그 안에서 우리까지 일으키시기 때문입니다.

▣ 고전 15:25에서 사도는 또한 "죽은 자 가운데서 다시 살아나사 잠자는 자들의 첫 열매가" 되신 그리스도께서 언제까지 왕으로 높여지시리라 했습니까? [211]

지금 세상은 하나님과 아무런 상관도 없이 흘러가는 듯이 보일지 모르지만, 그러나 고린도전서 15장에서 사도는 이르기를 "아담 안에서 모든 사람이 죽은 것 같이 그리스도 안에서 모든 사람이 삶을 얻으리라. 그러나 각각 자기 차례대로 되리니 먼저는 첫 열매인 그리스도요 다음에는 그가 강림하실 때에 그리스도에게 속한 자요, 그후에는 마지막이니 그가 모든 통치와 모든 권세와 능력을 멸하시고 나라를 아버지 하나님께 바칠"(22-24절) 것이라고 기록했습니다. 그

9. 그리스도의 중보 사역

런즉 마지막 날에 우리가 원수들과 맞서서 싸울 수 있는 것도 바로 예수 그리스도의 부활 가운데 높아지신 그 신분으로 말미암는 것이지요.

▣ 고전 15:21에서 사도는 우리가 부활을 소망하고 확신할 수 있는 것이 누구로 말미암음을 가리킵니까? [212]

이처럼 부활을 통해 예수 그리스도께서 높아지심으로 말미암아 우리들의 신앙의 모든 기초가 확신 가운데 세워지는 것을 사도는 가르쳐주고 있습니다. 하지만 앞서 12절에 기록한바 "그리스도께서 죽은 자 가운데서 다시 살아나셨다 전파되었거늘 너희 중에서 어떤 사람들은 어찌하여 죽은 자 가운데서 부활이 없다 하느냐."는 말씀과 같이, 지금도 인간 자신의 이성과 감각에 치중하는 자유주의적인 신학을 지향하는 자들이 그처럼 예수 그리스도의 부활을 부정하거나 무의미한 것으로 치부하고 있습니다.

제52문의 답변

그리스도께서는 그의 부활 가운데서 높아지셨으니, 죽음 가운데서도 **썩음을 보지 아니하고**(그것[죽음]에 그를 붙잡아 놓을 수가 없었다), 그리고 **고난을 받으신 바로 그 몸을 가지셨고**, 그 본질적 속성도 함께 가졌으니(그러나 죽을 수밖에 없음과 이 생에 속한 다른 일반적인 연약함 없었다), **그의 영과 참으로 연합하**

여, 그의 권능으로 죽은 자 가운데서 **사흘 만에 다시 살아나**셨습니다. 이로써 그는 자신을 하나님의 아들이라고 선언했으며, **하나님의 공의를 만족**시키셨으며, 죽음과 죽음의 권세를 잡은 자를 이기셨으며, 또한 **산 자와 죽은 자의 주**가 되셨습니다. [그러한] 모든 일들은 그가 공적인 분으로서 행한 것이었으니, 그의 **교회의 머리**로서, 그들의 의를 위하여, 은혜 안에서 살리시며, 적들을 대항하도록 지원하시고, 또한 마지막 날에 죽은 자 가운데서 **다시 살아날 것을** 그들에게 **확신시키고자** 행하신 것입니다.

이처럼 예수 그리스도의 '승귀' 곧, 높아지심은 단순히 그 자신의 거룩과 영광만을 위하는 것이 아니라 둘째 아담[혹은 마지막 아담]으로서의 대표성 가운데서 공적으로 행하신 높여짐이었습니다. 그러므로 고전 15: 21-22에서 사도는 이르기를 "사망이 한 사람으로 말미암았으니 죽은 자의 부활도 한 사람으로 말미암는도다. 아담 안에서 모든 사람이 죽은 것 같이 그리스도 안에서 모든 사람이 삶을 얻으리라."고 기록한 것입니다. 한마디로 예수 그리스도의 높아지심은 개인적인 것이 전혀 아니며, 오히려 중보자로서의 공적인[특히 그의 교회를 위하여] 높아지심이었음을 이러한 성경의 말씀들 가운데서 알 수가 있는 것입니다.

제53문

그리스도께서는 그의 승천(ascension)가운데서 어떻게 높아지셨는가?

잘 아는 바와 같이 예수께서 부활하시어 높아지신 모습의 가장 높고 마지막인 것이 바로 제자들의 눈앞에서 하늘로 올라가신 모습일 것입니다. 물론 하늘에 오르시고서 하나님의 보좌 우편에 앉으심이 곧장 이어지기는 하지만, 이 지상에 있었던 그의 제자들을 비롯한 갈릴리 사람들은 예수께서 하늘로 올라가시되 구름에 가리어 보이지 않게 되기까지를 마지막으로 바라보았던 것입니다. 그러므로 이 지상에서의 인간적 안목 가운데서는, 예수께서 하늘로 올라가신 모습이야말로 그리스도의 높아지심의 정점이었다 할 것입니다.

그런데 예수 그리스도께서는 하늘로 올라가시기 직전까지 사십 일 동안을 이 지상에 머무셨는데, 행 1:3에서 사도 누가는 이르기를 "그가 고난 받으신 후에 또한 그들에게 확실한 많은 증거로 친히 살아계심을 나타내사 사십 일 동안 그들에게 보이시며 하나님 나라의 일을 말씀하시니라."고 했습니다. 그런즉 예수께서 부활하시고 이 지상에 사십 일 동안을 계셨던 것은 결코 단순한 사건이 아니며, 오히려 그 의도와 계획이 분명이 담겨있는 그리스도의 의도적인 역사였음을 짐작할 수 있을 것입니다. 특별히 요한복음의 마지막 구절 즉, 요 21:25에 기록하기를 "예수께서 행하신 일이 이 외에도 많으니 만일 낱낱이 기록된다면 이 세상이라도 이 기록된 책을 두기에 부족할 줄 아노라."고 했으니, 각 복음서의 마지막 부분을 이루고 있는 예수 그리스도의 승천에 대한 기사는 그 의도와 의미하는 바가 분명하게 담겨 있음을 생각해 볼 수가 있는 것이지요.

하지만 그럼에도 불구하고 예수 그리스도의 승천에 대한 기록은 사 복음서 안에서 부활에 대한 부분에 비해 상대적으로 적으며, 반대로 부활에 관해서는 고린도전서 15장에서 따로 한 장을 할애하여 기록할 만큼 적극적으로 소개되고 변론되어 있는 것을 볼 수가 있습니다. 그러므로 이러한 특성 또한 예수 그리스도의 승천에 관련하여 충분히 고려하여 살필 내용일 것입니다.

◼ 마 27:63 말씀으로 볼 때에, 예수께서 부활하실 것은 제자들에게만 알리신 것입니까, 아니면 널리 알려진 것입니까? [213]

◼ 행 1:3에서 사도는 부활하신 예수께서 승천하시기까지 어떤 일들을 행하셨다고 했습니까? [214]

◼ 행 13:31에서 사도는 부활하신 예수께서 승천하시기까지 또한 어떤 일을 행하셨다고 했습니까? [215]

신약 성경을 유심히 보시면, 예수 그리스도께서는 은밀히 행하시거나 오직 그의 제자들만 알도록 비유를 풀어주시기도 하셨지만, 대부분의 그의 행적들은 당시에 널리 알려지는 상황과 형편 가운데서 이뤄진 것을 볼 수가 있습니다. 그러므로 예수께서 부활하신 일도 증인이 없었던 것이 아니라 직접적인 증인들로서 "돌을 인봉하고 무덤을 굳게 지키"(마 27:66)던 경비병들이 있었으며, 실재로 "경비병 중 몇이 성에 들어가 모든 된 일을 대제사장에게 알리니"(마 28:11)라고 기록한 것을 볼 수가 있습니다. 마찬가지로 예수께서는 그의 제자들*과 여러 사람들에게 부활체로서의 자신의 모습을 드러내 보이셨으며, 제자들을 비롯한 여러 사람들이 부활하신 예수 그리스도의 증인으로서 더욱 많은 사람들에게 그 사실을 알렸었다고(행 13:31) 기록한 것을 볼 수가 있습니다.

그렇다면 예수 그리스도께서 하늘로 올라가신 일에 관해서는 어떠 했을까요?

■ 눅 24:50-51 말씀으로 보건대, 예수께서 하늘로 올라가신 것을 본 자들은 어떤 자들입니까? [216]

■ 행 1:13에서 명시하고 있는 "그들"의 명단은 누구누구입니까? [217]

막 14:26 말씀을 보면, "이에 그들이 찬미하고 감람산으로 가니라."고 기록한 것을 볼 수가 있는데, 행 1:12에서 사도는 예수 그리스도

---

* 막 16:14에 의하면 심지어 그들조차 처음에는 예수의 부활에 대한 믿음을 갖지 못했다고 했습니다. 즉 "자기가 살아난 것을 본 자들의 말을 믿지 아니함일러라." 고 기록한 것입니다.

께서 하늘로 올려져 가신 것을 본 열한 제자들이 모였던 최종적인 장소가 "감람원이라 하는 산"이었던 것을 암시하여 기록한 것을 볼 수 있습니다. 즉 그들이 감람산에 올라가서 함께 모인 가운데 예수께서는 하늘로 올려져 가셨던 것이지요. 그러므로 그들은 그 이후에 감람산으로부터 예루살렘에 돌아온 것입니다.

그런데 막 14:26에 앞서 22-25절 말씀은 흔히 '최후의 만찬'이라 부르는 성찬을 제정하시는 본문이 기록되어 있어서, 행 1:6-11에 기록된 감람산에서의 승천이 있기 전에 그들이 또한 만찬으로 모였을 것이라 짐작할 수 있습니다. 왜냐하면 행 1:4에 언급한 "함께 모이사"라는 뜻으로 번역된 'συναλιζόμενος'(헬: 쉬날리조메노스)라는 문구는 '함께(σύν) 소금을(ἅλς) 나누다' 즉, '함께 음식을 먹다'라는 뜻으로 해석될 수 있기 때문입니다. 실재로 라틴어 성경인 불가타(Vulgate)본에서 그처럼 번역한 것을 볼 수가 있습니다. 그러므로 예수께서는 알 수 없는 어느 날 갑자기 사사로이 하늘에 오르신 것이 아니라, 공적인 제자들과의 모임의 자리 가운데서 공식적인 목적 가운데서 하늘로 올려져 가셨음을 알 수가 있습니다. 한마디로 예수 그리스도의 승천은 공적으로 명확하게 드러난 승귀[높아지심]의 면면을 분명하게 드러내고 있는 것입니다.

▣ 예수께서 제자들과 함께 식사를 하신 후에 하늘로 올려져 가셨다는 것은, 예수의 사람으로서의 품성을 그대로 가지고서 올려져 가셨음을 입증합니까? [218]

◼ 그렇다면 예수께서 올려져 가신 것은 분명한 장소적 이동이었음을 나타냅니까? [219]

◼ 마 28:19-20 말씀으로 보건대, 예수께서 하늘로 올라가시기 전에 제자들을 모두 모이도록 하신 이유는 무엇입니까? [220]

이처럼 예수 그리스도의 '승천'[하늘로 올라가심]은 공적으로 드러내시는 가운데 이뤄진 것이며, 또한 그의 제자들인 사도들에 의해 증거되고 전파되도록 하시려는 분명한 목적 가운데서 이뤄진 것입니다. 성경에서는 비록 다른 역사들에 비해 상대적으로 간략하게 기록되어 있지만, 그 의미와 목적은 항상 분명하고 명확한 것이었음을 알 수가 있는 것입니다.

그렇다면 예수 그리스도의 승천하신 것에는 좀 더 세부적으로 어떠한 의미와 목적들이 담겨 있는 것일까요?

◼ 엡 4:10에서 사도는 그리스도께서 모든 하늘 위에 오르심은 무엇을 위함이라 했습니까? [221]

◼ 요 16:7에 따르면, 그리스도께서 하늘 위에 오르심은 구체적으로 어떤 유익이 된다고 기록했는가? [222]

윌리엄 바클레이(William Barclay, 1907-1978)는 예수께서 승천하심에 관해 언급하기를, 그리스도의 승천은 그리스도께서 사라져 버린 세상을 의미하는 것이 아니라 그리스도로 가득 찬 세상을 의미한다고 말하면서, 그 이유는 바로 성령께서 그의 보내심으로 오시기 때문이라 했습니다. 그런즉 엡 4:10에 기록한바 "만물을 충만하게 하려 하심이라."는 말씀은 바로 그처럼 보혜사 성령을 보내시어 충만하게 하심을 일컬은 말씀인 것이지요. 그리스도께서 육신을 지니시므로 보이신 제한이 없으신 성령님께서 언제 어디서든 충만하여 함께하심을 말씀하신 것입니다.

■ 골 3:1에서 사도는 그리스도의 승천하심으로 말미암아 우리에게 있게 된 소망이 어디로 향하여야 함을 교훈합니까? [223)]

■ 빌 3:14에서 사도는 "위에 것을 생각하고 땅의 것을 생각하지" 않는 신앙에 관하여 어떻게 기록했습니까? [224)]

요 14:2-3에서 예수께서는 이르시기를 "내가 너희를 위하여 거처를 예비하러 가노니, 가서 너희를 위하여 거처를 예비하면 내가 다시 와서 너희를 내게로 영접하여 나 있는 곳에 너희도 있게 하리라."고 말씀하셨습니다. 또한 엡 2:5-6에서 사도도 이르기를 "허물로 죽은 우리를 그리스도와 함께 살리셨"다고 말하면서, "또 함께 일으키사 그리스도 예수 안에서 함께 하늘에 앉히"실 것을 언급했습니다. 그런즉 예수 그리스도께서 하늘에 오르심은 자신의 높아지심과 그 영광을 드러냄일 뿐 아니라 더욱 우리에게 하늘에 대한 소망을 갖도록 하심인 것을 알 수가 있습니다.

◼ 행 1:9의 "그들이 보는데 올려져 가시니"라는 말씀으로 보건대, 예수 그리스도께서 오르신 하늘은 단순히 상징적인 곳을 말합니까, 아니면 장소적인 곳을 말합니까? [225]

◼ 요 8:23에서 주님은 왜 예수를 믿지 않는 유대인들이 하늘에 이르지 못한다고 말씀하셨습니까? [226]

이처럼 예수 그리스도께서는 친히 하늘로 오르시면서, 그를 믿는 자들의 소망이 하늘에 있어야 할 것이며, 그 하늘은 막연한 이상이나 영적으로 고양된 어떤 추상적 상태를 이르는 것이 결코 아니라는 사실 곧, 하늘에 오름이 분명 장소적인 이동이라는 사실을 분명히 밝혀주셨습니다. 그리고 그처럼 장소적 이동이 분명한 만큼, 믿는 자들을 위한 목적 또한 뚜렷하고 분명한 것이지요.

그러나 갈수록 우리의 믿음에서 이 같은 하늘의 소망 곧, 천국에 대한 소망이 사라져 가고 있습니다. 요 8:21에 기록한바 "너희가 나를 찾다가 너희 죄 가운데서 죽겠고 내가 가는 곳에는 너희가 오지 못하리라."는 주님의 말씀을 들은 유대인들과 같이, 오늘날 많은 신자들 또한 천국에 이르고자 하는 소망 자체가 사라지다시피 한 실정인 것입니다. 그러므로 "너희는 이 세상에 속하였"다는 주님의 말씀을 들어야만 했던 당시의 유대인들과 같이, 우리들의 신앙조차도 이 세상에 속해 있는 것을 얼마든지 볼 수가 있습니다. 자본주의인 이 세상의 가치를 따라서 교회와 그리스도인들의 가치관조차도 온통 물질적이고 현세적인 경우들을 쉽게 볼 수가 있는 것입니다.

그러나 행 1:11에 기록한바, 예수 그리스도께서 하늘에 올려져 가신 뒤에 "흰 옷 입은 두 사람"이 무어라 말했습니까? "너희 가운데서 하늘로 올려지신 이 예수는 하늘로 가심을 본 그대로 오시리라"고 하지 않았습니까? 그런즉 예수께서는 그의 인성 곧, 사람으로서의 품성 가운데서 장소적으로 하늘로 올려져 가신 것이 분명한 것이지요. 그리고 요 14:2에 기록한바 우리를 "위하여 거처를 예비하러" 가신 것이 분명합니다. 그런즉 우리의 "보물"[가치와 목적, 그리고 소망 등]은 어디에 있습니까? 마 6:21에서 주님이 말씀하신바, "네 보물 있는 그 곳에는 네 마음도 있느니라."는 말씀에서 알 수 있듯이 말입니다.

이처럼 예수 그리스도의 '승귀' 곧, '높아지심'은 결코 막연하거나 이상적인 것이 아닙니다. 오히려 우리의 신앙과 삶에 직접적으로 연계되어 있는 것이 바로 예수 그리스도의 높아지심입니다. 그러므로 예수 그리스도의 높아지심 가운데 드러난 그의 인성 곧, 사람으로서의 품성 가운데 나타난 변화들은 고스란히 그의 뒤를 따르는 그리스도인들에게 있을 변화들을 예시하는 것입니다. 그리고 그 최종적인 방향이자 목표가 바로 하늘이니, 이를 가리켜서 "기업"(헬: κληρονόμοις, 유업, 후사 등)이라고 히 6:17은 기록하고 있으며, 이는 성소의 휘장으로서 상징되었던 것을 알 수가 있습니다(히 6:19). 그런즉 예수께서는 하늘로 올려져 가심을 통해서 그야말로 "그리로 앞서 가신"(히 6:20) 것이지요.

■ 행 3:21에서 사도는 승천하신 이후 그리스도께서는 어디에 계심을 밝혀 두고 있습니까? [227]

현대의 신앙은 갈수록 현세적으로 변질되어가고 있어서, 성경이 분명하게 언급하는 천국에 대한 소망조차도 이 세상의 유토피아적인 회복으로 생각하고 이해하는 것을 볼 수가 있습니다. 그러나 사도행전에서 사도는, 예수께서 "하늘로 가심을 본 그대로 오시리라"(행 1:11)고 기록했습니다. 아울러 "만물을 회복하실 때까지는 하늘이 마땅히 그를 받아 두리라."(행 3:21)고 했으니, "피조물도 썩어짐의 종노릇 한 데서 해방되어 하나님의 자녀들의 영광의 자유에"(롬 8:21) 이르기까지 그리스도께서는 분명 하늘에 계실 것을 성경은 분명하게 기록하고 있습니다. 그런즉 우리의 믿음과 신앙도 동일하게 그 하늘[the heaven, 셋째 하늘]로 향하여야 마땅한 것입니다.

제53문의 답변

그리스도께서는 그의 승천 가운데서 높아지셨으니, 그의 부활 이후에 **자주 나타나셔서** 그의 제자들과 **더불어 교제**하시고, 하나님의 나라에 속한 일들에 대해 말씀하셨으며, 또한 모든 나라들에 **복음을 전할 사명**을 그들에게 주셨으니, 그의 부활 이후 사십일 동안, 그는 우리의 본성 가운데, 그리고 우리의 머리로서, **대적들을 이기시고,** 지극히 높은 하늘로 보이도록 올라가셨으며, 거기에서 사람들을 위한 **은사들을 받으시고,** 거기로 우리의 애정을 올리도록 하시며, 또한 **우리를 위한 곳을 예비하시고,** 그 자신도 그곳에 계시되, 세상의 마지막에 그가 **다시 오실 때까지 계속 계실 것**입니다.

사실 예수 그리스도의 승귀 곧, 높아지심이 가장 시각적으로 두드러지게 나타나는 상황이 바로 그의 승천일 것입니다. 더구나 사람들의 눈에 보이도록 하늘로 올려져 가신 그 모습이야말로, 그가 얼마나 높이되신 분이신지를 극명하게 드러내주는 것입니다. 그러므로 그의 제자들에게 공개적으로 자신을 드러내신 가운데 감람산 위에서 하늘로 올라가신 것이지요.

그러나 그리스도의 높아지심은 사실 그러한 승천에 그 본질이 있는 것이 아닙니다. 그의 높아지심이 하늘 높이 오르시는 그 모습을 통해 극적으로 표명되었지만, 그의 높아지심과 그 영광의 진정한 본질은 하늘에서 그가 어디에 자리하시며, 또한 어떤 영광스럽고 은혜로운 일들을 수행하시는가에 있기 때문입니다. 그러므로 우리들의 믿음은 항상 그처럼 높아지신 예수 그리스도께서 계신 하늘을 향해야만 하는 것이며, 그것이야말로 '천국 소망'을 지닌 하나님의 나라 백성들이 보이는 온전한 믿음과 신앙의 푯대 곧, 목표인 것입니다.

제54문

그리스도께서는 하나님 우편에 앉으심 가운데서 어떻게 높아지셨는가?

앞서 언급한 바와 같이 그리스도의 높아지심은 그의 승천으로 종결된 것이 아닙니다. 오히려 그의 승천은 더욱 영광스런 그의 높아지심의 결과를 향한 선포이자 보증과 같은 것으로서 여전히 그의 높아지심의 한 부분을 드러내는 것입니다. 그러므로 그리스도의 영광스런 높아지심은 그가 승천하신 하늘에서 더욱 분명하게 드러나는데, 이는 곧 율법이 요구하는바에 대한 순종, 고난 받으심, 그리고 죽으심에 이르는 일련의 일들을 다 성취하심으로 말미암는 상급이 무엇인지를 나타내주는 것입니다.

■ 빌 2:8에서 사도는 예수 그리스도께서 "사람의 모양으로 나타나사 자기를 낮추"신 것에 관해 무엇이라 기록했습니까? [228]

■ 이어지는 9절에서 사도는 그리스도께서 그처럼 자기를 낮추신 결과에 대해 무엇이라 기록했습니까? [229]

■ 계속되는 10절에서 사도는 그리스도께서 지극히 높여지신 결과에 대해 무엇이라 기록했습니까? [230]

빌 2:9에서 사도는 그리스도께서 지극히 높여짐을 받되 "하나님이" 높여주심을 언급하고 있습니다. 즉 그의 높아짐은 하나님 아버지 앞에서 "십자가에 죽으"시기까지 복종하심으로 말미암아 그에 합당하게 수여되는 상급(a reward)으로서의 성격을 지니는 것이지요. 특히나 그것은 첫 사람 아담에게 요구했었던 것과 동일한 순종의 요구를 온전히 이루심으로 말미암는 의(righteousness)일 뿐 아니라, 더욱 은혜 언약의 조건을 만족시킨 그의 죽음에 이르기까지의 순종과 고난에 대한 상급으로서 부여된 것입니다. 그러므로 빌 2:9에서 사도는 "이러므로 하나님이 그를 지극히 높여 모든 이름 위에 뛰어난 이름을 주"셨다고 한 것입니다. 바로 그러한 구절이야말로 그리스도의 승귀 곧, 높아지심을 여실히 드러내 주고 있는 것이지요.

■ 시 16:8에서 시인은 "내가 여호와를 항상 내 앞에 모심이여"라는 말과 더불어서 또한 뭐라 기록했습니까? [231]

■ 행 2:25의 말씀으로 보건대 시 16:8-11에서 언급하는 "나"는 누구를 가리킵니까? [232]

■ 시 16:9 말씀과 행 2:26 말씀은 공히 예수 그리스도께서 어떠한 마음을 얻으셨음을 언급하고 있습니까? [233]

행 2:30-31에서 베드로 사도는 이르기를 "그[다윗]는 선지자라 하나님이 이미 맹세하사 그 자손 중에서 한 사람을 그 위에 앉게 하리라 하심을 알고, 미리 본 고로 그리스도의 부활을 말하"였다고 했습니다. 그리고 앞선 25-28절에서는 시 16:8-11에 기록된 다윗의 시편을 인용하는데, 특히 25절에서 "다윗이 그를 가리켜 이르되"라고 하여, 다윗이 시편 16편에서 언급하는 "나"가 바로 예수 그리스도이심을 가르치고 있습니다. 이처럼 시편을 비롯한 구약 성경의 여러 부분들에서 예수 그리스도를 나타내며 암시하는 말씀들을 찾아볼 수 있는데, 특히 그러한 말씀들 가운데서 예수 그리스도의 승천하신 이후의 모습에 대한 언급들이 이미 기록되어 있음을 볼 수가 있어서, 예수 그리스도께서 하나님의 보좌 우편에 앉으셨다는 말을 문자적으로 이해하는 것만이 아니라 수사적(rhetorical)으로도 이해해야 할 것임을 알 수가 있습니다. 왜냐하면 시편 16편은 다윗의 '믹담'(מכתם, Michtam)으로서, 황금과 같이 귀중한 시, 즉 '황금의 시'(golden psalm, 금언시)와 같은 성격으로서 기록된 것이기 때문입니다. 그런즉 시편 16편에서 다윗은 시적인 수사로서 예수 그리스도의 시점에서 "내가 여호와를 항상 내 앞에 모심이여 그가 나의 오른쪽에 계시므로 내가 흔들리지 아니하리로다."라고 하는 선지자적 기록을 했던 것입니다. 그리고 베드로 사도는 신약성경 사도행전 2장에 기록한바 오순절 설교 가운데서 그러한 다윗의 시편을 인용하여, 그리스도께서 높여지심에 관하여 표현했었던 것이지요. 그러므로 시 16:8-11과 행 2:25-28의 인용을 통해서 우리들은 그리스도의 높아지신 승천 이후의 모습이, 하나님 아버지의 한없는 은총과 더불어서 기쁨으로 충만하게 되신 모습이었음을 파악할 수가 있는 것입니다.

■ 요 13:32에서 예수께서는 하나님께서 인자(son of man)로 말미암아 영광을 받으셨으면, 인자 또한 하나님께로부터 무엇을 받을 것을 말씀하셨습니까? [234]

■ 마찬가지로 요 17:5에서 예수께서는 하나님으로부터 무엇을 받을 것을 말씀하셨습니까? [235]

요 13:32에서 언급한 "영광"이라는 말과 요 17:5에서 언급하는 "영화"는 동일한 헬라어 단어 'δόξα'(dóksa)에서 유래하는 단어입니다. 그런즉 요한복음 13장에서나 17장에서나 동일한 영광에 관하여 언급한 것이며, 그러한 영광을 하나님께서 인자에게 주실 것을 앞서 언급하신 것이지요.

그런데 앞으로 인자가 받을 영광에 관해 말씀하시는 상황은 이 지상에서의 고난과 십자가에 달리셔서 죽으시기에 앞선 상황이었습니다. 즉 그의 제자들에게 "서로 사랑하라"(요 13:34)는 계명을 주시기에 앞서, 그리고 십자가에 달리어 죽으시기 직전까지 하나님께서 그에게 "하라고 주신 일"(요 17:4)을 이루고서 이제 마지막 십자가의 순종 직전에 기도하시면서 자신이 그처럼 행하여 하나님을 영광스럽게 함과 같이 또한 하나님 아버지께서 그를 영광스럽게 하실 것을 말씀하신 것입니다. 그러므로 예수께서 부활하신 이후, 그리고 승천하시어 하나님 보좌 우편에 계시는 가운데서 그는 하나님께서 주시는 영광 가운데에 계신다는 것을 알 수가 있는 것입니다. 한마디로 그리스도께서는 이제 하나님 아버지로부터 충만한 영광을 받으신 것을 알 수가 있는 것입니다. 그러므로 왕상 2:19에서 솔로몬이 그의 어머니를 위하여 그의 오른쪽 자리에 앉게 한 것에서와 같이, 그리스도께서 하나님의 보좌 우편에 앉으셨다고 하여 그의 영광을 묘사한 것입니다.

▣ 벧전 3:22에서 사도는 "하늘에 오르사 하나님 우편에 계시"는 그리스도에 관하여 또한 어떻게 말하고 있습니까? [236)]

▣ 고전 15:25에서 사도는 그리스도께서 "모든 원수를 그 발 아래에 둘 때까지" 어떠하시리라고 기록했습니까? [237)]

▣ 이어지는 28절에서 사도는 "만물을 그의 발 아래에 두셨다"는 말씀이 어떠한 의미임을 밝혀두고 있습니까? [238)]

이처럼 성경은 예수 그리스도께서 승천하신 뒤에 하나님 보좌 우편에 앉으신 것에 관하여서, 그리스도의 능동적인 다스림 즉, 통치의 맥락으로 언급하고 있는 것을 볼 수가 있습니다. 이 땅에서 그가 자신을 낮추시고 십자가에 달리시기까지 보여주신 순종의 모습이 하나님의 뜻을 따르는 '수동적인 순종'(passive obedience)의 모습*이었다고 한다면, 이제 승천하신 이후의 그의 모습은 적극적이고 '능동적인 다스림'(active reign)의 모습인 것이지요.

일차적으로 그러한 그리스도의 높여지신 모습 가운데서의 능동적인 다스림은 세상 모든 것들을 포함하는 것입니다. 고전 15:27에서 사도는 "만물을 그의 발 아래에 두셨다"고 했으니, 세상의 모든 것들이 다 그리스도의 다스림 가운데 있음에 분명한 것입니다.

그런데 고전 15:25에서 사도는 "그가 모든 원수를 그 발 아래에 둘 때까지 반드시 왕 노릇 하시리"라고 했습니다. 그런즉 하나님을 대적하는 마귀 원수의 세력들이 그리스도의 다스림에 의해 완전하게 복속되기까지 세상의 세력들은 그리스도를 대적하는 원수 마귀의 주도와 획책 가운데 아직까지 거하고 있는 것입니다. 그렇다면 그리스도의 직접적인 다스리심은 더욱 어디에서 이뤄지는 것일까요?

▣ 시 110:2에서 시인은 "주의 권능의 규"가 어디에서부터 시작됨을 말합니까? [239]

▣ 이어지는 3절에서 시인은 "주의 권능의 규"를 내보내시는 날인 "주의 권능의 날"에 어떤 일이 일어남을 기록하고 있습니까? [240]

---

* 물론, 그리스도의 순종은 또한 율법의 요구를 모두 만족시키는 능동적인 순종(active obedience)의 모습도 포함합니다.

성경에서 "규"(מטה, the rod)는 주로 통치권을 나타내는 단어이니, 시 110:2에서는 "주의 권능의 규"(מטה עזך, the lod of thy power)라고 기록한 것을 볼 수가 있습니다. 그리고 이는 궁극적으로 그리스도의 통치권을 나타내는 표현으로서, 하늘로 올라가시므로 높여진 그리스도의 통치권을 나타내는 것입니다. 아울러 그러한 그리스도의 통치권이 일차적이고 직접적으로 사용되는 곳이 바로 그의 교회인데, 특히나 하나님의 택함을 입은 백성들을 불러 모으는 권능으로서 직접적으로 사용됩니다. 그러므로 "그가 모든 원수를 그 발 아래에 둘 때까지 반드시 왕 노릇"(고전 15:25) 하실 것이지만, 무엇보다도 "영원히 야곱의 집**을 왕으로 다스리실 것이며 그 나라가 무궁"(눅 1:33)함을 성경은 기록하고 있는 것이지요.

■ 엡 4:11에서 사도는 "만물을 충만하게 하려 하심"을 위한 그리스도의 권능으로 어떤 것들이 세워지는 것을 언급했습니까? [241]

■ 엡 1:22에서 사도는 하나님께서 그리스도를 그의 오른편에 앉히사 어떻게 하셨다고 기록했습니까? [242]

■ 이어지는 23절에서 사도는 교회에 관해 어떻게 기록했습니까? [243]

** 시 114:1은 "이스라엘이 애굽에서 나오며 야곱의 집안이 언어가 다른 민족에게서 나올 때"라는 표현 가운데서 교회[광야의 구약시대의 교회]를 떠올리게 한다.

예수께서는 하나님 보좌 우편에서 하늘과 땅에 있는 모든 만물들을 다스리는 권세를 받으셨는데, 무엇보다 그러한 권세는 교회를 모으고 보호하시며, 그의 백성들에게 은혜를 베푸시는 영적인 권세로서 가장 적극적으로 발휘됩니다. 그러므로 그리스도께서 교회의 머리가 되신다는 말은 곧, 교회의 유익을 위하신다는 말이기도 한 것입니다. 물론 이러한 교회는 우리 눈에 직접적으로 드러나 보이는 '가시적인 교회'(visible church)를 지칭하기보다는 '비가시적 교회'(invisible church) 곧, 하나님의 택하심을 입은 무리들로 이뤄졌으므로 당장에 우리 눈에는 잘 드러나지 않는 본질적이며 유일한 교회를 지칭하는 것입니다. 참된 교회란 바로 그러한 비가시적인 교회이기 때문에, 지상에서는 잘 드러나지 않으며 지극히 제한적으로 확인할 수 있을 뿐이기도 한 것입니다.

그런데 그리스도의 그러한 권세는 다스리는 권세 곧, 왕의 직분으로서의 권세만을 포함하지를 않습니다. 앞에서 예수 그리스도의 삼중 직분 곧, 선지자 직분과 제사장 직분, 그리고 왕의 직분에 대해 다루는 가운데서 언급한 것처럼 예수 그리스도의 세 직분은 각각 독립적으로 분리되어 수행되는 것이 아니라 모두 함께 수행되는 것이기 때문입니다. 다만 특정한 직분의 의미가 두드러지게 부각되어 수행된다 할지라도, 다른 두 직분은 전혀 무관하거나 전혀 수행되지 않는 것이 아니라 언제든지 함께 부여된 가운데서 수행되는 것입니다. 그러므로 예수 그리스도께서 하늘 보좌에 앉으셔서 수행하시는 그 권세 또한 왕[혹은 머리]로서 다스리는 권세만이 아니라 제사장적 권세 또한 포함하는 것입니다.

■ 롬 8:34에서 사도는 예수 그리스도에 관하여 어떠한 분이라고 했습니까? [244]

■ 히 7:25에서 사도는 그리스도를 힘입어 하나님께 나아가는 자들이 구원에 이르는 것이 무엇으로 말미암음이라고 했습니까? [245]

이처럼 예수 그리스도께서는 왕으로서의 다스림의 권세뿐 아니라 제사장으로서의 중보적인 능력 또한 하나님 보좌 우편에서 지니시고 계십니다. 그러므로 그의 권세와 능력으로 교회를 모으시고 보호하실 뿐 아니라 더욱 그의 백성들을 위해 중보자로서의 사역을 수행하심으로 그 능력의 풍성함과 사랑이 많으신 것을 나타내 보이는 것입니다.

무엇보다 그러한 예수 그리스도의 권세와 능력은 지금 셋째 하늘 가운데서 하나님 보좌 우편에 계시므로 수행하시는 것입니다. 더욱이 그러한 다스림이 만물들을 그 발 아래에 복종시키는 것인 만큼, 세상의 권세와 능력들도 결코 그러한 예수 그리스도의 통치에서 제외되지 않는 것이지요. 비록 짧은 안목만을 지닌 우리의 눈에는 이 지상의 모든 일들이 우리들의 계획과 수고에 따른 결과들인 것처럼 비치지만, 더욱 긴 안목과 본질적인 통찰을 지니는 그리스도의 다스리심 가운데서 모든 짧은 역사와 안목들이 하나님의 뜻을 위하도록 이루어지는 것임을 그리스도의 높아지심 가운데서 깨달을 수가 있는 것입니다. 그런즉 "그리스도와 더불어 천 년 동안 왕 노릇"(계 20:4)하는 때는 앞으로 이를 것이 아니라 이미 이르러 있음이 분명한 것이지요. 어떤 자들이 당장에는 그리스도께서 직접적으로 왕으로서 통치하시지 않으시지만, 앞으로 다시 오시어서야 비로소 "천 년 동안 왕 노릇" 하실 것이라고 그릇되게 주장하고 있지만, 히 1:2에 기록한바 이미 "이 모든 날 마지막"인 지금 시대에 예수 그리스도께서는 왕으로서 다스리시며, 제사장으로서 그의 백성들을 위해 중보하시는 분으로 하나님 보좌 우편에 계신 것입니다. 따라서 이러한 그리스도의 높아지심에 대한 바른 이해와 지식은, 지금 우리들이 살아가는 가운데서 예수 그리스도를 신뢰하고 의뢰하는 가장 기초적인 기반을 이루는 것입니다.

■ 고전 15:25에서 사도는 그리스도께서 언제까지 왕 노릇 하실 것으로 언급하고 있습니까? [246]

제54문의 답변

그리스도께서는 하나님의 우편에 앉으심 가운데서 높아지셨으니, **하나님이자 사람**(God-man)으로서 그는 하나님 아버지로부터 가장 높은 은총을 받으시되, 기쁨과 영광의 모든 충만함과 더불어서, 하늘과 땅에 있는 **만물들을 다스리는 권세**를 받으셨습니다. 또한 그의 **교회를 모으시고 지키시며**, 그들의 **대적들을 굴복**시키십니다. 그리고 그의 **사역자들과 백성들**과 더불어서 은사들과 은혜들을 베푸시며, 아울러 **그들을 위해 중보**하십니다.

제55문

그리스도께서는 어떻게 중보(intersession) 하시는가?

제54문답에서 언급한바와 같이 그리스도께서는 하늘에 오르시어서 하나님 보좌 우편에서 왕적인 권세를 행하시는 가운데 계십니다. 아울러 그의 권세는 왕적인 다스림만이 아니라 그의 교회를 위한 중보의 사역 또한 포함하는 것이니, 이제 제55문답에서는 바로 그러한 그리스도의 중보사역 곧, 제사장으로서의 사역에 관하여 더욱 상세하게 다루고 있습니다.

통상적으로 '선지자'들은 하나님에 의해 세워져서 하나님의 사자로 백성들에게 나아가는 직분입니다. 그러므로 예수 그리스도께서 이 땅에 성육신하셨을 때에, 대부분의 사역이 하나님의 말씀에 담긴 뜻을 가르치고 깨닫도록 하는 '하나님의 입'으로서의 사역이었던 것입니다. 하지만 '제사장'들은 하나님에 의해 세워지되 백성들의 대표자로서 하나님께 나아가는 중재의 직분입니다. 그러므로 예수 그리스도께서 하늘에 오르셨을 때에, 왕적인 권세와 더불어서 그의 백성들을 중재하는 중보자로서의 제사장의 직분 곧, 하나님을 향한 '백성들의 입[곧 변호자]'으로서 사역을 수행하시는 것입니다. 따라서 제55문답은 바로 그러한 예수 그리스도의 사역에 관해 설명하는 문답인 것이지요.

▣ 히 9:24에서 사도는 그리스도께서 "우리를 위하여 하나님 앞에" 나아가시고자 어디로 들어가셨다고 했습니까? [247]

구약시대로부터 제사장은 항상 하나님의 백성들을 대표하여 속죄(expiation)하는 일을 담당했었습니다. 그러므로 히 5:1에서도 사도는 이르기를 "대제사장마다 사람 가운데서 택한 자이므로 하나님께 속한 일에 사람을 위하여 예물과 속죄하는 제사를 드리게 하나니"라고 기록한 것입니다.

사실 그리스도께서 그의 백성들의 제사장이 되심에 관하여 가장 직접적인 설명을 들을 수 있는 성경이 있으니 그것은 바로 신약성경의 히브리서로서, 히브리서만큼 그리스도의 속죄와 대제사장 되심을 풍성하게 잘 설명하고 있는 것이 없습니다. 히브리서는 시종일관 그리스도께서 "하나님께 멜기세덱의 반차를 따른 대제사장이라 칭하심을 받으셨"(히 5:10)음을 언급하면서 그의 속죄에 관한 믿음을 강조하고 있는 것을 볼 수가 있습니다.

그런데 히 5:1-3에서 사도는 "대제사장마다 사람 가운데서 택한 자이므로 하나님께 속한 일에 사람을 위하여 예물과 속죄하는 제사를 드리게 하나니……그러므로 백성을 위하여 속죄제를 드림과 같이 또한 자신을 위하여도 드리는 것이 마땅하니라."고 기록한 것을 볼 수가 있습니다. 그런즉 제사장의 존귀는 "스스로 취하지 못하고……하나님의 부르심을 받은 자라야 할 것"과 아울러서 그 자신의 의와 공로를 근거할 수 있어야만 하는 것을 알 수가 있습니다.

◨ 히 1:3에서 사도는 "그의 능력의 말씀으로 만물을 붙드시며 죄를 정결하게 하는 일을 하시"는 그리스도께서 어디에 계심을 기록했습니까? [248)

◨ 히 5:8에서 사도는 그리스도께서 어떻게 행하심으로 "온전하게 되셨은 즉 자기에게 순종하는 모든 자에게 영원한 구원의 근원이 되시"느니라고 했습니까? [249)

히 5:3에 기록한바와 같이 속죄의 제사를 수행하는 제사장은 백성들을 중재하는 제사에 앞서서 먼저 자기 자신을 정결하고 의롭게 해야만 하는데, 그리스도께서는 "아들이시면서도 받으신 고난으로 순종함을 배워서" 그처럼 온전하게 되셨다고 사도는 가르쳐 주고 있습니다. 그러므로 예수께서는 율법이 제시하여 요구하는 모든 의를 이룰 수 있도록 율법에 대하여 적극적으로 순종하셨을 뿐만 아니라, 더하여서 고난을 받으시고 십자가에 달려 죽으시는 희생의 제물이 되심으로 인해 그야말로 "자기에게 순종하는 모든 자에게 영원한 구원의 근원이 되시"는 의와 온전함을 이루셨습니다.

그런데 예수 그리스도께서는 그처럼 온전하게 되신 이후 곧, 부활하시고 승천하시어 하늘로 올리어 가셨습니다. 더구나 부활하신 그 모습으로 올리어 가셨으니, 그처럼 온전하게 된 사람의 품성을 지니신 가운데 하늘로 올리어 가신 것입니다. 그러므로 하나님 우편에 앉으시기에 전혀 부족함이 없으셨던 것이며, 또한 그 가운데서 행하시는 모든 일들에 있어 전혀 부족함이 되지 않으신 것입니다.

■ 히 8:2에서 사도는 예수 그리스도의 제사장 직분이 어디에서 수행된다고 기록했습니까? [250]

■ 히 8:4 말씀에 따르면, 예수 그리스도께서 하늘에서 제사장의 직분을 수행하시는 이유가 무엇입니까? [251]

■ 이어지는 6절에서 사도는 예수 그리스도께서 하늘에 있는 참 장막에서 수행하시는 직분에 대해 "그는 더 좋은 □□으로 세우신 더 좋은 □□의 □□□시라."고 했습니다.

히 9:11-12에서 사도는 그리스도의 더 좋은 속죄에 관하여 이르기를, "그리스도께서는 장래 좋은 일의 대제사장으로 오사 손으로 짓지 아니한 것 곧 이 창조에 속하지 아니한 더 크고 온전한 장막으로 말미암아, 염소와 송아지의 피로 하지 아니하고 오직 자기의 피로 영원한 속죄를 이루사 단번에 성소에 들어가셨느니라."고 했습니다. 그런즉 하늘에 오르시어 하나님의 보좌 우편에 앉으셔서 수행하시는 중보의 직분은 온전하며 영원한 직무로써 수행되는 것임에 분명합니다.

그렇다면 그처럼 지금 하나님 보좌 우편에 앉으셔서 행하시는 그리스도의 온전하며 영원한 중보의 직분은 구체적으로 어떠한 의미로써 행해지는 것일까요? 이와 관련하여 우선은 예수 그리스도께서 온전하며 영원한 대제사장의 직분을 담당하시는 것이, 그가 이 땅에서 율법의 요구를 충족시키신 순종과 십자가에 달려 죽으시기까지 순종하심으로 이루신 희생의 공로에 근거하여 있음을 기억하시기를 바랍니다. 즉 그리스도의 제사장적인 중보의 사역은, 율법의 요구와 그의 희생을 통해 완성된 '의'(righteousness)와 그 '은혜'에 바탕을 두고 있는 것입니다.

■ 요 3:17에 의하면, 예수께서 하늘에 올라 수행하시는 중보의 사역은 □□을 받게 하심입니다.

■ 요 6:37 말씀에 의하면, 예수 그리스도의 중보하심이 적용되어 영생에 이르게 될 자들은 □□□께서 □□□□에게 주시는 자들입니다.

■ 예수 그리스도의 중보하심이 모든 자들에게 적용되어 영생과 구원에 이를 것이라 주장하는 자들에는 어떤 자들이 있습니까? [252]

요 10:27에서 예수께서는 "내 양은 내 음성을 들으며 나는 그들을 알며 그들은 나를 따르느니라."고 말씀하셨는데, 이후로 그러한 말씀을 들은 유대인들이 돌을 들어 그를 치려했던 것을 이어지는 31절 말씀에서도 확인할 수가 있습니다. 그런즉 예수 그리스도의 중보하심은 그저 제사장과 같이 한 민족이나 국가 전체에 광범위하게 적용되는 것이 아니라 택하심을 입은 자들 곧, 하나님 아버지께서 그리스도께 주신 자들에게만 해당됨을 알 수가 있는 것입니다. 이러한 이해는 이후로 전개되는 모든 교리문답들을 이해하는데 있어서 하나의 대전제(major premise)를 이루며, 그리스도께서 오직 하나님의 택하신 자들에게만 중보의 직무를 수행하시는 것을 전제하게 합니다.

그렇다면 신자들의 영생과 구원은 예수 그리스도께서 획득하신 의로움과 공로에만 의지하는 것일까요?

■ 롬 8:33 말씀에 의하면 아무라도 그리스도인들을 고발할 수 없는 이유는 무엇 때문입니까? [253]

■ 이어지는 34절에서 사도는 아무도 그리스도인들을 정죄할 수 없는 이유는 또한 누구로 말미암아서입니까? [254]

롬 8:1에서 사도는 이르기를 "그리스도 예수 안에 있는 자에게는 결코 정죄함이 없나니"라고 했는데, 이어지는 2절에서 그 이유에 관해 기록하기를 "이는 그리스도 예수 안에 있는 생명의 성령의 법이 죄와 사망의 법에서 너를 해방하였음이라."고 했습니다. 즉 "그리스도 예수 안"에서 "생명의 성령의 법(νόμος, 곧 능력과 권위)"으로 말미암아 비로소 죄의 속박에서 해방될 수가 있는 것이지요. 그런즉 이러한 복음의 선포야말로 그리스도인들이 기댈 수 있는 유일한 믿음의 원천이요 터전으로서, 한 마디로 신자들의 영생과 구원은 예수 그리스도께서 획득하신 의로움과 공로에만 의지하는 것이 분명합니다. 바로 그러한 원천 가운데서 비로소 율법이 요구하는 바를 따른 순종 또한 우리 몸에 거하는 죄에서 해방됨 가운데서 비로소 가능하게 되는 것입니다.

이와 관련하여 계 12:10 말씀은 기록하기를 "이제 우리 하나님의 구원과 능력과 나라와 또 그의 그리스도의 권세가 나타났으니 우리 형제들을 참소하던 자 곧 우리 하나님 앞에서 밤낮 참소하던 자가 쫓겨났"다고 하는 큰 음성이 하늘에서 들리더라고 했습니다. 그리고 이는 "옛 뱀 곧 마귀라고도 하고 사탄이라고도 하며 온 천하를 꾀는 자"가 땅으로 내쫓긴 이후의 사건으로서, 이어지는 11절에 기록한 바 "우리 형제들이 어린 양의 피와 자기들이 증언하는 말씀으로써 그를 이겼"다고 하는 말씀에 연계되는 구절입니다. 그런즉 예수 그리스도의 구속으로 말미암아 하나님 앞에서 우리를 밤낮 고소하는 사탄과 사망의 권세가 그 힘을 잃고 마는 것이지요. 한마디로 "죽으실 뿐 아니라 다시 살아나신" 예수 그리스도께서 하나님 우편에서 우리를 위하여 간구하심으로 인해(롬 8:34), 비로소 사탄의 고소가 반박되는 것입니다.

▣ 나의 일상과 신앙 가운데서 하나님을 향한 기도와 평안을 가로막는 '가책'(Conscience guilty)은 무엇입니까?

▣ 나의 기도와 평안을 가로막는 '가책'을 극복하게 하는 것이 있다면, 그것은 무엇입니까?

▣ 그것이 당신에게 진정한 평안을 주는 방편인지에 대해서는 무엇으로 확신할 수 있습니까?

▣ 그렇다면 혹시 당신의 그러한 확신은 자신을 죄에 대해 무감각하게 하는 것이 아닙니까?

▣ 요일 2:1에서 사도는 위의 물음과 관련하여 어떠한 진리를 교훈합니까?

▣ 요일 2:1에서 언급하는 "죄를 범하여도"라는 말씀은, 고의적이고 상습적으로 범하는 죄에 대한 것입니까? [255]

▣ 요일 2:7-11 말씀을, 당신은 2:1-2절 말씀과 어떻게 조화되게 받을 수가 있습니까?

요일 2:1에서 말하는 우리에게 있는 "대언자"(헬: παρύκλητος, an advocate, mediator)란, 범죄를 위해 변론하는 자를 일컫는 것이 아니라 의를 위해 변론하는 자를 일컫는 단어입니다. 그러므로 하나님 아버지 앞에서 죄를 범한 우리를 의롭지 못하다고 하는 마귀의 송사를 대언자가 변호하시는 것이지, 우리로 마음껏 죄를 범하도록 방임하고자 하시는 것이 결코 아닙니다. 마치 고의로 사람에게 위해를 가하지 않았으며, 또한 피치 못하여 불가피하게 사람에게 위해를 가한 어떤 사람을 위해 법정에서 변호하는 변호사(attorney)와 같이, 믿음 있는 자들이라도 죄를 범한 죄인일 뿐이라고 하나님 앞에서 송사하는 그 정죄에 대해 "의로우신 예수 그리스도"께서 우리로 의롭다 여기도록 변호하시는 것이지요. 왜냐하면 원수 마귀는 예수 그리스도의 의로움을 힘입지 않는 불신자들을 정죄하지 않고, 오히려 예수 그리스도를 힘입으려는 신자들에 대해서 너희도 죄를 범할 뿐이지 않느냐며 정죄하며 송사하기 때문입니다. 그런 마귀의 송사에 대해서, 예수 그리스도께서는 우리 자신의 의가 아니라 그 자신의 의로 중재하시고 변호하시는 것입니다.

◼ 히 4:16에서 사도는 "승천하신 이 곧 하나님의 아들 예수"로 말미암아, 그를 믿는 자들이 어디로 향한다고 했습니까? [256]

◼ 엡 1:6 말씀에 의하면 "우리를 예정하사 예수 그리스도로 말미암아 자기의[하나님의] 아들들이 되게" 하심에 있어서, 우리에게 준비함이나 내세울 만한 최소한의 어떤 것이 있습니까? [257]

◼ 벧전 2:5 말씀에 따르면, 우리[그리스도인]가 "하나님이 기쁘게 받으실 신령한 제사를 드릴 거룩한 제사장이" 되는 것은, 우리 자신의 어떠한 신령함을 근거로 하는 것입니까? [258]

우리들이 그리스도에 대한 믿음과 신앙의 삶을 살아가는데 있어서 종종 빠질 수 있는 오류가 있는데, 그것은 우리가 믿음과 신앙을 위하여 무언가 준비해야만 한다고 하는 생각입니다. 마치 '하늘은 스스로 돕는 자를 돕는다.'는 격언처럼, 하나님 앞에서 우리도 무언가 최소한의 준비와 기여라도 하고 있어야 하나님께서 은혜를 주시는 것이라 생각할 수 있는 것입니다. 그러나 그렇게 생각하는 것은, 우리 자신이 얼마나 하나님 앞에서 부패하고 무능력한 지를 간과하는 것입니다. 오히려 하나님께서는 우리들에게서 그 어떤 조건이나 예비함도 요구하지 않으시며, 다만 그의 아들 예수 그리스도를 통해서만 모든 의와 은혜를 제공하시는 것입니다. 그러므로 오히려 우리가 준비하고 예비하는 것들은 대부분 가인의 제물과 같이 하나님 앞에서 불충할 뿐임을 간과하지 말아야 하는 것이지요. 하나님께서 준비하시고, 하나님께서 받으시는 것 외에 우리 스스로 준비하고 올려드리는 모든 것들이 오히려 우리 자신의 의를 조금이라도 드러내려고 하는 불충으로서, 바로 그런 맥락으로 가인은 자신의 제물을 받지 않으신 하나님 앞에서 분노했었던 것입니다.

제55문의 답변

그리스도의 중보하심은, 지상에서의 **그의 순종과 희생의 공로 가운데**서, 하늘에 계신 아버지 앞에 **우리의 본성을 계속적으로 나타내심**으로, 모든 믿는 자들에게 적용하려는 **그의 뜻을 선포하심**입니다. [아울러] 그들을 대적하는 **모든 고발들을 반박**하시고, 또한 날마다 실패하여 넘어지는 그들의 **양심이 평안을 얻도록** 하며, **은혜의 보좌로** 담대히 **나아가게** 하시고, 또한 그들 자신과 섬김이 받아들여지게 하심입니다.

제56문

그리스도께서는 세상을 심판하러 다시 오심 가운데서 어떻게 높아지시는가?

이제 우리들은 예수 그리스도의 승귀 곧, 높아지심의 절정이 어떠한 면면으로 이루어지는지를 살펴보게 되었습니다. 예수 그리스도의 높아지심은 셋째 하늘[하늘들의 하늘]에 오르시어 하나님 보좌 우편에 앉으심으로 가장 정점에 이르렀던 것이 아니라 마지막 때에 세상을 심판하시기 위해 다시 오실 때에 비로소 그 정점 가운데서 드러나는 것이기 때문입니다. 그것은 마치 "너는 내가 내 아버지께 구하여 지금 열두 군단 더 되는 천사를 보내시게 할 수 없는 줄로 아느냐"(마 26:53)고 하신 말씀이 사실임을 그대로 입증하는 것입니다.

▣ 요 5:22에서는 심판이 누구에게 맡겨졌다고 하셨습니까? [259]

▣ 요 5:27에서 주님은 이르시기를, 아버지께서 무엇으로 말미암아 아들에게 심판하는 권한을 주셨다고 했습니까? [260]

▣ 행 17:31에서 바울 사도는 "천하를 공의로 심판할 날을 작정"하심은 누구로 하여금 증거되었다고 했습니까? [261]

그리스도의 죽으심 이후의 '부활'과 '승천', 그리고 '재림'에 이르기까지의 일련의 상태에 있어서 한 가지 공통점이 있는데, 그것은 바로 그리스도의 높아지신 상태가 그의 사람으로서의 품성 곧, '인성'(humanity)을 고스란히 지니시는 가운데 있다는 점입니다. 그리고 심지어 그러한 인성은 단순히 품성으로서만이 아니라 '육체'(flesh)까지도 포함하는 것입니다. 그러므로 그리스도께서 요 14:2에서 "내가 너희를 위하여 거처를 예비하러(헬: ἑτοιμάσαι τόπον, to prepare a place) 가노니"라고 미리 말씀하셨던 것이지요.

이는 무엇보다 마지막 날의 재림과 심판의 때에도 마찬가지입니다. 그 때에도 구주 예수 그리스도께서는 그의 신성(divinity)으로서만 오시는 것이 아니라 육체를 지니신 그의 인성을 포함하는 하나님이시자 사람이신 분(God-Man)으로서 오시는 것입니다. 바로 부활하신 그 몸과 그 상태 그대로 오시는 것이지요.

그렇다면 왜 예수 그리스도께서는 그처럼 부활하신 모습 그대로 마지막 심판 날에 재림하시는 것일까요?

■ 행 3:14-15에서 베드로 사도는 유대인들이 예수께 대해 행한 일들에 관해 어떻게 말했습니까? [262]

■ 행 5:31 말씀에 의하면, 유대인들에 의해 나무에 달려 저주[혹은 정죄] 받은 자로서의 죽음을 당하신 예수를 하나님께서 어떻게 하셨습니까? [263]

신약성경 행 5:30에서 베드로와 사도들은 이르기를 "너희[대제사장과 사두개인 당파들]가 나무에 달아 죽인 예수를 우리 조상의 하나님이 살리"셨다고 했는데, 이어지는 31절에 따르면 하나님께서는 예수를 살리심 가운데서 "그를 오른손으로 높이사 임금과 구주로 삼으셨"으니, 그처럼 예수 그리스도를 높으심으로 그를 통하여 "이스라엘에게 회개함과 죄 사함을 주시려고" 하셨던 것임을 밝히고 있습니다. 그런즉 당시의 많은 유대인들은 무죄한 예수를 정죄의 죽음인 나무에 달려 죽은 죽음을 맞이하도록 했지만, 하나님께서는 오히려 그를 다시 살리시고 높이심으로 "이스라엘에게 회개함과 죄 사함을" 주시고자 하셨던 것입니다. 그러므로 예수 그리스도의 부활하심과 더불어서 그의 높아지심의 정점이자 완결인 재림에 있어서의 심판주의 모습 가운데서, 그에게 씌워진 저주[혹은 정죄]가 완전하게 반박되는 것입니다.

◼ 고후 5:10에서 사도는 육신의 개인적 종말[죽음] 후에 "그리스도의 심판대 앞에 나타나게 되어"서 각각 어떻게 되리라고 했습니까? [264]

◼ 벧전 2:24에서 사도는 그리스도께서 무엇으로 "우리 죄를 담당하셨"다고 했습니까? [265]

예수 그리스도께서 세상을 심판하러 다시 오시는 때에 부활하신 그 몸으로 오시는 것과 마찬가지로 성경은 [그 때에, 즉 마지막 심판의 날과, 아울러서 개인적인 죽음 이후에] "우리가 다 반드시 그리스도의 심판대 앞에 나타나게 되"(고후 5:10)리라고 했으며, 또한 그 때에 "각각 선악간에 그 몸으로 행한 것을 따라 받으려 함이라."고 했습니다. 그러므로 마지막 때의 심판은 결코 추상적이거나 상징적인 개념이 아니라 육신적으로 분명하게 경험하게 될 개념이라는 것을 알 수가 있습니다. 한마디로 하나님으로서만이 아니라 육신을 지닌 사람으로서의 품성도 지닌 분으로 오시는 예수 그리스도 앞에서, 각각의 사람들이 그들 자신의 육신 가운데서 행한 죄를 따라 심판의 선고를 받는 것입니다. 그런즉 육신을 따라 정죄되고 저주받은 죽음을 맞으셨던 예수 그리스도께서 가장 높이 되신 심판자로 오시되 육신을 지닌 사람으로서의 품성을 지니신 가운데 오신다는 것은, 육신을 지닌 사람으로서 오셨던 그에게 행한 불공정함과 불의, 그리고 정죄함에 대한 가장 극적이며 최고의 반전일뿐만 아니라 그리스도로서 완벽하게 높아지신 면면이라 하겠습니다.

그렇다면 그처럼 높아지신 예수 그리스도께서는 더욱 구체적으로 어떠한 높아지심의 면면으로 오시는 것일까요?

◼ 요 5:27에서 사도는 예수 그리스도의 "심판하는 권한"이 무엇으로 말미암아 부여되었다고 했습니까? [266]

◼ 행 17:31에서 사도는 "정하신 사람"이신 예수 그리스도께서 천하를 무엇으로 심판할 날이 작정되었다 했습니까? [267]

앞서 언급한 바와 같이 예수께서 육신으로 오시어 십자가에 달려 죽으신 것은, 인간적으로 극도의 수치심과 고통 가운데서의 죽음임과 아울러서 저주와 어리석음 가운데서의 죽음이었습니다. 온 몸을 채찍에 맞아서 피투성이가 된 가운데 몸에 걸친 모든 옷들이 다 벗겨진 채 피투성이가 된 알몸으로 두 팔까지 벌려서 자신의 흉물스런 몰골을 모든 사람 앞에서 드러내 보이며 죽어가야만 하는 정죄됨과 저주, 그리고 수치와 고통의 죽음을 맞아야만 하는 것이지요. 그러나 이제 부활 이후에 승천하시고 하나님의 보좌 우편에 계시다가 다시 오시는 그리스도의 인자(a son of man)되심은, 더 이상 수치와 저주의 면면이 아니라 완전한 '공의'(헬: δικαιοσύνη, righteousness or justice)로서 모든 사람 앞에서 드러날 것입니다. 그리고 그렇게 자신을 드러내심은, "자기도 의로우시며 또한 예수 믿는 자를 의롭다 하려 하심"(롬 4:26)이니, 그야말로 세상을 공의로 심판하시는 것을 만천하에 드러내시는 것입니다. 더욱이 그처럼 드러나는 것은 믿는 자들에게만이 아니라 그리스도를 모르거나 부인하는 자들에게 더욱 그러하니, 그야말로 만천하에 예수 그리스도의 높고 높은 의로우심이 드러나게 되는 것입니다.

그러나 다시 오시는 예수 그리스도의 높아지심의 면면은 그 뿐이 아닙니다.

■ 마 25:31에서 예수께서는 인자로 다시 오실 때에 관해 어떠한 면면으로 오시어 "자기 영광의 보좌에 앉으리"라고 했습니까? [268)

◼ 눅 9:26에서 주님은 다시 오실 때에 관하여 어떠한 모습으로 오실 것임을 말씀하십니까? 269)

눅 2:8-14 말씀은 예수 그리스도께서 이 땅에서 출생하신 일에 관련하여, 특히 13-14절에서 기록하기를 "홀연히 수많은 천군이 그 천사와 함께 하나님을 찬송하여 이르되, 지극히 높은 곳에서는 하나님께 영광이요 땅에서는 하나님이 기뻐하신 사람들 중에 평화로다 하나라."고 했습니다. 하지만 그 모습은 베들레헴 지역에 있는 몇몇 목자들(헬: ποιμένες, shepherds)에게만 겸손하고 낮아지심 가운데 드러난 것이었는데 반해, 이제 재림 때에 심판주로 오시는 예수 그리스도의 모습은 하나님 아버지의 영광과 그 자신의 영광에 더불어서 거룩한 천사들의 영광으로 오시는 것임을 친히 말씀하셨던 것을 여러 신약성경의 구절들 가운데서 찾아볼 수가 있습니다. 그런즉 그 영광과 의로우심(justification)을 누구도 모른다고 부인할 수 없는 것이지요.

◼ 살전 4:16에서 사도는 "주께서 강림하실 때"에 어떻게 강림하신다고 했습니까? 270)

살전 4:13-18에서 사도는 죽은 자들의 부활에 관하여 언급하는 가운데 주님의 강림하심을 언급하는데, 특별히 16절에서 'ὅτι αὐτὸς ὁ Κύριος'(for the Lord himself) 즉, '다른 이가 아니라 주 자신이'이 하늘에서 강림하실 때에 세 가지의 소리가 들려올 것을 기록하고 있는데, 먼저 천군들의 사령관이 외치는 "호령"(헬: κέλευσμα, a shout of command)이 있을 것입니다. 뿐만 아니라 "천사장(헬: ἀρχαγγέλου, archangel)의 소리"가 있을 것인데, 유다서 9절이나 계 12:7 말씀으로 볼 때에 그 천사장은 '미가엘'이라 짐작됩니다. 끝으로 "하나님의 나팔(헬: σάλπιγγι, trumpet) 소리"가 들릴 것인데, 이는 천사들이 부는 나팔로서 전쟁에 출정하는 백성들을 모으기 위해 불던 구약시대의 뿔나팔과 같은 소리입니다. 그런즉 재림 때에 예수께서는 그러한 소리들과 함께 하나님의 백성들을 모으실 것을 짐작해 볼 수 있겠습니다. 그리고 이는 마 24:31에서 주님이 친히 이르신바 "큰 나팔소리와 함께 천사들을 보내리니 그들이 그의 택하신 자들을 하늘 이 끝에서 저 끝까지 사방에서 모으리라."고 기록되어 있기 때문입니다.

■ 마 24:30에서 주님은 재림 때에 어떤 모습으로 오시는 것을 보리라고 했습니까? [271]

■ 마 26:64에서 주님은 재림 때에 어디에 앉아 있는 것을 보리라고 말씀하셨습니까? [272]

이처럼 예수 그리스도께서는 이미 이 땅에서의 낮아지심과 공생애 가운데서 그의 재림과 아울러서 그 때에 그가 보이실 큰 능력과 영광으로 높아지심에 관하여 미리 말씀하신 것을 볼 수가 있습니다. 뿐만 아니라 그가 부활하신 후에 하늘로 올라가실 때에 구름에 가려졌던 것처럼 이제 재림 때에도 "하늘 구름을 타고 오는 것"(헬:

ἐρχόμενον ἐπὶ τῶν νεφελῶν τοῦ οὐρανοῦ, coming an the clouds of heaven)을 보리라고 말씀하셨는데, 비록 헬라어 문장으로 그것이 시문의 형태로 기록되었을지라도 행 1:11에 기록된바 "너희 가운데서 하늘로 올려지신 이 예수는 하늘로 가심을 본 그대로 오시리라"는 말씀과 더불어서 인자(a son of man)로 다시 오시는 그리스도의 모습을 확실하게 짐작해 볼 수 있도록 하는 말씀인 것입니다. 한마디로 마지막 심판의 날에 예수 그리스도께서는 "자기와 아버지와 거룩한 천사들의 영광"(눅 9:26)을 분명하고도 명확하게 나타내 보이면서 다시 오시는 것입니다.

■ 이러한 말씀들 가운데서 우리들은 예수 그리스도의 높아지심의 정점이 언제 모두에게 분명하게 드러남을 알 수가 있습니까? [273]

■ 살전 4:17에서 사도는 무엇으로 인해 죽은 자들과 관련하여 소망 없는 다른 이들과 같이 슬퍼하지 않을 수 있다 했습니까? [274]

사실 예수 그리스도의 높아지심 곧, 부활을 시작으로 재림에 이르기까지의 모습은 그 자신의 영광과 높아지심만이 아니라 하나님의 백성들의 영광과 높아짐을 보여주는 것이기도 합니다. 우리의 소망이 이 땅에서의 삶과 생활로서 전부라고 한다면, 죽은 것이야말로 소망이 사라진 것이요 그러므로 슬퍼하지 않을 수 없는 것임에 분명한 것입니다. 그러나 예수 그리스도의 높아지심은 그처럼 죽으신 이후에 비로소 확연하게 드러났으니, 그의 부활에서부터 승천, 그리고 하나님 보좌 우편에 앉으신 것과 재림 때에 심판주로 오시는 그 모든 능력과 영광스러운 모습들이야말로 우리의 신앙 가운데서 바라볼 수 있는 소망이요 영광의 실상인 것입니다. 그러므로 예수 그리스도께서 재림하실 때의 그러한 영광스러움 곧, 세상을 의로 심판하시려고 거룩한 천사들과 호령과 천사장의 소리, 그리고 하나님의 나팔 소리와 큰 능력으로 드러내는 그 영광이야말로 우리도 유사하게 얻게 될 거룩함과 영광스러움을 가늠하게 하는 것입니다. 따라서 살전 4:18에 기록한바 "그러므로 이러한 말로 서로 위로하라."는 말씀과 같이, 예수 그리스도의 재림과 심판 가운데서 드러나는 그 능력과 영광이야말로 우리 신앙의 궁극적으로 기대며 바라볼 면면인 것입니다.

제56문의 답변

그리스도께서 세상을 심판하러 다시 오시는 가운데서의 그의 높아지심은, 악한 자들에 의해 **부당한 재판과 정죄**를 받은 자가, 마지막 날에 **큰 권능 가운데**서와, 또한 그 **자신의 영광**을 온전히 나타내심과, **호령**과 **천사장의 소리**, 그리고 **하나님의 나팔 소리**와 더불어서 **공의로 세상을 심판**하심입니다.

▣ 우리들의 신앙은 그리스도의 재림을 얼마나 바라봅니까?

◼ '천년왕국론'(Millenarianism)과 살전 4:17의 "우리가 항상 주와 함께 있으리라"는 말씀은 함께 조화될 수 있습니까?

오늘날 우리들의 시대에 기독교 신앙은 이단적인 시한부 종말론자들 외에는 그리스도의 재림에 대해 관심을 두지 않는 현실입니다. 그러므로 이 땅의 가치들(Values)에 영향을 받은 온갖 세속적인 문화들이 기독교 신앙 안에도 깊숙이 들어와 굳건하게 자리하고 있는 실정입니다. 그리고 그 가운데에는 전혀 세속적이지 않은 것 같으나 성경적으로 올바른 신앙을 이탈시키는 '천년왕국론'이라는 것도 있는데, 그러한 천년왕국론의 주장에 의하면 예수 그리스도의 재림은 그의 높아지심의 정점이 아니며 그의 영광과 통치 또한 영원하지를 않습니다. 오히려 천 년이라는 불특정한 상징적 기간이 지나고 나서야 비로소 그리스도의 완전한 능력과 영광의 시대가 비로소 이르는 것인데, 그러한 주장에 따라 부활 뒤, 그리고 재림 때의 신자들은 또다시 천 년 동안의 불특정한 기간만큼 영생이 유보되는 것이기도 합니다. 하지만 살전 4:17에서 사도는 예수 그리스도의 재림 때에 죽은 자들이 먼저 일어나고 그 후에 살아남은 자들도 그들과 더불어서 하늘로 올려 져서 재림하시는 주님을 영접하여 "항상 주와 함께" 있을 것이라 했으니, 재림으로 인해 그리스도의 높아지심은 그 정점으로서 완성을 이루는 것입니다.

10
그리스도의 중보로 말미암는 유익

여러분의 인생은 어디에 목적을 두고 있습니까? '진화론'이 주장하는 바와 같이 사람이 우연적으로 생기게 된 것이라면, 원시지구의 대기와 우연적인 폭풍 가운데서의 낙뢰 같은 것에 의해 우연적으로 생명체가 탄생하게 된 것이라고 한다면 "사람의 제일 되고 가장 높은 최고의 목적은 인간 자신의 행복을 추구하는 것"이라는 대답을 야기할 것입니다. 만일 생명의 시작이 지구 자체의 문제였다면, 생명의 목적도 자체적(자연 안에서)이라 할 것이기 때문입니다. 또한 일반적인 종교들과 같이 기적과 비상적인 일들(은사주의적인 표적들)을 추구하는 신앙인들이라고 한다면, 인생의 목적은 하나님의 기적과 비상적인 일들을 체험하여 하나님의 존재를 비로소 확신하는 데 있다고 말할 것입니다. 그러나 생명의 시작이 외부적(자연계 밖에서)이라면 모든 생명의 목적은 외부로부터의 초월적 목적과 의도에 있을 것인데, 롬11:36, 고전 10:31, 요 17:21~24절 등의 말씀은 모든 생명들이 단순히 자연계 밖에서 시작된 것만이 아니라, 창조주에 의해 시작됨을 전제하면서 그 가운데 사람의 제일 되는 목적에 대해 하나님을 영화롭게 하는 것과 그를 영원토록 즐거워하는 것이라고 말합니다. 아울러 그처럼 창조에 바탕을 두는 신앙은 창조의 목적을 전제하는 것이므로, 은사주의자들과 같이 하나님의 비상적인 기적과 은사들을 추구하는 것은 부수적인 일이거나, 창조의 본래적인 목적과 크게 상관이 없는 것들을 추구하는 양상이라 하겠습니다.

이처럼 하나님의 창조에 대한 믿음은 우리로 곧장 하나님의 창조의 목적을 전제하도록 합니다. 하나님의 창조에는 반드시 그 피조물들의 존재하는 용도 즉, '목적'을 수반하는 것입니다. 그러나 진화론은 철저히 존재하는 용도 혹은 목적 자체를 부정합니다. 또한 모든 존재의 원인은 우연적인 시작에 불과하며 모든 존재에는 오직 그 자신만을 위하는 의미의 목적이 존재하는 것이라고 말합니다. 그러한 진화론에 따르면 강자가 약자를 지배하는 것은 '우열의 법칙'을 따르는 자연스러운 것이며, 심지어 '자연도태'의 원리를 따라 약한 자들은 당연히 도태되어야 하는 것으로 인식됩니다. 이러한 원리에 따라 나치즘은 강인한 아리아인의 혈통을 따르는 독일인이 전 세계를 지배하게 될 것이며, 약하고 악한 유대인들은 모두 없어져야만 한다고 주장하며 유대인 학살을 자행했습니다. 그러므로 진화론의 사상은 마르크스주의(Marxism) 사상보다도 훨씬 위험한 원리를 내포하고 있는데, 은사주의도 진화론과 마찬가지인 일종의 경험주의로서, 절대적인 진리(성경의 진리)보다는 경험을 통해 산출하는 결과를 더욱 추구하며 신뢰한다는 점에서 근본적인 문제점 가운데서 출발하는 사상(종교)입니다. 그러므로 우리들은 성경에 근거하여, 하나님의 지은바 된 자로서의 인간의 본질적인 목적(크고 제일 되는 목적)을 바탕으로 참된 신앙을 정립하는 것이 절대적으로 요구되는 것입니다.

그러면, 사람의 크고 제일 되는 목적은 구체적으로 무엇일까요?

제57문

그리스도께서는 그의 중보 사역으로 어떠한 유익들을 획득하셨습니까? (또한,)

제58문

어떻게 우리가 그리스도께서 획득하신 유익들에 참여할 수 있습니까?

예수 그리스도의 중보 사역에 관해 가장 성경적으로 즉, 구약성경에서 제시하고 있는 맥락과 정확히 일치하도록 언급하고 있는 신약성경은 히브리서입니다. 즉 구약의 제사법과 규례들이 제시하고 있는 예수 그리스도의 중보자로서의 면면과 그 사역을 이해하기 쉽게 설명하고 있는 것이 바로 히브리서인 것입니다. 더구나 유대의 예법들과 율법에 익숙한 이스라엘 출신의 그리스도인들이라고 한다면, 히브리서야말로 구약성경에서 가르치는바 메시야 곧, 그리스도에 관한 생생한 증언이자 설명이었을 것입니다.

그러나 히브리서뿐만 아니라 곳곳에서 예수 그리스도의 중보자이심과 그의 중보 사역에 관해 다루고 있는 것을 볼 수가 있는데, 그러한 중보 사역과 그로 말미암아 제공되는 유익들은 공히 예수 그리스도의 지상에서의 사역*으로서만이 아니라 더욱 그의 높아지심으로 말

---

* 예수 그리스도께서 주로 지상에서 수행하신 사역은, 이스라엘 백성들과 여러 택

미암아 제공되고 확정되는 것을 확인하여 볼 수가 있습니다. 흔히 우리들이 예수 그리스도께서 이 땅 가운데 자신을 낮추시어 오셨을 때에 수행하신 중보 사역에 대해서는 알아도, 예수 그리스도께서 하늘에 오르시어 높아지신 가운데 수행하신 중보 사역과 그로 말미암아 획득하신 유익에 대해서는 그다지 알지 못하는 것 같음에도 불구하고 말입니다.

■ 히 8:2에서 사도는 "하늘에서 지극히 크신 이의 보좌 우편에 앉으"신 그리스도께서 어떠한 이시라고 했습니까? [275]

■ 히 9:24에서 사도는, 그리스도께서 "참 것의 그림자인 손으로 만든 성소"가 아니라 어디로 들어가셨다 했습니까? [276]

예수 그리스도께서는 이 땅에 오시어 십자가에 달려 죽으신 일 가운데서 희생의 제물이 되실 뿐 아니라 친히 희생 제사를 드리는 대제사장의 직분을 수행하셨습니다. 그리고 이후로 사흘 만에 부활하신 일과 승천하신 일 가운데서 그가 진정 "더 좋은 언약의 중보자"(히 8:6)이시자, "새 언약의 중보자"(히 9:15)이신 것을 입증하셨습니다.

무엇보다 예수 그리스도께서는 "하늘에서 지극히 크신 이의 보좌 우편에 앉으"시어, 지금 "참 장막에서 섬기는 이"십니다. 즉 하늘에 오르시어 하나님 보좌 우편에 앉으신 왕이실 뿐만 아니라 "영원히 멜

함을 입은 자들에 대한 구속에 직결된 사역이었다.

기세덱의 반차를 따르는 제사장"(히 7:17)이시기도 한 것이지요. 그런즉 지금도 하늘(the heaven)에서 영원한 대제사장으로서의 사역을 수행하시는 것입니다. 그런즉 예수 그리스도께서 이 땅 가운데 오셨을 때의 속죄 사역과 하늘에 오르시어 수행하시는 영원한 제사장으로서의 중보 사역(Atonement)은 각각 별개가 아니라 하나의 개념으로 통합되어 이해되어야 하는 것입니다.

■ 히 7:3에서 사도는 멜기세덱에 관해 언급하면서, 그가 어떤 점에서 "하나님의 아들"과 닮았다 했습니까? [277]

■ 그런 멜기세덱에 관해 사도는 "항상 □□□으로 있느니라."고 했습니다.

■ 히 7:24에서 사도는 또한 "예수는 □□□ 계시므로 그 □□□ 직분도 갈리지 아니하느니라."고 했습니다.

■ 히 8:5에서 사도는 구약의 제사장과 그들이 수행한 제사예법 등이 어디에 있는 것의 "모형과 그림자"라고 했습니까? [278]

사실 예수 그리스도의 중보 사역은 그가 이 땅에 오셨을 때에 비로소 이뤄진 것이 아니며, 오히려 지금 그가 하늘에 오르시어 하나님 보좌 우편에 앉으신 가운데서 행하는 사역임과 마찬가지로 그가 이 땅에 오시기 전 구약시대로부터 제시되었던 사역이었습니다. 즉, 삼위일체이신 하나님의 신적인 작정 가운데서, 좀 더 직접적으로는 은혜 언약 가운데서 이미 제시되고 약속되었던 사역입니다. 그러므로 구약에서나 신약에서나, 그리고 지금도 그리스도의 중보 사역은 예수 그리스도 안에서 동일하게 제시되고 약속된 성격으로 있는 것입니다.

■ 히 7:22에서 사도는 예수 그리스도를 가리켜서 "더 좋은 언약의 ☐☐이 되셨느니라."고 했습니다.

■ 히 8:6에서 사도는 예수 그리스도를 가리켜서 "더 좋은 언약의 ☐☐☐시라."고 했습니다.

예수 그리스도의 중보사역에 관해 구약성경에서 제시하고 있는 맥락과 정확히 일치하도록 언급하고 있는 히브리서에서 사도는 "언약"과 관련하여 "보증"(히 7:22, 헬: ἔγγυος, surety)과 "중보자"(히 8:6, 헬: μεσίτης, mediator)로서 언급하는데, 그처럼 각기 다른 용어로 표기할지라도, 하나님과 인간 사이에서 안전한 보호 아래에 있도록 하는 중재의 보증이라는 종합적인 의미로서 동일한 목적 곧, 예수 그리스도의 중보 사역에 대해 사용된 말입니다. 그런즉 우리가 하나님과 화평한 가운데로 들어갈 수 있는 중보자이신 예수 그리스도 안에서만 죄에 대하여 안전함 가운데 있을 수가 있는 것이지요.

◼ 고후 5:19에서 사도는 "화목하게 하는 직분"과 관련하여 그들이 무엇을 부탁받았다고 했습니까? 279)

"중보자"라는 단어인 헬라어 'μεσίτης'(메시테스)에서 암시되는 그리스도의 사역은 이중적(twofold)입니다. 유명한 조직신학자인 루이스 벌콥(Louis Berkhof, 1873-1957)은 그의 조직신학 책에서 이에 관해 설명하기를, 객관적인 율법의 영역에 있어서 죄책을 속함으로써 하나님의 의로운 불쾌함을 달래며, 하나님 아버지께서 그의 아들 예수 그리스도에게 주신 자들을 위하여 간구하실 뿐만 아니라 그러한 자들의 인격과 예배를 하나님이 받으실 만한 것으로 만들어 주신다고 했으며, 또한 그리스도께서 하나님에 관한 진리와 인간이 하나님과 맺고 있는 관계 및 하나님께서 받으실 만한 조건들에 관한 진리들을 인간들에게 보여 주시며, 모든 삶의 상황에서 신자들을 지도하고 지원해 주심으로써 신자들의 구원을 완성시키신다고 했습니다. 그리고 이는 고후 5:19에 기록한바 "곧 하나님께서 그리스도 안에 계시사 세상을 자기와 화목하게 하시며 그들의 죄를 그들에게 돌리지 아니하시고 화목하게 하는 말씀을 우리에게 부탁하셨느니라."는 말씀에 담겨 있는 내용입니다. 무엇보다 예수 그리스도께서는 자신의 중보 사역으로, 앞서 언급한 은혜 언약에 속한 여러 유익들과 더불어서 인간의 죄를 속죄하는(expiate) 유익을 획득하셨습니다.

◼ 히 9:12에서 사도는 그리스도께서 "장래 좋은 일의 대제사장"으로 오셔서, "자기의 피로" 무엇을 이루셨다고 했습니까? 280)

성경에서 "영원한"(헬: αἰώνιος, eternal)이라는 말은, 미래만이 아니라 과거를 포함하여 그 어떤 시간의 제약도 초월한 개념을 일컫는 것입니다. 그러므로 예수 그리스도께서 영원함으로 이루신 모든 유익들은 그저 어느 한 시점이 아니라 창세 이전, 그리고 이후, 무엇보다 창세 이전의 영원한 하나님의 작정에 따른 결과로서 제공되는 유익들입니다. 한마디로 예수 그리스도께서는 그의 중보 사역 가운데서, 은혜 언약에 속하는 모든 유익들과 더불어서 속죄에 이르기까지의 유익들을 영원토록 획득하신 것입니다.

제57문의 답변

그리스도께서는, 그의 중보로, **구속**과 더불어서 **은혜 언약에 속하는** 모든 다른 **유익들**도 얻으셨습니다.

이처럼 예수 그리스도의 구속(redemption) 외에도, 그의 중보 사역을 통해 얻으신 은혜 언약에 속한 모든 유익들은 결코 그 자신의 영광과 능력을 이루는 것으로 종결되는 것이 아닙니다. 오히려 그처럼 예수 그리스도께서 얻으신 유익들은, 지금 하나님 보좌 우편에 계시어 여전히 수행하시는 제사장으로서의 중보의 사역으로 인해 그를 믿는 모든 하나님의 택하신 백성들인 그리스도인들에게 적용되는 것입니다. 그러므로 그러한 유익들이 과연 어떻게 하여 그를 믿는 그리스도인들에게 적용되는지를 아는 것이 필연적으로 뒤따르는 의문이자 결론이라 하겠습니다.

◼ 요 1:12에 따르면, "하나님의 자녀가 되는 권세"는 어떤 자들에게 주어집니까? [281]

◼ 이어지는 13절에서 사도는 하나님의 자녀가 되는 권세를 주시는 자들을 가리켜 어떠한 자들이라 했습니까? [282]

예수 그리스도께서 지금 하늘에서 하나님 보좌 우편에 계시는 가운데 수행하시는 중보 사역은, 그 적용에 있어서 어떻게 우리가 참여할 수 있는가? 하는 의문으로 곧장 이어지게 됩니다. 왜냐하면 우리들은 믿음 가운데서 예수 그리스도께서 지금 하늘에 계시는 가운데서도 우리를 위한 중보자로 계시는 것을 깨닫게 되며, 그러한 중보 사역의 유익에 동참하는 것에 있어서도 역시 믿음이 요구되기 때문인데, 문제는 그러한 믿음이 모두 우리 자신의 인식이나 추구에서 오는 것으로 보이기 때문입니다. 그러므로 웨스트민스터 대교리문답 제58문은 우리의 신앙에 있어 중요한 실천적 주제 가운데 하나인, 우리들이 자유롭게 그러한 예수 그리스도의 중보 사역의 유익들에 동참할 수 있는가? 하는 문제를 생각하게 합니다.

◼ 요 1:13에 기록한바 "혈통으로나 육정으로나 사람의 뜻으로 나지 아니" 하였다는 말씀의 뜻이 무엇이겠습니까? [283]

■ 분명 "영접하는 자 곧 그 이름을 믿는 자"라고 했으면서, 왜 그러한 믿음이 사람의 뜻으로 된 것이 아니라고 말합니까? 284)

요 1:9-11에서 사도는 예수 그리스도의 출생에 관해 이르기를 "참 빛 곧 세상에 와서 각 사람에게 비추는 빛이 있었나니……자기 땅에 오매 자기 백성이 영접하지 아니하였"다고 했습니다. 그리고 실재로 이천 년 전에 유대 땅 베들레헴에 나셨을 때에, 그를 영접한 자들은 유대 백성들이 아니라 이방인들인 동방의 박사들[즉, 페르시아에서 왔을 것으로 추정되는 점성가들]일 뿐이었습니다.

그러나 예수께서 출생하신 이후로 유대 땅 가운데서 그를 영접하고 믿는 자들이 많이 발생했는데, 그들 가운데서 특별히 그의 제자들인 사도들은 예수 그리스도의 부르심에 응답하는 자들이었던 것을 볼 수가 있습니다. 마찬가지로 세리 삭개오(Zacchaeus) 역시도 예수께서 부르심으로 인해 그를 따르게 된 것을 볼 수가 있습니다. 그러므로 요한복음에서 사도는 그러한 자들 곧, 예수 그리스도를 영접하는 자들[혹은 그 이름을 믿는 자들]을 가리켜서 "혈통[즉, 이스라엘인이라는 혈통]으로나 육정[즉, 육신적인 의지]으로나 사람의 뜻[즉, 사람의 의지]으로 나지 아니하고 오직[즉, 반면에] 하나님께로부터 난 자들이니라."(요 1:13)고 했습니다. 한마디로 예수 그리스도를 영접하는 것은 하나님께로부터 태어나는 자들이라는 것이지요.

그렇다면 지금 예수 그리스도를 믿는 우리들에게 적용되는 그리스도의 중보 사역으로 말미암는 유익들은 어떻게 해서 적용되는 것일까요? 예수 그리스도께서 육신적으로 부르시지도 않았고, 오히려 믿음의 때에 우리 자신의 믿음의 결단에 의해 예수 그리스도를 영접한 것이 분명한 우리들은 어떻게 해서 눈에 보이지 않는 예수 그리스도의 중보 사역의 유익들에 참여할 수 있는가 말입니다.

▣ 요 3:3에서 예수께서는 니고데모에게 어떠하여야 하나님의 나라를 볼 수 있다고 말씀하십니까? [285]

▣ 요 3:8에서 예수께서는 그처럼 하나님의 나라에 들어갈 수 있는 거듭난 사람을 가리켜서 "☐☐으로 난 사람"이라 했습니다.

요 1:13에서 사도는 일반적인 사람의 출생에 대해 혈통, 육정, 사람의 뜻으로 나는 것이라 표현하면서, "하나님의 자녀가 되는 권세"를 주시는 "영접하는 자 곧 그[예수 그리스도] 이름을 믿는 자들"이 그러한 것들 가운데서 난 것이 아니라 "하나님께로부터 난 자들"이라고 했습니다. 그러므로 하나님께로부터 나는 것은 육신적으로 나는 것을 말하는 것이 아니라 '거듭남' 곧, "성령으로 난 사람"(요 3:8)인 것입니다. 그리고 그처럼 성령으로 거듭남은, "바람이 임의로 불매……그 소리는 들어도 어디서 와서 어디로 가는지 알지 못하"는 것과 같이 육신적인 안목으로는 파악하거나 이해할 수 없는 성격임을 기록했습니다.

▣ 딛 3:5 말씀으로 보건대, 요 3:5의 "물과 성령으로"라는 문장은 "☐☐의 씻음과 ☐☐의 새롭게 하심"을 말하는 것입니다.

■ 딛 3:5에 따르면 우리의 구원은 "우리가 행한바 의로운 ☐☐로 말미암지" 않은 것입니다.

■ 또한 딛 3:7에 따르면 우리의 구원은 "☐☐의 소망을 따라 ☐☐☐가 되게 하려 하심"입니다.

딛 3:5 이하의 말씀을 보면, 우리의 구원은 "우리가 행한 바 의로운 행위[또는 의로운 뜻]로 말미암지 아니하고 오직 그[하나님]의 긍휼하심을 따라 중생의 씻음과 성령의 새롭게 하심으로……성령을 풍성히 부어주사, 우리로 그의 은혜를 힘입어 의롭다 하심을 얻어 영생의 소망을 따라 상속자가 되게 하려 하심"입니다. 한마디로 그리스도께서 그의 중보 사역 가운데서 얻으신 모든 유익들에 대해, 우리들은 성령으로 말미암아 그 모든 유익들에 은혜로 참여하게 되는 것이지요. 그러므로 딛 3:5 말씀은 우리의 구원이 "우리가 행한 바 의로운 행위"가 아니라 하나님의 "긍휼하심을 따라 중생의 씻음과 성령의 새롭게 하심으로" 되는 것임을 기록했습니다.

제58문의 답변

우리들은 **그리스도께서 얻으신 유익들**을 우리에게 **적용**하시는 **성령 하나님의 특별한 사역**을 통해서, 그것들의 참여자가 되는 것입니다.

제59문

누가 그리스도를 통해 주어지는 '구속'(redemption)에 참여하는 자가 됩니까?

구약 성경 레 25:25에서는 "만일 네 형제가 가난하여 그의 기업 중에서 얼마를 팔았으면 그에게 가까운 기업 무를 자가 와서 그의 형제가 판 것을 무를 것"이라고 기록하고 있는 것을 볼 수가 있습니다. 즉 이스라엘 족속 가운데서 가난하여 자기 소유의 땅을 팔았을 경우에, 그와 가까운 친척 가운데 누군가가 대신 그 땅을 판 값을 지불하여 이스라엘 족속의 땅이 이방 사람이 소유하는 기업(히: מאֻחָזָה, possession)이 되지 않도록 해야 한다는 것입니다. 이러한 "기업 무를 자"의 개념이 신약 성경에서는 예수 그리스도에 의해서 "사람이 무엇을 주고 자기 목숨과 바꾸겠느냐"(막 8:37)는 말씀 가운데서 사용되었으니, 바로 이러한 예수 그리스도의 말씀이야말로 죄로 죽은 우리들을 위해서 그 육신의 목숨을 대신하여 바꾸시므로 이루신 대속 곧, '구속'(redemption)의 제시인 것입니다. 그러므로 엡 1:7에서 사도는 이르기를 "우리는 그리스도 안에서 그의 은혜의 풍성함을 따라 그의 피로 말미암아 속량(헬: ἀπολύτρωσιν, redemption) 곧 죄 사함을 받았느니라."고 하여, 구속의 개념을 명확하게 언급하고 있습니다.

■ 엡 1:11에서 사도는 그리스도인들이 주 안에서 "예정을 입어 그 안에서" 무엇이 되었다 했습니까? [286]

■ 레 25:25에서 이스라엘 민족 가운데서 어떤 사람이 소유한 기업[즉, 땅]을 팔았을 경우에, 그와 가까운 친족이 대신 물어주어 이스라엘의 기업이 이방인이나 다른 지파의 기업이 되지 않도록 한 것은 기업을 판 사람이 어떠한 상태 가운데 있는 것을 암시합니까? [287)

레 25:23에서 여호와 하나님께서는 이르시기를 "토지를 영구히 팔지 말 것은 토지는 다 내 것임이니라 너희는 거류민이요 동거하는 자로서 나와 함께 있느니라."고 말씀하셨습니다. 이것은 바로 희년제도(히: יוֹבֵל, jubilee)를 제정하신 근거이니, 그들이 가나안에 들어가 분배받은 땅은 그들이 정복한 땅이 아니라 하나님의 소유로서, 다만 그들이 그 땅에서 거류민(strangers)이요 동거하는 자(sojourners)들이기 때문에 여호와 하나님께로부터 얻은 그 땅을 영구하게 소유로 삼을 수 없도록 한 것입니다. 그러므로 가난하여 부득이하게 그들에게 분배된 땅을 담보로 삼거나 팔았을 경우에는, 가까운 친척이 대신 그 값을 물어주어서라도 그 기업의 소유를 변동시키지 말도록 한 것이지요.

그러나 이러한 "기업 무를 자"에 관한 예시 가운데서 우리들은 기업을 유지할 능력을 잃어버려 무능력하게 된 자의 모습, 마치 종으로 팔린 이스라엘 백성의 값을 대신 치르고 자유롭게 함과 같이 죄로 말미암아 죽어야만 하는 자들을 대신하여 그 육신의 생명을 희생하신 예수 그리스도의 '구속'을 생생하게 떠올릴 수 있습니다. 이스라엘 민족 가운데서의 무능력은 가까운 친족이 대신하여 기업을 물었을지라도, 아담 안에서 모든 인류가 죄를 범한 타락과 부패의 전적인 무능력(total depravity & total inability)은 오직 둘째 아담이자 마지막 아담이신 예수 그리스도께서 대신하여 죽으심으로서만 물을 수가 있는 것입니다. 더구나 하나님의 명령[즉 율법]에 순종하지 않으므로 야기된 죄와 그로 말미암은 타락 가운데 있는 우리들은 이후로 철저히 하나님의 율법을 따라 하나님께 순종하지를 못하는 자들이라는 점에서 더욱, 율법을 온전히 이루신 예수 그리스도의 구속으로서만 하나님께서 요구하시는 의로움을 만족시킬 수가 있는 것입니다. 그리고 그러한 구속은 신약 시대의 십자가 사역을 통해서만이 아니라 지금 하늘에 오르시어 하나님 보좌 우편에 앉으신 그리스도의 중보로, 우리들의 시대에도 동일하게 이뤄지는 것입니다.

■ 요 6:37 말씀에 따르면, 예수 그리스도께로 나아오는 자가 구원에 이르는 것은 무엇으로 말미암습니까? [288]

■ 요 6:39에서 예수 그리스도께서는 그를 보내신 하나님 아버지의 뜻이 무엇이라 했습니까? [289]

그렇다면 그러한 예수 그리스도의 중보를 통한 구속은 어떠한 자들에게 실재로 적용되는 것일까요?

■ 오늘날에도 그러한 예수 그리스도의 중보와 그 가운데서의 구속은, 아담 안에서 타락한 모든 인류에게 적용됩니까? [290]

■ 오늘날 구원을 모든 인류에게 적용함에 있어서 가장 간과되는 것이 무엇이겠습니까? [291]

■ 엡 1:3-4에서 사도는 에베소에 있는 성도들에게 "□□ 전에 □□□□ 안에서 우리를 □□□" 하나님의 아들들이 되게 하셨다고 했습니다.

우리 시대의 많은 종교적인 사람들의 사고 속에는, 소위 말하는 '구도자'(seeker)라는 개념이 크게 자리하고 있는 것 같습니다. 그러므로 청년층을 중심으로 '구도자 예배'(the seeker service) 혹은, '열린 예배'라는 개념과 용어가 보편적으로 사용되고 있는 실정입니다. 이는 예배의 관점이 하나님을 경배함에 우선하지 않고 예배하는 자들인 사람에 우선한다는 것과 아울러서, 예배하는 사람이 스스로 하나님을 찾아 경배한다는 데에 주안점을 두는 점에서 예배의 관점에 있어서의 큰 변화를 보이는 현상입니다.

그러나 요 6:37에서 예수 그리스도께서는 "내게 오는 자는 내가 결코 내쫓지 아니하리라."고 말씀하셨어도, 그 말씀에 앞서 "아버지께서 내게 주시는 자는 다 내게로 올 것"이라는 말씀을 먼저 하셨으니, 그리스도를 통해서 제공되는 구속에 참여하는 것은 우리들 자신의 선택 여하에 따라 적용되는 것이 아니라 '하나님의 택하심'[즉, 하나님 아버지께서 그리스도께 주심]의 여하에 따라 적용되는 것임을 알 수가 있습니다. 그러므로 은혜 언약에 속하는 모든 유익들과 속죄가 그리스도 자신의 중보 사역 가운데서 얻어짐[제57문답의 내용]

과 마찬가지로, 바로 그러한 유익들을 획득하신 예수 그리스도의 사역[중보 사역]으로 말미암아 비로소 그 유익과 구속에 참여할 수가 있는 것이며, 그것은 오직 하나님 아버지께서 그의 아들 예수 그리스도께 주신 자[곧, 택하신 자]들에게만 확실하고 유효하게 제공됨을 알 수가 있는 것입니다.

그렇다면 그러한 예수 그리스도의 중보 사역의 유익과 구속이 그에게 주신 자들에게 어떻게 하여 유효하게 적용되는 것일까요?

▣ 엡 2:4 말씀은 "허물로 죽은 우리를 그리스도와 함께 살리"시고, 또한 "함께 일으키사 그리스도 예수 안에서 함께 하늘에 앉히"심은 누가 행하시는 일이라 했습니까? [292)]

▣ 이어지는 8절에서 "그 은혜에 의하여 믿음으로 말미암아 구원을 받"음을 가리켜서 "☐☐☐의 ☐☐"이라고 했습니다.

먼저 에베소서 말씀은 우리의 구원이 "그 은혜[곧, 그리스도 예수 안에서의 은혜]에 의하여 믿음으로 말미암아" 얻은 "하나님의 선물"이라고 가르쳐주고 있습니다. 특히나 "선물"(헬: δῶρον, gift)이라는 말은 '주다'라는 말에서 파생된 것으로서, 제공된 사람이 아니라 제공하시는 하나님께 전적으로 중심을 두는 단어입니다. 그러므로 구원은 전적으로 "하나님이 전에 예비"(엡 2:10)하신 것으로서, 또한 "그리스도 예수 안에서 선한 일을 위하여" 예비하신 것임을 알아야만 하는 것입니다.

■ 엡 3:5 말씀에 따르면, "이방인들이 복음으로 말미암아 그리스도 예수 안에서 함께 상속자가 되고 함께 지체가 되고 함께 약속에 참여하는 자"가 된 것은, "그의 거룩한 ☐☐☐들과 ☐☐들에게 ☐☐으로 나타내신 것"으로 말미암습니다.

■ 엡 4:1-3 말씀에서 부르심과 사랑 가운데서 서로 용납하며, 평안의 매는 줄로 하나 되게 하신 것을 힘써 지킴은 누가 하는 것이라고 했습니까? [293]

이처럼 성경은 구원이 개인적인 유익만을 위함이 아니라 한 몸을 이루는 교회를 이루게 함을 지향하는 것으로 기록하고 있는 것을 볼 수가 있습니다. 특별히 사도 바울은 엡 3:2-4에서 "너희를 위하여 내게 주신 하나님의 그 은혜의 경륜을 너희가 들었을 터이라, 곧 계시로 내게 비밀을 알게 하신 것(헬: κατὰ ἀποκάλυψιν ἐγνωρίσθη μοι τὸ μυστήριον, by revelation hath showed this mystery unto me)은 내가 먼저 간단히 기록함과 같으니, 그것을 읽으면 내가 그리스도의 비밀을 깨달은 것을 너희가 알 수 있으리라."고 한 것 가운데서, 교회로 모인 가운데 읽은 에베소서를 비롯한 여러 성경말씀을 읽음으로 복음이 알려졌음을 시사하고 있습니다. 그런즉 그리스도께서 값 주고 사신 사람들 곧, 구속하신 사람들인 신자들이 교회로 모인 가운데서 읽은 성경의 말씀들 가운데 담긴 복음을 들음으로 말미암아, 이방인들도 "그리스도 예수 안에서 함께 상속자가 되고 함께 지체가 되고 함께 약속에 참여하는 자"(엡 3:6)가 되었던 것입니다.

이처럼 신약 성경의 말씀들은, 성령으로 나타내신 복음으로 말미암아[즉, 복음을 따라서] 이방인들도 그리스도를 믿음으로 그 안에서 주어지는 구속에 참여하는 자가 됨을 가르치고 있습니다.

제59문의 답변

구속은 **그리스도께서** 그것을 위해 **사신 모든 사람들**에게 **확실하게** 적용되며, 또한 **효과적으로** 전달됩니다. 그들은 때가 되면 **성령**으로 말미암아 **복음을 따라서** 그리스도를 믿게 되는 자들입니다.

사실 '구속'(redemption)은 언약을 통해 제시되고 확정된 것입니다. 그리고 그러한 구속의 언약에 있어서, 그 체결의 당사자들은 하나님과 사람들이 아니라 하나님 아버지와 하나님의 아들이신 그리스도입니다. 그러므로 구속과 구속의 언약이 사람들에게 확실하게 적용되고, 또한 효과적으로 전달되는 것은 하나님 아버지와 그리스도 사이에서 체결된 언약의 확실함에 근거하는 것입니다. 따라서 그러한 언약을 가리켜서 '구속 언약'(covenant of redemption)이라고 부르는 것입니다. 그러한 언약의 신실함 외에 다른 어떤 요인들[특히 믿는 자들의 어떠한 종교적 공로]도 구속의 근거를 이룰 수 없습니다. 한마디로 예수 그리스도께서는 구속의 언약을 하나님 아버지와 체결하심으로써, 구속을 위해 자신이 친히 산 백성들이 받아야만 하는 형벌을 대신 받으심으로 속죄하시어서 구속한 사람들[창조 이후로 구속될 모든 사람들]의 죄를 대속하셨으며, 그처럼 구속한 사람들에게 요구되는 율법의 모든 요구들을 충족시키셨습니다. 그러므로 이러한 구속에 있어서 그 주체는 신자들의 믿음과 신앙에 있는 것이 아니라 그리스도께 있는 것이며, 또한 그리스도께서 구속하실 자들로서 주신 하나님 아버지의 택하심에 있는 것입니다.

■ 행 18:10 말씀은, 이방인들의 성읍 고린도에 어떤 사람들이 많다고 했습니까? [294]

■ 행 18:11 말씀에 따르면, 바울 사도는 고린도에 일 년 육 개월을 머물면서 무엇을 행했습니까? [295]

제59문답에서 확인할 수 있는 바와 같이 "구속은 그리스도께서 그것을 위해 사신 모든 사람들에게 확실하게 적용되며, 또한 효과적으로 전달"되는 것입니다. 그러므로 그러한 확실함과 효과의 주체는 그리스도와 하나님 외에는 없습니다.

그러나 고린도 성읍에 사도 바울이 들어갔을 때의 일들을 기록하고 있는 사도행전 18장의 말씀들을 보면, 여호와 하나님을 아는 유대인들이 아니라 고린도의 이방인들 가운데에 하나님의 백성들이 많았지만, 어떤 자들이 하나님의 백성들인지는 전혀 모르는 가운데서 일 년 육 개월을 그곳에 머물며 하나님의 말씀을 가르치는 가운데서 비로소 그리스도를 믿으며 그 구속이 실재로 적용되는 백성들이 나왔음을 알 수가 있습니다. 그런즉 구속의 은혜에 있어 그 주체는 분명 그리스도와 하나님이시지만, 그 실천적인 양상은 복음을 전하며 또한 들음으로 말미암았음을 알 수가 있습니다. 물론 그러한 들음 또한 행 16:14에서 확인할 수 있는 것처럼 "주께서 그 마음을 열어 바울의 말을 따르게 하신" 것으로 말미암음이지만 말입니다.

■ 요 17:6에서 주님은, "세상 중에서 내게 주신 사람들"에 대해 "아버지의 이름을 나타내었"을 때에, 그 사람들은 어떻게 반응한 것으로 말씀하셨습니까? [296]

■ 이어지는 8절에서 주님께서는, 아버지께서 주신 말씀을 그들에게 주었을 때에, 그들이 또한 어떻게 반응했다고 했습니까? [297]

■ 계속해서 11절에서 주님께서는, 그에게 주신 사람들이 세상에 있을 때에 어떻게 보전되기를 위해 기도하셨습니까? [298]

■ 행 2:44-47 말씀은, 그처럼 하나가 된 사람들의 모습에 관해 어떻게 기록했습니까? [299]

이처럼 신약 성경은 그리스도를 통해 주어지는 구속의 은혜에 참여하는 사람들이 개인적으로 있는 것이 아니라 함께 모여 하나가 되는 연합함의 모습 곧, '교회'(헬: ἐκκλησία, ekklesia)를 이루는 것으로 언급하고 있습니다. "그들이 사도의 가르침을 받아 서로 교제하고 떡을 떼며 오로지(헬: προσκαρτερέω, 끊임없이 돌보다, 정성을 들이다, 계속 열중하다, 꾸준히 시중들다 등의 의미) 기도하기를 힘쓰니라."고 한 행 2:42 말씀과 같이, 꾸준하고 지속적으로 모이기를 힘쓰는 가운데서 하나가 된 모습을 보였던 것입니다. 무엇보다 행 2:40-41 말씀은 "여러 말로 확증하며 권하여 이르되 너희가 이 패역한 세대에서 구원을 받으라 하니, 그 말을 받은 사람들은 세례를 받"았다고 하여, "그러므로 너희는 가서 모든 민족을 제자로 삼아 아버지와 아들과 성령의 이름으로 세례를 베풀고, 내가 너희에게 분부한 모든 것을 가르쳐 지키게 하라."(마 28:19-20)고 하신 예수 그리스도의 분부하신 것을 따라 행했음을 볼 수가 있습니다. 한마디로 때가 이르러 복음에 따라서 그리스도를 믿어 그리스도께서 값 주고 사신 구속에 확실하게 적용되고, 또한 유효하게 그 구속이 적용되는 사람들은, '교회'로 모이는 가운데서 그 모든 참여를 이루게 되는 것을 알 수가 있는 것입니다. 그러므로 이제 제60문답에서부터는 그러한 구속이 실재로 적용되고 전달되는 교회에 관련한 질문과 답변들이 제90문답에 이르기까지 전개되는 것입니다.

■ '만인구원론'(Universalism)이나 '무교회주의'(Non-church movement)는 이러한 구속에의 참여[제59문답]와 어떤 관계를 이루는 것이지에 대해 연구하여 함께 나눠 봅시다.

제60문

복음을 들어본 적이 없으므로 예수 그리스도를 알지도 못하고 믿지도 않는 자들이, '자연의 빛'(the light of nature)*을 따라 살아감으로 구원을 받을 수가 있습니까?

앞서 소개된 문답들 가운데서 다룬 '구속'(redemption)에 관한 지식은, 자연의 빛 혹은 이치로 파악할 수 있는 것이 아닙니다. 불교를 비롯하여 많은 종교들이 자연의 이치를 통찰함으로 열반(nirvana)과 같은 성찰을 추구하지만, 그러한 성찰 가운데서는 결코 구속과 같은 내용을 찾아볼 수가 없는 것입니다. 그리스도의 구속의 진리는 오직 성경 안에서만 찾아볼 수 있는 유일한 믿음의 지식입니다.

한편, '자연의 빛'과 관련하여 살펴보아야 할 신약 성경의 말씀이 바로 롬 1:18-23 말씀입니다. 특히나 20절에 기록한바 "창세로부터 그의 보이지 아니하는 것들 곧 그의 영원하신 능력과 신성이 그가 만드신 만물에 분명히 보여 알려졌나니"라고 하는 말씀 가운데서, 하나님의 만드신바 모든 피조물들 가운데 드러나 있는 하나님의 능력과 신성을 바라보고 이해할 수 있었음을 알 수가 있습니다. 그러므로 20절에 앞선 19절에서 사도는 "하나님을 알 만한 것이 그들 속에 보임이라 하나님께서 이를 그들에게 보이셨느니라."고 언

---

* 라틴어로 'lumen naturale'인 이 용어는, 초월적인 성령의 조명이나 하나님의 신적인 계시의 도움을 받지 않은 인간의 이성이 지닌 일반적인 인식의 능력을 지칭하는 말이다. 그러므로 더욱 '본성의 빛'이라 칭하기도 한다.

급한 것이지요.

하지만 그처럼 하나님께서 창조하신 모든 피조물들 가운데 알려진 "하나님을 알만 한 것"으로 사람들은 "하나님을 알되 하나님을 영화롭게도 아니하며 감사하지도 아니하고 오히려 그 생각이 허망하여지며 미련한 마음이 어두워졌"을 뿐이며, 그러므로 "하나님의 진노가 불의로 진리를 막는 사람들의 모든 경건하지 않음과 불의에 대하여 하늘로부터 나타나"게 됨을, 바울 사도는 분명하게 가르쳐 주고 있습니다.

▣ 히 2:10에서 사도가 이른바 "구원의 창시자"란 바로 누구를 가리킨 것입니까? [300]

▣ 롬 10:13에서 사도는 어떤 자가 구원을 받는다 했습니까? [301]

▣ 딤후 3:15에서 사도는 "그리스도 예수 안에 있는 믿음으로 말미암아 구원에 이르는 지혜"를 어디에서 얻는다 했습니까? [302]

요 17:3 말씀은 기록하기를 "영생은 곧 유일하신 참 하나님과 그가 보내신 자 예수 그리스도를 아는 것"임을 기록하고 있습니다. 또한 딛 1:2에서는 영생을 가리켜서 "거짓이 없으신 하나님이 영원 전부터 약속하신 것"이라고도 했습니다. 그런즉 구원과 그로 말미암는 영생의 소망은 곧바로 성경 가운데서 예수 그리스도를 믿는 믿음으로써 얻을 수 있는 지혜[혹은 지식]에 속하는 것임을 알 수가 있는 것입니다.

그렇다면 이러한 구원에 관한 지식들을 우리들은 성경 이외에 여타한 다른 수단들 가운데서도 얻을 수가 있는 것일까요?

■ 롬 1:23에서 사도는 "스스로 지혜 있다 하나 어두워"진 사람들이 어떻게 행하는 것을 기록하고 있습니까? [303]

■ 롬 2:12에서 사도는 사람들이 심판을 받는 것이 무엇으로 말미암아서임을 언급하고 있습니까? [304]

■ 롬 5:12에서는 죄로 말미암아 무엇이 들어왔다 했습니까? [305]

■ 롬 6:23에서는 죄의 결과(삯)가 무엇이라 했습니까? [306]

오늘날 우리 시대의 종교적 양상은, 어떠한 종교이든지 간에 인간 스스로가 취하여 선택함에 근거한다 하겠습니다. 그러므로 기독교 신앙에 있어서도 기본적인 바탕 또한, 우리들 자신이 끊임없이 결단하고 선택하는 양상 가운데 있는 것입니다. 하나님께서는 누구에게

나 구원의 복과 은혜, 그리고 사랑을 주시고자 원하시므로 누구든지 결단하여 예수 그리스도를 믿기만 하면, 구원의 복과 은혜, 그리고 사랑을 얼마든지 획득할 수가 있다는 발상이 신앙의 근저에 자리하고 있는 것입니다.

그러나 그러한 이 시대의 발상은 우리들 자신의 죄와 타락, 그리고 그로 말미암은 부패와 하나님께서 요구하시는 선함에 대한 무능력 등에 관한 몰이해와 부정에 근거해서야 비로소 설 수 있는 것입니다. 그러므로 롬 6:23에 기록된바 "죄의 삯은 사망이요"라는 말씀을 간과하고서 곧바로, "하나님의 은사[혹은 선물]는 그리스도 예수 우리 주 안에 있는 영생이니라."는 말씀에만 주목하는 것이지요. 죄의 삯인 사망[즉, 죽음]의 문제를 전혀 간과하거나 부정한 채로, 곧장 우리 스스로 그리스도 예수 안에 있는 영생을 믿음으로서 선택할 수 있다고 여기는 것입니다. 하지만 이미 여러 문답들 가운데서 살펴본바 예수 그리스도를 믿는 믿음은 우리의 결단과 선택이 아니라 하나님의 택하심과 그리스도의 구속으로 말미암은 것이며, 또한 우리에게 대한 그 적용 또한 성령 하나님으로 말미암은 것입니다. 이 모든 은혜와 유익, 그리고 역사(works)가 우리 자신들의 선택이 아니라 하나님의 작정(decision)가운데서 이뤄지는 것이지요.

■ 행 1:7에서 "주께서 이스라엘 나라를 회복하심이 이 때니이까?" 라는 제자들의 물음에 예수께서는 뭐라 답하셨습니까? [307]

▣ 단 2:21에서는 또한 하나님의 지혜와 능력에 대해 어떻게 언급하여 기록했습니까? 308)

단 2:20에서 다니엘은 "하늘에 계신 하나님을 찬송"하며 이르기를, "영원부터 영원까지 하나님의 이름을 찬송할 것은 지혜와 능력이 그에게 있음이로다."라고 했으며, 또한 22절에서도 이르기를 "그는 깊고 은밀한 일을 나타내시고 어두운 데에 있는 것을 아시며 또 빛이 그와 함께 있도다."라고 기록하여, 참으로 "지혜와 능력"이 하나님께 있음을 언급하는 것을 볼 수가 있습니다. 그러면서 또한 21절에서 "그[하늘에 계신 하나님]는 때와 계절을 바꾸시며 왕들을 폐하시고 왕들을 세우시며 지혜자에게 지혜를 주시고 총명한 자에게 지식을" 주신다고 했으니, 그야말로 신 29:29에서 언급하는바 "감추어진 일"들이 모두 여호와 하나님께 속하여 있는 것입니다. 그런즉 행 1:7에서 언급한바 "주께서 이스라엘 나라를 회복"하실 때, 그리고 하나님의 택하심과 그리스도의 구속을 성령 하나님께서 우리에게 언제, 혹은 어떻게 적용하시는지 등의 구체적인 때와 방식들 또한 모두 하늘에 계신 하나님께 속해있음을 깨달을 수 있는 것입니다.

하지만 그럼에도 불구하고 하나님께 속한 일은 "감추어진 일"만이 있는 것이 아니라 "나타난 일"** 또한 있습니다. 즉, 성령 하나님께서 그리스도의 구속을 우리에게 적용하시는 것에는 필수적으로 요구되는 것이 있는 것이지요.

** 신 29:29에서는 이에 대해 구체적으로 "이 율법[직접적으로 율법을 지칭할 뿐 아니라 구약성경 전체를 지칭]의 모든 말씀을 행하게 하심이니라."고 했습니다. 그런즉 우리에게 "나타난 일"이란 바로 성경의 말씀들을 가리키는 것입니다.

▣ 롬 10:11에서 사도는, 성경은 어떠한 자가 부끄러움을 당하지 아니하리라고 했다고 언급했습니까? [309]

▣ 롬 10:13에서 사도는 어떤 자가 구원받는다 했습니까? [310]

▣ 이어지는 14절에서 사도는 구원에 앞서 주의 이름을 부르기 위해 가장 기초적으로 필요한 것이 무엇임을 말합니까? [311]

▣ 이어지는 17절에서 사도는 이르기를 "☐☐은 ☐☐에서 나며 ☐☐은 그리스도의 ☐☐으로 말미암느니라."고 했습니다.

모든 인류의 첫 조상 아담의 [하나님의 계명을 어기는 불순종의] 범죄와 타락 이후로 모든 인간의 본성은 하나님에 관하여 알지 못하며, 또한 하나님께서 명하시는 계명에 순종하지도 못하게 되었습니다. 로마서 1장에서 사도가 말한바 "창세로부터 그[하나님]의 보이지 아니하는 것들 곧 그의 영원하신 능력과 신성이 그가 만드신 만물에 [핑계하지 못할 만큼] 분명히 보여 알려졌"(롬 1:20)어도, 그 가운데서 "하나님을 알되 하나님을 영화롭게도 아니하며 감사하지도 아니하고 오히려 그 생각이 허망하여지며 미련한 마음이 어두워"(21절)져 버린 것입니다. 따라서 그런 인간의 구원을 위해서 구속의 언약과 마지막 아담이신 그리스도의 구속, 그리고 성령께서 그리스도의 구속의 은혜를 적용하시어 그 유익에 참여하는 등의 구원에 관한 일련의 지식들을 그 본성 가운데서 스스로 발견하거나 깨닫게 되지를 못하는 것입니다.***

그런즉 통상적인 구원에 있어서 그리스도의 복음을 듣는 것이 필연적이며, 비록 복음을 전하는 것이 필수적인 것은 아닐지라도 복음을 전하는 것을 통하여 하나님의 택하심을 입은 자들이 그리스도의 복음을 듣고서 이를 믿으며, 또한 그리스도의 이름을 부르는 지극히 통상적인 구원의 일들을 나타내 보이는 것입니다.****

▣ 복음을 전하는 것을 통하여 하나님의 택하심을 입은 자들이 그리스도의 복음을 듣고서 이를 믿으며 통상적인 구원의 일들을 나타내게 된다는 말은, 그러한 수단들이 바로 구원의 원인이 된다는 말입니까? [312]

*** 물론 이 말은, 구원을 위해서 그리스도의 복음을 듣는 일이 절대적으로 요구된다는 말은 아니다. 하나님의 택하심 가운데 은혜 언약이 적용되는 구원의 백성들 가운데에는, 때로 복음을 들을 계기나 믿음을 확인할 수 없는 상황 가운데 있는 경우도 있는 것이다. 예컨대 영아(infant) 상태에서 죽은 자들의 경우에 모두 구원에 이르거나, 혹은 모두가 중간지대로서의 '연옥'(Purgatory)에 거하게 되는 것이 아니라 곧장 택함을 받은 자들은 하늘에, 택함을 받지 않은 유기된 자들은 음부에 이르게 되는 것이다. 그러나 일반적으로 성인으로 성장함 가운데 있는 사람들 가운데 구원에 이르게 되는 사람들은, 복음을 통해서 그리스도의 구속과 그 유익이 성령 하나님을 통해 적용되는 일련의 일들을 거치게 마련인데, 그러한 그리스도의 복음을 듣게[혹은 접하게] 되기 전까지 자기 스스로 본성의 사유나 인격적인 도야를 통해서 그리스도의 구속과 같은 구원의 지식을 깨닫거나 터득할 수 없는 것이다.

**** 복음을 들음이 구원에 있어 필수적인 것만은 아니라는 사실을, 롬 10:16에 기록한바 "그들이 다 복음을 순종하지 아니하였도다 이사야가 이르되 주여 우리가 전한 것을 누가 믿었나이까 하였으니"라는 말씀 가운데서 확인할 수 있다. 즉 복음을 듣는 모든 이들이 구원에 이르는 것은 아니며, 다만 구원에 이르는 자들이 복음을 들음을 통해 그리스도를 믿고 그의 이름을 부르므로 구원에 이르는 것이라는 말이다. 한마디로 복음을 듣는 것은 수단이며, 구원의 원인은 복음을 전하는 것이나 들음에 있는 것이 아니라 하나님의 택하심에 있는 것이다. 하나님의 택하신 자들만 통상적인 복음의 들음 가운데서 구원에 이른다.

◨ 롬 9:31에서 "의의 법을 따라간 이스라엘"이 "율법에 이르지 못하였"다는 말씀은 무슨 의미입니까? [313]

◨ 이어지는 32절에서 사도는 의의 법을 따라간 이스라엘이 의에 이르지 못한 원인이 무엇이라고 했습니까? [314]

갈 3:23에서 사도는 율법에 관하여 이르기를 "믿음이 오기 전에 우리는 율법 아래에 매인바 되고 계시될 믿음의 때까지 갇혔느니라."고 했는데, 이어지는 24절에서 사도는 또한 "이같이 율법이 우리를 그리스도께로 인도하는 초등교사가 되어 우리로 하여금 믿음으로 말미암아 의롭다 함을 얻게 하려 함이라."고 한 것을 볼 수가 있습니다. 그런즉 율법을 지켜 행하려는 가운데서 유대인들은 그로 말미암는 의를 본 것이 아니라 죄와 율법에 대한 무능력함만을 볼 뿐이었고, 오직 그리스도를 믿는 믿음으로 말미암는 의를 소망하게 되었던 것입니다. 그런즉 구약의 백성들이나 신약의 백성들, 그리고 지금 우리들에 이르기까지 구원에 이르는 자는 율법의 요구를 모두 지켜 행하려는 열심있는 태도를 통해서가 아니라 오직 그리스도의 구속에 의지하는 믿음을 지닌 자들일 뿐인 것입니다.

◨ 고전 1:21에서 사도는 "이 세상이 자기 ☐☐로 ☐☐☐을 알지 못하"느니라고 했습니다.

■ 그러므로 하나님께서는 "☐☐의 ☐☐한 것으로 믿는 자들을 구원"하십니다.

고전 1:25에서 사도는 이르기를 "하나님의 어리석음이 사람보다 지혜롭고 하나님의 약하심이 사람보다 강하니라."고 했는데, 왜냐하면 "유대인은 표적을 구하고 헬라인은 지혜를" 찾는 가운데 있었으나 "이 세상이 자기 지혜로 하나님을 알지 못하"(고전 1:21)기 때문입니다. 오히려 이 세상의 자기 지혜로 보기에는 우리를 구원하는 "십자가에 못 박힌 그리스도"의 복음은, "거리끼는 것"(23절)과 "미련한 것"에 불과한 것입니다.

사실 사람에게만 있는 탁월하며 불가해한 특성이 바로 '지혜'인데, 그것은 무엇보다 보이지 아니하는 하나님의 "영원하신 능력과 신성"(롬 1:20)을 분별하며 알게 되는 정도로 탁월한 것입니다. 하지만 그럼에도 불구하고 그처럼 탁월한 사람의 지혜조차 "이 세상의 지혜"로서, "십자가의 도"(고전 1:18)가 미련하게 보일 뿐인 그야말로 거리끼고 미련한 것에 불과하니, 그리스도를 믿지 못하므로 그들의 죄 가운데서 죽을 뿐입니다. 그러므로 엄밀히 말하자면 구원에 이르지 못하는 자들은, 복음을 듣지 못하므로 말미암아 구원에 이르지 못한다기보다는 구원에 이르지 못할 자들이기에 복음을 듣지 않는다고 말할 수가 있는 것이지요. 그들은 심지어 복음을 들어도 듣지 못하는[혹은 듣지 않는] 자들인 것입니다. 한마디로 세상 만물들을 대상으로 하여 탁월하게 통찰하는 사람의 이성적인 능력만으로 구원에 이를 만한 그 어떤 단서도 찾아낼 수가 없습니다. 심지어 전파되는 복음을 듣는다 할지라도, 이성의 능력만으로는 들어도 믿음에 이르도록 진정으로 들을 수가 없는 것이지요.

■ 행 4:12에서 사도는 "☐☐을 받을 만한 다른 ☐☐을 우리에게 주신 일이 ☐☐"이라고 했습니다.

■ 구원은, 우리가 복음을 들음으로 말미암는 것입니까, 아니면 복음의 중심이신 예수 그리스도와 이를 작정하신 하나님 아버지, 그리고 이를 적용하시는 성령 하나님으로 말미암는 것입니까? [315]

이처럼, 구원은 심지어 복음을 듣는 것에 근거해서가 아니라 오직 그리스도의 중보로 말미암아서 이뤄지는 것입니다.

제60문의 답변

복음을 결코 들어본 적이 없고, 예수 그리스도를 알지 못하며, 또한 그를 믿지 않는 자들은, **자연**[또는 본성]**의 빛** 혹은 그들이 천명하는 신앙의 **율법에 따라** 자신들의 삶을 부지런히 꾸려간다고 해도 **구원을 받을 수가 없습니다.** 다른 이로서는 구원을 받을 수가 없으며, 오직 그의 몸된 교회의 구원자이신 **그리스도께만 구원이 있습니다.**

제61문

복음을 듣고, 또한 교회에 속한 자들은 모두가 구원을 받습니까?

웨스트민스터 대교리문답이 작성될 당시와 그 이후의 계몽주의 시대를 거쳐 현대에 이르는 역사의 진전 가운데서의 기독교 신앙의 큰 변화 가운데 하나는 바로 '경건주의'(pietism)입니다. 그러한 경건주의의 풍토 가운데서, 기독교 신앙은 하나님을 아는 지식으로서의 진리를 가르치고 배우는 풍토[즉, 하나님을 아는 지식의 모색을 통해 영화로우신 하나님을 알아감으로써 하나님을 더욱 영화롭게 하는 풍토]에서 '살아있는 신앙'이라는 명분을 따라 인간 자신의 체험과 경건함을 추구하는 인간론적인 신앙의 풍토로 바뀌게 된 것입니다. 한마디로 하나님이 어떠한 분이시며 그 하나님께서 어떻게 성경 가운데서 말씀하셨는가를 힘써 알아가는 성경계시를 중심으로 하는 신앙의 양상이, 하나님을 삶에서 체험하며 그 하나님 앞에서 우리 자신을 어떻게 경건하게 성숙시킬 것인가 지향하는 신앙의 양상으로 변모된 것입니다. 그러므로 그러한 변화 가운데서는, 삼위일체 하나님의 의논(counsel)과 그리스도의 구속(redemption) 및 성령 하나님의 적용(apply)을 예비하셨을 지라도, 인간 쪽에서의 그에 대한 믿음의 촉발과 수용 등을 통해 비로소 그 모든 구원과 은총의 내용들이 적용될 수 있는, 경험적이고 개인주의적인 경건주의의 풍토 가운데에 신앙이 자리하게 된 것입니다.

그러한 변화 가운데서 보자면, 그리스도의 복음이 효력이 있게 되는 것은 그러한 복음을 듣는 사람의 믿음과 반응에 따라 구원의 가능성이 전혀 다르게 진전되는 것입니다. 즉 복음을 듣고서 이를 믿음으로서 비로소 구원이 가능하게 되는 것입니다. 그런즉 구원의 시작은 그리스도의 복음을 듣고 믿기로 하는 사람의 선택과 결단에 따라 비로소 가능하게 되는 것이지요.

그러나 이제껏 살펴본 웨스트민스터 대교리문답의 내용을 보면, 구원얻는 믿음과 신앙은 전혀 우리 자신의 선택과 결단에 따라서 시작되는 것이 아니라 삼위일체 하나님의 작정과 그 실행으로서의 그리스도의 구속, 그리고 그러한 구속으로서 이뤄지는 예수 그리스도의 중보 사역을 우리에게 실재로 적용시키는 성령 하나님에 의해 시작되는 것입니다. 믿음에 있어서의 우리의 선택과 결단은, 바로 그러한 적용 가운데서 수반되는 과정들 가운데 한 부분에 해당할 뿐인 것이지요.

▣ 요 12:40 말씀에 따르면, 예루살렘의 무리들이 예수를 "능히 믿지 못한 것은" 무엇 때문이었습니까? [316)]

▣ 요 12:40 말씀에 따르면, 그리스도를 믿는 믿음은 사람들의 선택과 결단에 따른 것입니까? [317)]

◼ 요 12:42 말씀은, 예수께서 행하신 표적들을 본 자들 가운데 그를 믿는 자가 ☐☐☐고 했습니다.

신약성경 요 12:40에서 인용하고 있는 구약성경 사 6:6 이하의 말씀을 보면, 언뜻 "백성의 마음을 둔하게 하며 그들의 귀가 막히고 그들의 눈이 감기게" 함으로 모든 사람들이 "눈으로 보고 귀로 듣고 마음으로 깨닫고 다시 돌아와 고침을" 받지 못하도록 된 것처럼 보이지만, 정작 13절에서 "밤나무와 상수리나무가 베임을 당하여도 그 그루터기는 남아 있는 것 같이 거룩한 씨가 이 땅의 그루터기라 하시더라."고 하여, 그처럼 마음이 둔하게 된 자들 가운데에도 듣고 깨달아 고침을 받을 자들이 있을 것임을 시사하고 있는 것을 볼 수가 있습니다. 마찬가지로 요 12:42절에서도 "그러나 관리 중에도 그를 믿는 자가 많"더라고 하여, 비록 그들이 아직은 사람의 영광을 하나님의 영광보다 더 사랑하는 정도에 머물러 있었지만, 그 마음에 믿음의 씨가 있었음을 언급하고 있습니다.

이처럼 성경은 구원에 이르게 하는 믿음에 관련하여서 선택하거나 반응할 수 있는 인간의 관점이 아니라, 오직 택하시는 하나님의 관점에서 언급하고 있습니다. 그런즉 우리들의 안목이 단순히 우리 눈에 보이는 바나 들리는바, 그리고 깨닫는 바에 따라 믿음이 촉발하며 구원에 이르게까지 되는 것까지가 아니라 더욱 하나님의 택하심과 인도하시는 가운데서의 믿음과 구원의 소망을 볼 수 있는 데에까지 이르러야만 하는 것입니다. 그리고 그것은 우리 자신의 관점에서 바라보는바 이성적으로 사색하고 탐구하며 경험하는 것들을 넘어서서, 성경을 통해 하나님의 관점에서 계시하신 바를 바르게 이해하는 데서야 비로소 가능하게 되는 것입니다.

그렇다면 과연 어떻게 우리들은 이성적으로 사색하고 탐구하며 경험하는 것들을 넘어서서, 성경을 통해 하나님의 관점에서 계시하신 바를 바르게 이해하는 신앙이 가능할 수 있을까요?

■ 행 8:28에서 에디오피아 여왕 간다게의 모든 국고를 맡은 관리인 내시가 수레를 타고 읽은 것은 무엇이었습니까? 318)

■ 사도행전 8장에 등장하는 에디오피아의 내시[환관]는 무엇 때문에 예루살렘에 왔었습니까? 319)

■ 행 8:36-38 말씀으로 볼 때에, 에디오피아 내시는 구원받은 하나님의 백성에 포함되는 자입니까? 320)

■ 에디오피아 내시가 구원의 백성임을 확인할 수 있는 것은 그가 정기적으로 예루살렘에 와서 예배를 드리는 자였기 때문입니까, 아니면 빌립이 "이 글[사 53:7-8]에서 시작하여 예수를 가르쳐 복음을 전하"였기 때문입니까? 321)

사도행전 8장에 등장하는 에디오피아의 고위 관원이었던 내시와 관련한 본문을 보면, 그는 이방인 구스 족속[사 11:11]으로서 신 23:1에서 여호와의 성회에 참석할 수 없도록 규정되어 있는 인물이었습니다. 그럼에도 그는 예루살렘 성전에 있는 이방인의 뜰에까지 와서 여호와 하나님을 예배할 만큼 종교적 열심히 대단했던 인물이기도 했습니다. 뿐만 아니라 그는 예루살렘에서 에디오피아로 돌아가는 광야에서도 랍비들의 가르침을 따라 성경을 연구하는 열심있는 신앙의 인물이었습니다. 그는 아마도 당시에 널리 통용되었던 70인역(LXX) 성경*을 읽었을 것인데, 사 53:7-8절 말씀이 무슨 뜻의 말씀인지를 깨닫지 못하는 가운데 있었습니다. 그러므로 주의 사자가 빌립을 보내어 그 말씀이 바로 예수 그리스도와 그의 구속의 일들을 포함한 복음의 말씀에 관련된 것임을 가르치도록 했던 것입니다. 그리고 구원받은 백성으로서의 표(mark)와 인(seal)인 '세례'를 받음으로 그리스도의 복음에 근거하는 교회의 일원이 되었던 것입니다.

이처럼 사도행전 8장에 등장하는 에디오피아 내시는 하나님을 믿으며 예루살렘 성전에까지 가서 예배를 드리고 돌아가는 길에서도 성경을 읽으며 연구할 정도로 열심있는 신앙의 사람이었지만, 더욱 예수 그리스도의 복음을 가르침 받고나서야 비로소 하나님 아버지뿐 아니라 그의 아들 예수 그리스도와 성령 하나님의 이름으로 세례를 받고 구원의 표와 인을 확신하며 받을 수 있었던 자였습니다.

◼ 행 8:26 이하의 말씀에서, 당시 사람들의 눈에 확실하게 드러나 보이는 교회(헬: ἐκκλησία, ecclesia)는 어디에 있었습니까? [322]

---

* 히브리어에 정통한 70명의 유대인 학자들이, 히브리어로 된 구약 성경을 더욱 널리 읽힐 수 있도록 헬라어로 번역한 성경.

▣ 행 16:31 말씀으로 볼 때에, 에디오피아 내시가 구원을 받은 것을 확증한 때는 언제였습니까? [323)]

▣ 행 8:39 말씀으로 볼 때에, 에디오피아 내시는 이후로 구원받은 자들의 일원으로서 기독교회 안에 머물렀습니까? [324)]

사도행전의 기록을 보면, 당시에 유대교와 교회적인 조직은 확실하게 유지되어 있었음을 알 수가 있습니다. 그에 반해 기독교회는 주로 가정을 중심으로 모이는 소규모 조직으로서, 당시의 종교문화 가운데 그리 명확하게 드러나는 교회형태가 아니었습니다. 그러므로 사도행전 8장에 등장하는 에디오피아 내시 또한 복음을 듣고 예수 그리스도를 믿음으로 세례를 받은 이후에 그의 가족들에게 복음을 전했을 것이고, 그와 온 집안이 그리스도를 믿음 가운데서 가장 기초적인 교회로서 에디오피아에서 점차 드러나게 되었을 것임을 유추할 수가 있습니다.

이처럼 성경의 기록된 바를 따라서, 우리들은 구원이 단순히 눈에 드러나는 교회에서의 생활 가운데서만 이뤄지는 것이 아니며, 오히려 분명하게 눈에 드러나지 않는 가운데서도 하나님의 택하심과 때를 따라서 구원얻는 자들의 교회를 이루게 될 수 있음을 확인할 수가 있습니다. 그런즉 참된 의미의 교회는, 눈에 드러나는 가시적인 교회가 아니라 눈에 드러나지 않지만 교회를 이루고 있는 어떤 자들과 그들의 가정 가운데서 점차 가시적으로 드러나는 것이기도 함을 알 수가 있습니다.

그렇다면 과연 구원받은 백성들로 이뤄진 참된 교회는, 복음을 듣고서 그리스도를 믿는 믿음과 복음에 합당한 생활태도 가운데 살아가는 것으로서 충분하게 드러나는 것일까요? 그리고 그처럼 가시적으로 드러나는 교회에 속하는 것으로 구원을 충분히 확신할 수가 있는 것일까요?

■ 행 2:44-47에서 보여주는 이상적인 신자들의 공동체가 보여주는 모습에 대해, 사도는 기록하기를 "주께서 □□받는 사람을 날마다 □□□ 하시니라."고 했습니다.

■ 행 4:32-35에서 사도는 "믿는 무리가 □□□과 □□이 되어 모든 물건을 서로 □□하고 자기 □□을 조금이라도 자기 것이라 하는 이가 하나도 없"었으므로, "그 중에서 □□□ 사람이 없으니 이는 밭과 집 있는 자는 □□ 그 □ 것의 □을 가져다가 □□들의 발 앞에 두매 그들이 각 사람의 □□를 따라 □□□ 줌이라."고 했습니다.

■ 그러나 행 5:2에서는 □□□□라 하는 사람이 그의 아내 □□□와 더불어 소유를 팔아 "그 □에서 얼마를 □□매" 그 □□도 이를 알고 있었으며, "□□만 가져다가 □□□의 발 앞에 두"었더라고 했습니다.

신약 성경의 사도행전 2장과 4장에서는 교회 공동체의 이상적인 운

영 모습을 보여주고 있는데, 이는 마치 구약 성경에서 찾아볼 수 있는 '희년'(히: יוֹבֵל, Jubilee) 제도와 같이, 이후의 역사 가운데서 결코 이뤄진 적이 없는 아주 이상적이고도 비상적인 기독교회의 모습을 보여주는 것입니다.

하지만 그런 이상적인 교회의 모습 가운데서도 사도행전 5장에 등장하는 아나니아와 삽비라의 경우처럼, 거짓되고 위선적인 겉치레의 사례도 찾아볼 수 있었습니다. 겉으로 보기에 아나니아와 삽비라의 나눔은 행 2:45과 4:32에 기록한바 기독교회 초기의 전적인 구재와 자선의 모습을 보여주었지만, 그들의 마음을 분별하는 사도의 눈에는 마음에 사탄이 가득할 뿐(행 5:3)이었던 것입니다. 마찬가지로 레 25:8 이하에 기록한바 희년의 경우에도 "그 희년 후의 연수를 따라서 너는 이웃에게서 살 것이요 그도 소출을 얻을 연수를 따라서 네게 팔 것인즉, 연수가 많으면 너는 그것의 값을 많이 매기고 연수가 적으면 너는 그것의 값을 적게 매길지니"(레 25:15-16)라는 말씀에서 반증하는바, "그 땅에 있는 모든 주민을 위하여 자유를 공포"하는 제도조차도 자신의 이득을 위해 다른 이[그러나 실은 이스라엘 민족]를 속이는데 악용될 수가 있었던 것입니다.

이처럼 우리의 눈으로 볼 수 있는 교회에서의 신앙생활은 항상 부족하며 불안정할 뿐인 것을 볼 수가 있습니다. 인류의 역사에서 딱 한 번만 실재로 이루어졌었던 공산적인 이상적 기독교사회조차도, 그 안에는 아나니아와 삽비라의 사례와 같은 위선적인 행태가 존재했었던 것이지요. 그러므로 이 지상에 드러나 보이는 가시적인 교회는 결코 참된 교회인 것이 아니며, 모든 교회의 회원들이 구원에 이르는 것도 아님을 알 수가 있을 것입니다. 구원의 백성으로서 참된 교회의 회원이 되는 것은, 개인적인 경험이나 경건의 실천을 바탕으로 해서는 결코 입증하거나 확신할 수가 없는 것이지요.

◼ 마태복음 22장에 기록되어 있는바 "천국은 마치 자기 아들을 위하여 혼인 잔치를 베푼 어떤 임금과 같으니"라는 말씀은, 구원을 받음이 어떠함을 시사합니까?

◼ 롬 9:6-8에서 가시적이고 육신적인 구원의 근거들은 ☐☐☐☐, ☐☐☐☐과 같은 ☐☐의 자녀가 아니라 오직 ☐☐으로부터 난 자 곧, ☐☐의 자녀가 하나님의 자녀인 것입니다.

이처럼 신약 성경은 구원이 육신적인 혈통이나 외적이고 가시적인 어떤 근거에 의하지 않고, 오직 하나님의 약속에 근거하여 "택하심을 따라 되는 하나님의 뜻"에 따라 서는 것임을 가르쳐 주고 있습니다. 구약 성경에서 이스라엘[야곱], 아브라함, 이삭 등의 인물들을 통해서 포괄적으로 드러낸 사건들과 면면들에 담긴 진정한 의미가 무엇인지를, 신약 성경에서 명료하게 밝혀주고 있는 것이지요. 한 마디로 구원은,

◼ "☐☐☐ 자로 말미암음도 아니요 ☐☐☐☐하는 자로 말미암음도 아니요 오직 ☐☐☐ 여기시는 ☐☐☐으로 말미암음"(롬 9:16)인 것입니다.

구원은 인간의 본성 가운데 비취는 빛을 통하여, 혹은 자기 스스로 행하는 의롭고 경건한 행실들에 근거해서가 아니라 복음을 통해 그리스도와 그의 구속의 은혜를 믿고 의뢰하는 것 가운데서 얻게 되는 것이지만, 심지어 그러한 믿음과 신뢰조차도 자기 스스로에게 근거하는 것이 아니라 "긍휼히 여기시는 하나님"에 근거해서야 비로소 확실하고 확연하게 되는 것입니다. 마찬가지로 이 땅의 교회는 마태복음 22장에서 비유한 혼인잔치에 청한 사람들의 모임과 같으나, 다만 그 가운데서도 "택함을 입은" 참으로 구원받은 자들은 적은 것(마 22:14)입니다. 그리고 이러한 이해를 바탕으로 제62문답에서부터 교회에 관하여 다루고 있는 것이지요. 그러므로 앞서 살펴본 문답들에서 가르치는 바를 바탕으로 해서야 비로소 교회에 대한 성경적이고 올바른 이해가 가능한 것입니다.

제61문의 답변

복음을 듣고 가시적인 교회에서 살아가는 모든 자들이 모두 구원받는 것이 아닙니다. 오히려 **비가시적인 교회의 진정한 일원인 자들**만이 구원을 받습니다.

46~61문답의 정리를 위한 NOTE

해답

8. 은혜언약의 중보자 / 36~45 문답

1) "유언은 그 사람이 죽은 후에야 유효"하다고 했습니다.
2) 예수 그리스도이십니다.
3) "영원하신 성령으로 말미암아 흠없는 자기를 하나님께 드린 그리스도의 피가 어찌 너희 양심을 죽은 행실에서 깨끗하게 하고 살아 계신 하나님을 섬기게 하지 못하겠느냐"고 했습니다.
4) 없습니다. 구약시대에 제사 가운데서 행하던 예식과 피 흘림에 관련하여 사도는 8절에서 분명히 "첫 장막이 서 있을 동안에는 성소에 들어가는 길이 아직 나타나지 아니한 것이라."고 했습니다.
5) 그렇습니다. 10절에서 사도는 그런 것들[곧 구약의 예법들]에 관해 분명하게 이르기를 "이런 것은 먹고 마시는 것과 여러 가지 씻는 것과 함께 육체의 예법일 뿐이며 개혁할 때까지 맡겨 둔 것이니라."고 했습니다.
6) "때가 차매 하나님이 그 아들을 보내"셨다고 했습니다. 특히 "여자에게서 나게 하시고 율법 아래에 나게 하신 것"이라고 하여, 이 땅의 통상적인 출생의 과정을 겪도록 하신 것을 가르쳐주고 있습니다.
7) "율법 아래에 있는 자들[곧 율법의 정죄됨 가운데 있는 자들]을 속량하시고 우리로 아들의 명분을 얻게 하려 하심이라."고 했습니다.
8) 사람으로서의 속성을 나타냅니다.
9) 아닙니다. 예수의 하나님으로서의 속성을 나타냅니다. 그는 성령의 임하심과 하나님의 능력으로서 "하나님의 아들(son of God)이라 일컬어지"는 분으로 나신 것입니다.
10) 모두를 지니십니다.
11) 아닙니다. 여전히 '신성'과 '인성'을 모두 지니신 분으로서 계십니다.
12) "영원한 하나님의 아들"이라는 문구는, 태초로부터 종말에 이르기까지 [즉, 영원히] 그리스도께서는 한 인격 안에 항상 신성과 인성을 모두 갖추신 분이시라는 말입니다.
13) 2절에서 헬라어로 '아우토스'("그")

라고 표기한바, 구체적인 인격체를 지칭합니다.
14) "육신이 되"었다고 했습니다.
15) "아버지의 독생자의 영광" 즉, 성부 하나님의 유일하신 아들로서의 영광이라 했습니다.
16) "독생하신 하나님이 나타내셨느니라."고 했습니다.
17) 죽음을 앞두고 있었기 때문입니다. 예수께서는 여느 인간들과 마찬가지로 죽음에 대한 극심한 두려움과 번민을 느끼기도 하시는 사람의 성품을 그대로 지니시는 분이셨던 것이지요.
18) "내 마음이 매우 고민하여 죽게 되었으니"라고 했습니다. 예수 그리스도께서는 죄로 말미암아 시작된 죽음의 필연에 대한 인류의 두려움과 전혀 상관이 없는 초인적인 신성만을 지니신 것이 아니라, 죽음 앞에 고민하며 슬퍼하는 진정한 인성을 지니시기도 했음을 알 수가 있습니다.
19) 구원을 바라며 하나님을 찾는 태도와 모습을 취하도록 권면함이 되고 있습니다.
20) "그의 어머니 마리아가 요셉과 약혼하고 동거하기 전에 성령으로 잉태된 것이 나타났"다고 했습니다.
21) 아닙니다. 마리아는 이르기를 "나는 남자를 알지 못하니 어찌 이 일이 있으리이까" 라고 했습니다.
22) "아들을 낳기까지 동침하지 아니하더"라고 했습니다.
23) "주께서 선지자로 하신 말씀을 이루려 하심"이라고 했습니다.
24) "여인에게서 난 자가 어찌 의롭겠느냐"고 했습니다.
25) "내가 죄악 중에서 출생하였음이며 어머니가 죄 중에서 나를 잉태하였나이다."라고 했습니다.
26) "사망이 모든 사람에게 이르렀느니라."고 했습니다.
27) "시험을 받으신 이"라고 했습니다. 즉 우리가 일생 동안에 당면하는 모든 연약한 시험거리들(生老病死와 喜怒哀樂의 시험들)을 마찬가지로 감당하신 것이지요.
28) 아닙니다. 오히려 "죄는 없으시니라."고 했습니다.
29) "거룩하고 악이 없고 더러움이 없고 죄인에게서 떠나 계시"기 때문입니다.
30) 아닙니다. 창 2:25에 따르면

인류의 조상들은 원래 악을 분별할 필요가 없었던 것으로 보이는데, 그들의 벌거벗음을 보면서도 부끄러움을 느끼지 않았던 것은 바로 그러한 반증일 것입니다. 그러나 선악을 알게 하는 나무의 열매를 따먹은 후에, 인류의 조상들은 자신들의 벌거벗음 가운데서 부끄러움이 없는 선(善)을 본 것이 아니라 부끄러움과 수치[곧 부정적이고 악(惡)한 감정]에 사로잡혔음을 알 수 있게 합니다.

31) 더 이상 에덴 동산에서와 같이 하나님의 명하시는 말씀에 순종함과 같은 화목의 상태 가운데 있지 못하게 됨을 의미할 것입니다. 이제 하나님과 화평하게 지내던 에덴 동산은, 그룹들과 두루 도는 불 칼"이 지키므로 되돌아갈 수 없게 되었습니다.

32) "죽은 자들 가운데서 부활하사 능력으로 하나님의 아들로 선포되셨"다고 했습니다.

33) "주(κύριον)와 그리스도(Χριστόν)가 되게 하셨느니라"고 했습니다.

34) 예수 그리스도이십니다.

35) "거룩하고 악이 없고 더러움이 없고 죄인에게서 떠나 계시고 하늘보다높이 되신 이"라고 했습니다.

36) "흠 없는 자기를 하나님께 드린 그리스도의 피"로 말미암아서입니다.

37) 22절에 기록하고 있는바 "예수 그리스도를 믿음으로 말미암"는 의입니다.

38) "자기의 의로우심" 곧, 예수 그리스도의 의로우심입니다.

39) 그렇습니다. 롬 3:19에 기록한바 "무릇 율법이 말하는 바는 율법 아래에 있는 자들에게 말하는 것이니 이는 모든 입을 막고 온 세상으로 하나님의 심판 아래에 있게 하려 함이라."는 말씀과 같이, 하나님의 공의를 만족시킬 수 있는 인간은 없습니다.

40) 행 4:10에 명시한바 "나사렛 예수 그리스도의 이름"입니다.

41) "예수 그리스도로 말미암아"서입니다.

42) "그[하나님]의 은혜의 영광"입니다. 한마디로 예수 그리스도로 말미암아 하나님의 은혜의 영광스러운 것들을 거저 얻는 것입니다.

43) "영원한 구원의 근원"이 되신

다고 했습니다.

44) "천사들보다 잠시 동안 못하게 하심을 입은 자"라 했습니다.

45) 사람을 생각하시고 돌보시기 위함이었습니다.

46) "이를 행하심은 하나님의 은혜로 말미암아 모든 사람을 위하여 죽음을 맛보려 하심이라."고 했습니다.

47) "많은 아들들을 이끌어 영광에 들어가게 하시는 일"이라 했습니다.

48) "고난을 통하여 온전하게 하심"이라고 했습니다.

49) "죽기를 무서워하므로 한평생 매여 종노릇" 한다고 했습니다.

50) 아닙니다. "아브라함의 자손을 붙들어 주려 하심이라"고 했습니다. ※특별히 "아브라함의 자손"이라고 한 것에서 알 수 있듯이, 그리스도께서 중보자로서 구원하시는 대상은 믿음의 자손들이지, 모든 인류의 자손들을 말함이 아닙니다.

51) "죽은 행실에서 깨끗하게 하고 살아 계신 하나님을 섬기게" 한다고 했습니다.

52) "부르심을 입은 자로 하여금 영원한 기업의 약속을 얻게 하려 하심이라."고 했습니다.

53) 아닙니다. "율법이 하나님의 약속들과 반대되는 것이냐 결코 그럴 수 없느니라."고 했습니다.

54) "범법하므로 더하여진 것"이라고 했습니다.

55) "우리를 그리스도께로 인도하는 초등교사가 되어 우리로 하여금 믿음으로 말미암아 의롭다 함을 얻게 하려 함이라."고 했습니다.

56) "여자에게서 나게 하시고 율법 아래에 나게" 하셨다고 했습니다. 즉 율법 아래에 있는 육신으로 나신 것이라고 설명한 것입니다.

57) "율법 아래에 있는 자들을 속량하시고 우리로 아들의 명분을 얻게 하려하심이라."고 했습니다.

58) "그가 시험을 받아 고난을 당하셨"기 때문입니다.

59) "그가 항상 살아 계셔서 그들을 위하여 간구하"시기 때문입니다.

60) 주후 70-170 어간에 활개를 펼친 가현설적인 영지주의자들(Docetists)은, 그리스도께서 오직 하나님으로서의 품성만을 가

지고 계시며 사람으로서의 성품은 없다고 주장했습니다. 그들은 모든 물질적인 것들은 본질적으로 악하다고 보는 이원론에 근거를 두고 있기 때문에, 거룩하신 그리스도께서 결코 인간의 육체와 같은 물질적이고 부정한 본질을 가지실 수 없다고 보았습니다. 그러므로 이 땅에 계실 동안에 그리스도의 몸은 일종의 환영으로서 가상적인 것이며, 그리스도의 출생이나 죽으심도 결코 실재하지 않았다고 주장했습니다.

61) 주후 4세기 무렵 아폴리나리스(Apollinaris, ?-382)라는 사람이 주장한 잘못된 가르침이 대표적입니다. 그들은 로고스(λόγος)에 대한 부정확한 이해를 바탕으로, 그리스도께 사람의 몸과 사람의 혼은 지니셨으나 사람의 영은 지니지 않았다고 주장했습니다. 즉, 예수 그리스도께서는 완전한 사람으로서의 품성이 아니라 불완전한 품성을 지니셨다고 본 것입니다. 한마디로 그들은 예수 그리스도께서 완전한 인간과 달리 육신과 혼, 그리고 그만의 독특한 로고스로 이뤄지신 분이라고 보았습니다. 그렇게 생각하므로 결국 예수 그리스도께서는 완전한 사람의 품성을 지니신 것은 아니었다는 결론에 이르게 된 것이지요. 그러나 주후 381년에 콘스탄티노플에서 열린 제2차 콘스탄티노플 공의회에서는 이 교리를 이단으로 단정했습니다.

62) 주후 5세기의 콘스탄티노플의 대주교였던 네스토리우스(Nestorius)라는 사람이 주장한 오류의 교리가 있습니다. 네스토리우스와 그를 따르는 자들은 인간의 이성적인 판단에 근거하여 그리스도 안에 있는 하나님으로서의 성품과 사람으로서의 성품이 각각 구별되어 있었을 뿐 아니라 또한 분리되어 있었다고 주장했습니다. 인간의 이성적 논리 가운데서는 한 인격 안에 하나님으로서와 사람으로서의 두 본성이 양립하여 있을 수가 없다고 보였기 때문입니다. 그렇게 되면 결국 한 인격이 아니라 두 인격이 되고 만다고 본 것이지요. 그러므로 그들은 그리스도 안의 두 성품을 철저히 분리하여서, 심지어는 그

리스도의 한 몸 안에도 하나님과 사람이 각각 구별되어 존재한다고 주장했습니다. 그러나 주후 431년에 에베소에서 열린 제3차 에베소 공의회에서는 이 교리가 부당하며 성경에 부합하지 않는 오류라고 판단했습니다.

63) 유티케스(Eutyches)에 의해 주장된 오류가 있습니다. 그들은 그리스도의 하나님으로서의 성품과 사람으로서의 성품이 하나로 융화되었으며, 그 결과로 또 다른 제 삼의 본성, 즉 사람으로서의 성품이 하나님으로서의 성품에 흡수되어 신성만이 두드러졌었다고 하는 단성론을 주장했습니다. 한마디로 유티케스와 그를 추종하는 자들은 예수 그리스도의 단성론자(Monophysitism)을 주장했던 것입니다. 그러나 그러한 주장은 주후 451년 칼케돈에서 열린 제4차 칼케돈 공의회에서 비성경적인 주장으로 단죄되었습니다.

64) "하나님이 우리와 함께 계시다 함"이라고 했습니다.

65) "나와 아버지는 하나이니라"고 말씀하셨습니다.

66) 아닙니다. 오히려 "영원하신 성령으로 말미암아 흠 없는 자기를 드"렸다고 했습니다.

67) "사람이신 그리스도 예수"라 했습니다.

68) 아닙니다. 오히려 "예수는 영원히 계시므로 그 제사장 직분도 갈리지 아니하느니라[즉, 바뀌지 아니하느니라]."고 했습니다.

69) "맹세하고 변하지 아니하시"는 여호와께서 이르시기를, "너[1절에서 언급하는바 "내 주"]는 멜기세덱의 서열을 따라 영원한 제사장이라 하셨"다고 했습니다.

70) "그의 몸" 곧, 예수 그리스도의 몸이라고 했습니다.

71) "하나님이 자기 피로 사신 교회"라고 했습니다.

72) "그 아들 예수의 피"라고 했습니다.

73) '사람으로서의 품성' 혹은 '인성'(human nature)입니다.

74) "하나님의 영광의 광채시오 그 본체의 형상이시라……지극히 크신 이의 우편에 앉으셨느니라."고 했습니다.

75) "영으로"(πνεύματι) 살리심을

받으셨다고 했습니다.
76) "모든 일에 우리와 똑같이 시험을 받으신 이"이시기 때문입니다.
77) "죄는 없으시니라."는 말씀에서 알 수 있는바, 무죄하신 그의 거룩하심으로입니다. 반면에 롬 3:10-12은 기록하기를 "의인은 없나니 하나도 없으며……다 치우쳐 함께 무익하게 되고 선을 행하는 자는 없나니 하나도 없도다."라고 했습니다. 그런즉 그리스도의 무죄하심과 거룩하심은 그에게 있는 하나님으로서의 품성을 드러내는 것입니다.
78) "거룩하고 악이 없고 더러움이 없고 죄인에게서 떠나 계시고 하늘보다 높이 되신 이"라고 했습니다. 한마디로 무죄하시고 거룩하신 하나님으로서의 그의 성품을 말하는 것입니다.
79) "영원히 온전하게 되신 아들"이라고 했습니다. 특별히 "영원히"(αἰῶνα) 온전하게 되신 아들이라는 말은, 항상 온전하게 되신 아들로 계시는 예수 그리스도를 나타내는 말로서, 이는 그리스도의 하나님 되심의 품성과 사람 되심의 품성이 동시에 있

는 가운데서 가능한 표현입니다.
80) "보배로운 산 돌이신 예수께 나아가"라고 했습니다.
81) "다급하게 되지 아니하리로다."라고 했는데, 이 말인즉 '고통 가운데 동요하지 않을 것"이라는 말입니다.
82) "예수"(Ἰησοῦν 즉, Ἰησοῦς)라 했습니다.
83) '여호수아'(יהושע)입니다.
84) "성령으로 잉태"되었다고 했습니다.
85) "성령이 비둘기 같이 내려 자기 위에 임하심"이라고 했습니다.
86) "성령에게 이끌리어 마귀에게 시험을 받으러 광야로 가"셨다고 했습니다.
87) "하나님이 보내신 이는 하나님의 말씀을 하나니 이는 하나님이 성령을 한량없이 주심이니라."고 했습니다.
88) '기름부음 받은 자'라는 뜻입니다. 헬라어 'Χριστός'(크리스토스)는 70인역(LXX) 성경에서 히브리어 'משיח'(메시아)를 헬라어로 번역한 데에서 처음 사용되었습니다. 또한 '기름부음'은 창세기

4장에 기록된바 아벨의 제물에 까지 소급되어 기인하는데, 이를 통해서 예수 그리스도에 대한 계시가 최소한 아담의 타락 후 첫 자손들에게까지 소급되는 것임을 알 수가 있습니다.

89) "왕에게 부어 왕의 동료보다 뛰어나게 하셨나이다."라고 했습니다.

90) "주의 이름으로 오시는 왕"이라고 했습니다. 그리고 그러한 왕에 관하여서는, "하늘에는 평화요 가장 높은 곳에는 영광이로다" 라고 하여, 그의 왕직이 천상에 속하는 것임을 시사하고 있습니다.

91) "대제사장 되심"을 말합니다.

92) "예수"라 칭했습니다.

93) "여러 회당에서 가르치"셨다고 했습니다. 또한 그러한 가르침의 일은 탁월하여, "뭇 사람에게 칭송을 받으시더라."고 했습니다.

94) "이 글이 오늘 너희 귀에 응하였느니라."고 말씀하셨다고 했습니다.

95) "그들이 다 그를 증언하고 그 입으로 나오는바 은혜로운 말을 놀랍게 여겼다고 했습니다.

96) "갈릴리 나사렛에서 나온 선지자 예수"라 했습니다.

97) "선지자를 통하여 말씀하신바 내가 입을 열어 비유로 말하고 창세로부터 감추인 것들을 드러내리라 함을 이루려 하심"이라고 했습니다.

98) '그리스도 예수'이십니다. 또한 요 5:26에서는 기록하기를 "아버지께서 자기 속에 생명이 있음 같이 아들에게도 생명을 주어 그 속에 있게 하셨"다고 했습니다.

99) "본래 하나님을 본 사람이 없으되 아버지 품 속에 있는 독생하신 하나님이 나타내셨느니라."고 했습니다.

100) "그리스도의 영"입니다.

101) "그들의 형제 중에서[곧 이스라엘 민족 중에서] 너와 같은 선지자 하나를 그들을 위하여 일으키"리라고 했습니다.

102) "여호와께서 대면하여 아시던 자"라 했습니다.

103) "그 후에는 이스라엘에 모세와 같은 선지자[11절에서 말하는바 "여호와께서 대면하여 아시던 자"]가 일어나지 못하였"다고 했습니다.

104) 예수 그리스도께서 "아버지께 들은 것을 다 너희[사도들]에게 알게 하였"으므로, 이제 예수 그리스도와 같은 일을 행하게 되었기 때문입니다.
105) 킹 제임스 성경과 제네바 성경 모두 "sundry times"로 번역했습니다.
106) 킹 제임스 성경과 제네바 성경 모두 "divers manners"로 번역했습니다.
107) "이 아들을 통하여 우리에게 말씀하셨"다고 했습니다.
108) "성도를 온전하게 하여 봉사의 일을 하게 하며 그리스도의 몸을 세우려 하심이라"고 했습니다. 즉 그리스도의 몸된 교회를 세우도록 복음을 가르치는 직분을 세우신 것이지요.
109) "하나님의 아들을 믿는 것과 아는 일에 하나가 되"라고 권면했습니다.
110) "큰 대제사장"이라 했습니다. 특별히 "큰"(μέγαν)이라는 말은, 위대하고 중요하다는 뜻입니다.
111) "아무도 스스로 취하지 못하고 오직 아론과 같이 하나님의 부르심을 받은 자라야 할 것이라."고 했습니다. 그런즉 예수께서도 제사장 직분을 스스로 취한 것이 아니라 하나님의 택하심으로 취하신 것입니다.
112) "스스로 영광을 취하심이 아니요……너는 내 아들이니 내가 오늘 너를 낳았다 하셨"다고 했습니다. 이는 구약성경 시 2:7 말씀으로 이미 예언된 바를 따른 것이며, 마 3:17에서 분명하게 확인할 수 있는 바입니다.
113) 그렇습니다.
114) "이는 하나님의 일에 자비하고 신실한 대제사장이 되어 백성의 죄를 속량하여 하심이라."고 했습니다.
115) "심한 통곡과 눈물로 간구와 소원을 올렸"다고 했고, 또한 "그의 경건하심으로 말미암아 들으심을 얻었느니라."고 했습니다.
116) 예수께서 "영원히 계시"기 때문이라 했습니다. 그런즉 그의 중보자로서의 제사장직 또한 일시적인 것이 아니라 영원한 것입니다.
117) "이는 그가 항상 살아 계셔서 그들[자기를 힘입어 하나님께 나아가는 자들]을 위하여 간구하심"으로 말미암습니다.
118) "내 법을 그들의 마음에 두고

그들의 생각에 기록하리라"고 하셨습니다.
119) "그들의 죄와 그들의 불법을 내가 다시 기억하지 아니하리라 하셨"다고 했습니다.
120) "다시 죄를 위하여 제사 드릴 것이 없느니라."고 했습니다.
121) "네 말이 옳도다."라고 답하셨습니다.
122) "내 나라는 이 세상에 속한 것이 아니니라 만일 내 나라가 이 세상에 속한 것이었더라면 내 종들이 싸워 나로 유대인들에게 넘겨지지 않게 하였으리라 이제 내 나라는 여기에 속한 것이 아니니라."고 말씀하셨습니다.
123) "네 말과 같이 내가 왕이니라."고 하시면서, 또한 이르시기를 "내가 이를 위하여 세상에 왔나니 곧 진리에 대하여 증언하려 함이로라 무릇 진리에 속한 자는 내 음성을 듣느니라."고 하셨습니다.
124) "진리에 대하여 증언하려 함이로라."고 했으니, "진리에 속한 자는 내[진리에 대하여 증언하시는 그리스도의] 음성을 듣느니라."고 했습니다. 그런즉 진리에 대한 예수 그리스도의 증언은, 진리에 속한 자들에게 있어 부르심의 음성인 것입니다.
125) "내가 네 원수들로 네 발판이 되게 하기까지 너는 내 오른쪽에 앉아 있으라 하셨도다."라고 했습니다.
126) "주의 권능의 규를 내보내시리"라고 했습니다.
127) "한 별이 야곱에게서 나오며 한 규가 이스라엘에게서 일어나서 모압을 이쪽에서 저쪽까지 쳐서 무찌르고 또 셋의 자식들을 다 멸하리로다." 라는 것입니다.
128) "규가 유다를 떠나지 아니하며 통치자의 지팡이가 그 발 사이에서 떠나지 아니하기를 실로가 오시기까지 이르리니 그에게 모든 백성이 복종하리로다."라는 것입니다.
129) 그렇습니다. 이러한 왕의 직분에 대해, 세상에 속한 자들인 유대의 장로들과 빌라도는 전혀 깨닫지 못했던 것이지요.
130) 에베소서 4장에서 계속하여 다루는바 예수 그리스도이십니다.
131) "교회 중에" 세워진 자들입니다.

132) "성도를 온전하게 하여 봉사의 일을 하게 하며 그리스도의 몸[즉, 교회]을 세우려 하심"입니다.
133) '치리' 혹은 '권징'(Discipline)입니다.
134) "율법"입니다. 율법은 '하나님의 법'(Jure Divino)으로서, 교회의 다스림에 있어서 실재적인 근거이자 규례인 것입니다.
135) "이스라엘에게 회개함과 죄 사함을 주시려고" 그렇게 하셨다고 했습니다. 그런즉 회개함과 죄 사함은 교회의 직원들이나 치리의 수단 이전에 그리스도께서 만왕의 왕이시자 주님으로서의 직분을 직접적으로 수행하시기 때문인 것입니다.
136) 그리스도의 왕 노릇 하심 때문입니다. 즉 그리스도의 왕의 직분을 수행하시는 것으로 말미암아 우리가 대적들과 원수들을 종내 승리할 수 있는 것입니다.
137) "여호와와 그의 기름 부음 받은 자를 대적"한다 했습니다.
138) "왕"이라 했습니다.
139) "내가 이방 나라를 네 유업으로 주리니 네 소유가 땅 끝까지 이르리"라고 했습니다.

140) "주 예수께서 자기의 능력의 천사들과 함께 하늘로부터 불꽃 가운데에 나타나실 때"라고 했습니다.
141) "하나님을 모르는 자들과 우리 주 예수의 복음에 복종하지 않는 자들"입니다.
142) "대제사장들과 관리들과 백성"(13절)들의 악한 요구 때문이었습니다. 아울러 빌라도는 그로 인해 민란이 일어나는 것을 원하지 않았기 때문에, 예수님의 무죄 판결에 소극적일 수밖에 없었던 것입니다.(참조 막 15:15)
143) "자기에 대하여 기록된 대로" 이뤄짐입니다. 그러나 그러한 일의 직접적이며 가까운 원인은 빌라도와 유대 백성들의 악함이었습니다. 그들의 악함도 모두 예수 그리스도에 관한 말씀을 이루는 방편으로 사용될 뿐이었던 것이지요.

9. 그리스도의 중보사역 / 46~56문답

144) "자기를 비워 종의 형체를 가

지사 사람들과 같이 되셨"다고 했습니다.

145) "많은 사람이 의인이 되"게 하심입니다. 측, 한 사람 아담이 하나님의 말씀에 순종하지 아니함으로 말미암아 그의 자손들이 정죄됨과 반대로, 한 사람 예수 그리스도의 순종으로 말미암아 많은 자들이 의롭다 칭함을 얻게 하심이라는 것입니다.

146) "그의 영광을 보니 아버지의 독생자의 영광이요 은혜와 진리가 충만하더라."고 했습니다.

147) "부요하신 이로서 너희를 위하여 가난하게 되심은 그의 가난함으로 말미암아 너희를 부요하게 하려 하심이라."고 했습니다.

148) "인자의 온 것은 섬김을 받으려 함이 아니라 도리어 섬기려" 하신다고 하시면서 더욱 이르시기를 "자기 목숨을 많은 사람의 대속물로 주려함이니라."고 말씀하셨습니다.

149) "너는 내가 내 아버지께 구하여 지금 열두 군단 더 되는 천사를 보내시게 할 수 없는 줄로 아느냐."고 말씀하셨습니다.

150) "그들" 곧, 그리스도께 주어진 사람들(요 17:6)입니다.

151) 아닙니다.

152) "자기를 비워 종의 형체를 가지사 사람들과 같이 되셨"다고 한 것에서, 특히나 "사람의 모양으로 나타나사"라는 말씀을 통해 그의 출생에서부터 죽음에 이르기까지가 모두 비하의 상태였음을 알 수 있습니다.

153) "약하심으로 십자가에 못 박히셨"다고 했습니다.

154) "아담이 먼저 지음을 받고 하와가 그 후"라고 했습니다.

155) "아담이 속은 것이 아니고 여자가 속아 죄에 빠졌음이라"고 했습니다.

156) "율법 아래에 나게" 하셨다고 했습니다.

157) "내가 율법[율법서]이나 선지자[선지서], [즉, 구약을] 폐하러 [헬: καταλύω, to destroy 즉, 무너뜨리러] 온 줄로 생각하지 말라 폐하러 온 것이 아니요 완전하게[헬: πληρόω, to make full 즉, 가득 채우다 혹은 성취하다] 하려 함이라."고 언급하셨습니다.

158) "율법 아래에 있는 자들을 속량하시고 우리로 아들의 명분을

얻게 하려 하심이라."고 했습니다.

159) "한 사람[즉, 아담]이 순종하지 아니함[계명-율법-을 어김]으로" 말미암아서입니다.

160) "한 사람[즉, 그리스도]이 순종하심[계명-율법-을 지킴]으로" 말미암아서입니다.

161) "온 율법을 지키다가 그 하나를 범하면 모두 범한 자가 되나니"라고 했습니다.

162) "네가 만일 하나님의 아들이어든 명하여 이 돌들로 떡덩이가 되게 하라."고 했는데, 이는 예수를 시험함이면서 또한 예수께서 이스라엘의 왕이신 것을 인정하는 듯 꾸미고 모욕을 주던 빌라도의 관정에서의 수욕(受辱)과 유사한 것입니다.

163) "예수의 얼굴에 침 뱉으며 주먹으로 치고 어떤 사람은 손바닥으로 때리며 이르되 그리스도야 우리에게 선지자 노릇을 하라 너를 친 자가 누구냐 하더라."고 했습니다.

164) "그의 옷을 벗기도 홍포를 입히며 가시관을 엮어 그 머리에 씌우고 갈대를 그 오른손에 들리고 그 앞에서 무릎을 꿇고 희롱하여 이르되 유대인의 왕이여 평안할지어다 하며 그에게 침 뱉고 갈대를 빼앗아 그의 머리를 치더라."고 했습니다.

165) 그렇습니다.

166) "그의 모양이 타인보다 상하였고 그의 모습이 사람들보다 상하였"다했습니다.

167) 유다의 배신을 기꺼이 당하셨습니다.

168) "자기에 대하여 기록된 대로" 행하시고자 함입니다. 즉, 구약에 이미 기록한바 인자가 많은 고난을 받고 멸시를 당할 것(시 22:6-7, 사 53:2-3, 단 9:26, 슥 13:7 등)이라는 말씀이 그대로 성취되도록 행하시고자 함이었던 것입니다.

169) "다 예수를 버리고 도망하니라."고 했습니다.

170) 이미 십자가에 달리기도 전에 극심히 쇠약해 있음을 시사합니다.

171) 육체의 극심한 고통을 전혀 피하지 않으셨음을 암시합니다. '몰약'은 당시에 마취제를 대신하는 역할을 했던 것으로 알려지기 때문입니다.

172) 두 강도와 다를 바 없는 극악

한 죄인으로 취급됨을 나타냅니다.

173) "제육시로부터 온 땅에 어둠이 임하여 제구시까지 계속되더"라고 했습니다. 특히나 "어둠"이란, 헬라어로 'σκότος'(스코토스)로서, 영적 어두움 곧, 징벌과 고통의 어둠을 뜻하는 '흑암'의 표현입니다.

174) "그는 징벌을 받아 하나님께 맞으며 고난을 당한다 하였노라."고 했습니다.

175) "저가 남을 구원하였으니 만일 하나님이 택하신 자 그리스도이면 자신도 구원할지어다 하고" 비웃은 것을 기록하고 있습니다.

176) 시 22:8의 말씀을 인용한 조롱입니다.

177) "죄의 종으로 사망에 이르"는 것으로 기록했습니다.

178) 죽음은 그 자체로 죄의 보상이요 최종적인 결과입니다.

179) 아닙니다. 오히려 그에게 죄를 무를 아무런 이유가 없음을 기록하고 있습니다.

180) "한 사람이 순종하심" 곧, 예수 그리스도의 순종하심으로 말미암아서 입니다.

181) "요나가 밤낮 사흘 동안 물고기 뱃속에 있었던 것 같이 인자도 밤낮 사흘 동안 땅 속에 있으리라."고 말씀하셨습니다.

182) "사망[죽음]에 매여 있을 수 없었음이라"고 했습니다.

183) "음부(ᾅδης)에 버림이 되지 않"았다고 했습니다.

184) 그렇습니다. 그리스도께서 그 출생에서부터 죽으시기까지, 그리고 죽음을 통해 보여주신 완전한 순종은 곧바로 그의 높아지심의 근거를 이룹니다.

185) "율법 아래에 있는 자들을 속량하시고 우리로 아들의 명분을 얻게 하려 하심이라."고 했습니다.

186) "자기를 낮추시고 죽기까지 복종하"심 곧, "십자가에 죽으심"에 이르기까지 복종하심에 두었습니다.

187) 사람으로서의 품성입니다. 그의 낮아지심이 사람으로서의 품성을 취하심으로 낮아졌던 것이었듯이, 그의 높아지심 또한 낮아졌던 그의 인성이 높아지는 것입니다.

188) 신인으로서 입니다. 비록 높아지는 것이 그리스도의 인성일

지라도, 높아지심의 주체는 중보자인 신인(Gods and men)으로서입니다.

189) 그리스도께서 전에 "말씀하시던 대로 살아나"심 곧, '부활'입니다.

190) 아닙니다. 나사로는 다시 살아났으나 또 다시 죽을 몸으로 살아난 것이지만, 예수께서는 부활체로서의 영원함과 초월적인 몸으로 다시 사신것이었습니다.

191) 예수 그리스도 자신이십니다. 그의 부활은 나사로의 경우와 달리 그리스도 자신의 능력에 의해 부활하신 것이었습니다.

192) "나는 버릴 권세도 있고 다시 얻을 권세도 있"다고 했습니다.

193) "그들을 떠나 [하늘로 올려지시니]"라고 했습니다.

194) "그들이 보는데 올려져 가시니 구름이 그를 가리어 보이지 않게 하더라."고 했습니다.

195) "승천하신"(which is entered in heaven) 이라고 했습니다.

196) "이전에 있던 곳으로 올라가는 것을" 볼 것임을 암시하는 말씀을 하셨습니다.

197) "하나님 우편에 앉으시니라."고 기록했습니다.

198) "주와 그리스도가 되게 하"심입니다.

199) "우리를 위하여 간구하시는 자"입니다.

200) "이스라엘에게 회개함과 죄사함을 주시"고자 함입니다.

201) "다 아들에게 맡기셨"다 했습니다.

202) "심판하는 권한을 주셨느니라"고 했습니다.

203) 나사로의 주검은 이미 부패가 진행되어 냄새가 났지만 예수의 주검은 부패가 진행되지 않아 냄새가 없었으니, 그 무덤이 새 것이었음에도 불구하고 냄새가 나지 않았음을 짐작할 수 있습니다. 예컨대 요 20:6에서는 베드로와 다른 제자들이 그 무덤에 직접 들어가 보았을 정도였던것입니다.

204) "문들이 닫혔는데 예수께서 [집 안으로 들어]오"셨다고 했습니다.

205) "그 보는 것을 영으로 생각하"더라고 했습니다. 그러므로 그들은 크게 놀라고 무서워했던 것이지요.

206) "네 손가락을 이리 내밀어 내 손을 보고 네 손을 내밀어 내 옆구리에 넣어 보라"고 명하셨습니다.
207) "다시 죽지 아니하시고 사망이 다시 그를 주장하지 못할 줄을 앎이"라고 했습니다.
208) "죽은 자와 산 자의 주가 되려 하심이라"고 했습니다.
209) "우리를 의롭다 하시기 위하여 살아나셨느니라."고 했습니다.
210) "허물로 죽은 우리를 그리스도와 함께 살리"심으로 말미암음입니다.
211) "그가 모든 원수를 그 발 아래에 둘 때까지 반드시 왕 노릇[높아지시리라] 하시리"라고 했습니다.
212) "한 사람" 곧, 예수 그리스도의 부활로 말미암아서입니다.
213) 이미 널리 알려져 있었습니다.
214) "그들에게 확실한 많은 증거로 친히 살아 계심을 나타내사 사십 일동안 그들에게 보이시며 하나님 나라의 일을 말씀하시니라."고 했습니다.
215) "갈릴리로부터 예루살렘에 함께 올라간 사람들에게 여러 날 보이셨"다고 했고, 또한 "그들이 이제 백성 앞에서 그의 증인이라."고 했습니다.
216) 일차적으로 가룟 유다를 제외한 열한 명의 제자들입니다.
217) "베드로, 요한, 야고보, 안드레와 빌립, 도마와 바돌로매, 마태와 및 알패오의 아들 야고보, 셀롯인 시몬, 야고보의 아들 유다"입니다.
218) 그렇습니다. 분명 하늘로 올려져 가신 예수 그리스도께서는 인성을 지니신 가운데 올려지신 것입니다.
219) 그렇습니다. 분명히 인성을 지니시고 올려져 가셨으니, 만질 수 있고 볼 수 있는 몸을 지니신 인성과 신성을 모두 지니신 그리스도로서 올라가신 것임을 알 수 있습니다.
220) 그리스도의 복음을 전파하며 교회를 세우는 일들을 수행하도록 하심입니다.
221) "이는 만물을 충만하게 하려 하심이라."고 했습니다.
222) 그리스도께서 하늘에 오르시면, 보혜사 성령님을 우리에게로 보내시리라 기록했습니다.

223) "위에 것을 찾으라." 했는바, 하늘에 소망을 두는 것입니다.
224) "푯대를 향하여 그리스도 예수 안에서 하나님이 위에서 부르신 부름의 상을 위하여 달려가노라."고 했습니다. 바로 그러한 신앙의 삶이 "위에 것을 찾"는 모습인 것이지요.
225) 장소적인 곳입니다. 요 14:3에서도 분명 "가서 너희를 위하여 거처를 예비하러 가노"라고 말씀하셨습니다.
226) "이 세상에 속하였"기 때문입니다. 즉 이 땅의 죄 가운데서 죽을 뿐인 것이 예수를 믿지 않는 유대인들의 모습인 것입니다.
227) "만물을 회복하실 때까지는 하늘이 마땅히 그를 받아 두리라."고 했습니다.
228) "자기를 낮추시고 죽기까지 복종하셨"다고 했으며, 특히 "십자가에 죽으심"에 이르기까지 복종하셨음을 밝히고 있습니다.
229) "하나님이 그를 지극히 높여 모든 이름 위에 뛰어난 이름을 주"셨다고 했습니다.
230) "하늘에 있는 자들과 땅에 있는 자들과 땅 아래에 있는 자들로 모든 무릎을 예수의 이름에 꿇게 하"셨다고 했습니다.
231) "그가 나의 오른쪽에 계시므로 내가 흔들이지 아니하리"라고 했습니다.
232) 예수 그리스도입니다.
233) 마음이 기쁘고 영이 즐거워하였다고 했습니다.
234) "만일 하나님이 그[인자]로 말미암아 영광을 받으셨으면 하나님도 자기로 말미암아 그[인자]에게 영광을 주시리"라고 했습니다.
235) "창세전에 내가 아버지와 함께 가졌던 영화[혹은 영광]로써 지금도 아버지와 함께 나를 영화롭게 하옵소서."라고 했는바, 영광을 받을 것을 말씀하셨습니다.
236) "천사들과 권세들과 능력들이 그에게 복종하느니라."고 했습니다.
237) "왕 노릇 하시리"라고 했습니다.
238) "만물을 그에게 복종하게" 하신다는 말입니다.
239) "시온에서부터 주의 권능의 규를 내보내시리"라고 했습니다. 즉 '이스라엘'로 대표되는 그의 교회로부터 먼저 사용되는

것입니다.
240) "주의 백성이 거룩한 옷을 입고 즐거이 헌신하"여 모이게 됨을 말합니다. 즉 그리스도의 교회로 모아지는 것이지요.
241) "사도, 선지자, 복음 전하는 자, 목사와 교사 등 교회의 직원들을 세우심입니다.
242) "만물을 그의 발 아래에 복종하게 하시고 그를 만물 위에 교회의 머리로 삼으셨"다고 했습니다.
243) "교회는 그의 몸이니 만물 안에서 만물을 충만하게 하시는 이의 충만함이니라."고 했습니다.
244) "하나님 우편에 계신 자요 우리를 위하여 간구하시는 자시니라."고 했습니다.
245) "그[그리스도]가 항상 살아 계셔서 그들[그리스도를 힘입어 하나님께 나아가는 자들]을 위하여 간구"하시기 때문입니다.
246) "그가 모든 원수를 그 발 아래에 둘 때까지"입니다.
247) "바로[혹은, 다만] 그 하늘에 들어가"셨다고 했습니다.
248) "높은 곳에 계신 지극히 크신 이의 우편에 앉으셨느니라."
고 했습니다.
249) "그가 아들이시면서도 받으신 고난으로 순종함을 배워서" 온전하게 되심으로 말미암아서 라고 했습니다.
250) "[참] 성소와 참 장막에서 섬기는 이시라"고 했으니, "하늘에서 지극히 크신 이의 보좌 우편에 앉으시어"(히 8:1) 수행하시는 것입니다.
251) 땅에는 이미 "율법을 따라 예물을 드리는 제사장이 있"기 때문입니다. 더욱이 "그들이 섬기는 것은 하늘에 있는 것의 모형과 그림자"이니, 그러한 것을 굳이 예수 그리스도께서 또 다시 수행하실 이유가 없는 것입니다.
252) 대표적으로 '보편구원론' 혹은 '만인구원론'(Apocatastasis, Universalism) 자들이 있습니다. 그러한 주장의 시조는 알렉산드리아의 클레멘트(Clement)와 오리겐(Origen)으로서, 하나님의 사랑이 지니는 완전성으로 볼 때에 그러한 사랑은 모든 인류에게 적용된다고 주장했던 것입니다.
253) 우리를 그리스도인으로 "택

하신 자" 그리고 "의롭다 하신 이는 하나님이시"기 때문입니다.

254) "그리스도 예수" 때문입니다. 그는 "죽으실 뿐 아니라 다시 살아나심"으로, 그리고 "하나님 우편에 계신 자"로서, 하나님께 "우리를 위하여 간구"하시는 분이십니다.

255) 아닙니다. 이 구절에서 말하는 죄를 범함이란, 죄를 범하지 않으려 함에도 불구하고 연약함과 불가피함 가운데서 범하곤 하는 죄를 일컫는 것이지, 고의적이고 방만한 죄를 일컫는 말씀이 아닙니다.

256) "긍휼하심을 받고 때를 따라 돕는 은혜를 얻기 위하여 은혜의 보좌앞에 담대히 나아갈 것"이라고 했습니다. 즉 허심탄회하고 솔직하게, 그리고 자신 있게 "은혜의 보좌 앞에" 나아가는 것입니다.

257) 없습니다. "거저 주시는 바"라는 말은 '은혜로 주시는 비'라는 의미로서, "은혜"를 받음에 있어서는 그 어떤 준비나 조건도 성립함이 없는 것입니다.

258) 아닙니다. 오직 "예수 그리스도로 말미암아"서입니다. 예수 그리스도의 중보사역으로 인해 우리가 하나님이 기쁘게 받으실 신령한 제사를 드릴 제사장으로 인정되는 것이지, 우리 스스로의 어떤 근거에 의해서도 그렇게 될 수 없음을 베드로 사도는 분명하게 가르쳐 주고 있습니다.

259) "심판을 다 아들[그리스도]에게 맡기셨"다고 했습니다.

260) "인자됨으로 말미암아" 곧, 예수 그리스도께서 사람의 아들이 되심으로 인해서입니다.

261) "정하신 사람"입니다. 행 10:42에서 베드로 사도도 "하나님이 살아 있는 자와 죽은 자의 재판장으로 정하신 자"라 언급하는 가운데서, 그가 "이 사람인 것을 증언하게 하셨"다고 했으니, 사도행전 가운데서 사도들은 심판자로서의 예수를 그리스도라 부르지 않고 특정한 한 사람으로서 언급하고 있는 것입니다.

262) "너희가 거룩하고 의로운 이를 거부하고 도리어 살인한 사람을 놓아주기를 구하여, 생명의 주를 죽였"다고 했습니다.

263) "살리시고"(30절) "그를 오른손으로 높이사 임금과 구주(헬: σωτήρ, a savior)로 삼으셨"습니다.
264) "각각 선악간에 그 몸으로 행한 것을 따라 [심판을] 받"을 것이라 했습니다.
265) "친히 나무에 달려 그 몸으로 우리 죄를 담당하셨"다고 했습니다.
266) "인자됨으로 말미암아" 심판하는 권한을 주셨다고 했습니다. 즉 육신과 사람으로서의 품성을 지니신 가운데서 예수 그리스도께서는 심판하는 권한을 행사하시는 것입니다.
267) "공의로 심판할 날을 작정"하셨다고 했습니다.
268) "자기 영광으로 모든 천사와 함께" 올 것임을 말씀하셨습니다.
269) "자기와 아버지와 거룩한 천사들의 영광으로" 올 것임을 말씀하셨습니다.
270) "주께서 호령과 천사장의 소리와 하나님의 나팔 소리로 친히 하늘로부터 강림하시리"라고 했습니다.
271) "그 때에 땅의 모든 족속들이 통곡하며 그들이 인자가 구름을 타고 능력과 큰 영광으로 오는 것을 보리라."고 했습니다.
272) "권능의 우편에 앉아 있는 것"을 보리라고 했습니다.
273) 마지막 심판 때인 재림의 때입니다.
274) "그리스도 안에서 죽은 자들이 먼저 일어나고"(16절) "그 후에 우리 살아남은 자들도 그들과 함께 구름 속으로 끌어 올려 공중에서 주를 영접하게" 하실 것이기 때문입니다.

10. 그리스도의 중보로 말미암는 유익 / 57~61 문답

275) "성소와 참 장막에서 섬기는 이시라."고 했습니다.
276) 'εἰς αὐτὸν τὸν οὐρανόν, into [it] self the heaven.' 즉, [그 스스로] 하늘에 들어가셨다고 했습니다.
277) "아버지도 없고 어머니도 없고 족보도 없고 시작한 날도 없고 생명의 끝도 없"으므로 그렇습니다.
278) "하늘에 있는 것의 모형과 그

림자"라고 했습니다.
279) "화목하게 하는 말씀을" [사도들에게] 부탁하셨느니라고 했습니다.
280) "영원한 속죄를 이루"셨다고 했습니다.
281) "그 이름[곧 예수 그리스도의 이름]을 믿는 자들에게" 주어집니다.
282) "하나님께로부터 난 자들이니라."고 했습니다.
283) 말 그대로 우리 자신에게서 예수 그리스도를 영접하고자 하는 마음이 나온 것이 아니라는 말입니다.
284) 예수 그리스도를 "영접하는 자"에게 분명 "하나님의 자녀가 되는 권세"를 주시지만, 11절에 기록한바와 같이 "자기 땅에 오매 자기 백성이 영접하지 아니하였"다고 한 것에서 알 수 있듯이, 예수 그리스도를 영접하는 것은 사람의 뜻[즉, 의지]에 따른 것이 아니라 "하나님께로부터" 난뜻에 따른 것이기 때문입니다.
285) "거듭나"야만 하나님의 나라를 볼 수 있다고 말씀하십니다.
286) "기업(헬: κληρόω, inheritance)이 되었"다고 했습니다.
287) 그 판 것을 다시 갚을 능력이 없음을 시사합니다.
288) "[하나님] 아버지께서 내게 [그리스도께] 주심"과 아울러서 예수 그리스도께서 그에게로 오는 자를 결코 내쫓지 않으시기 때문입니다.
289) "내게[즉 그리스도께] 주신 자 중에……하나도 잃어버리지 아니하고 마지막 날에 다시 살리는 이것이니라."고 했습니다.
290) 아닙니다. 만일 그렇다고 한다면, 모든 인류 가운데서 그처럼 적은 수의 사람들만이 예수 그리스도를 믿는 자일 수가 없을 것입니다.
291) 인류의 죄와 그 심각성에 대한 깊은 인식입니다. 첫 사람 아담의 범죄와 타락 이후로 모든 인류는 동일한 죄성[원죄의 성향] 가운데 있음을 간과하고, 예수 그리스도를 믿지도 않는 자들도 결국에는 하나님의 사랑으로 말미암아 구원에 이를 것이라는 '보편구원론'의 주장은 인류의 죄의 문제가 얼마나 심각하며, 또한 그에 대해 우리 자신이 얼마나 무능력한지에 대

한 이해와 인식이 결여되어 있는 것입니다.
292) "긍휼이 풍성하신 하나님이" 행하신 일입니다.
293) 성령님이십니다.
294) "이 성중에 내 백성이 많음이라"고 했습니다.
295) 고린도 성읍에 있는 하나님의 백성들 가운데서 하나님의 말씀을 가르쳤다고 했습니다.
296) "그들은 아버지의 말씀을 지키었나이다."라고 했습니다.
297) "그들은 이것을 받고 내가 아버지께로부터 나온 줄을 참으로 아오며 아버지께서 나를 보내신 줄도 믿었"다고 했습니다.
298) "우리와 같이 그들도 하나가 되게 하옵소서."라고 기도하셨습니다.
299) "믿는 사람이 다 함께 있어 모든 물건을 서로 통용하고……날마다 마음을 같이하여 성전에 모이기를 힘쓰고 집에서 떡을 떼며 기쁨과 순전한 마음으로 음식을 먹고, 하나님을 찬미하며 또 온 백성에게 칭송을 받으니…"라고 했습니다.
300) 히브리서 1장에서부터 계속하여 언급하는바 하나님의 "아들"이신 예수 그리스도십니다.
301) "주의 이름을 부르는 자는" 구원을 받으리라고 했습니다.
302) "성경"입니다.
303) "썩어지지 아니하는 하나님의 영광을 썩어질 사람과 새와 짐승과 기어다니는 동물 모양의 우상으로 바꾸었느니라."고 했습니다. 한마디로 그 본성 안에 자리한 종교심이 오히려 하나님에 대한 바른 인식과 이해를 막을 뿐인 것입니다.
304) "범죄"함으로 말미암아서입니다.
305) "사망이 들어왔"다고 했습니다.
306) "사망"이라 했습니다.
307) "때와 시기는 아버지께서 자기의 권한에 두셨으니 너희가 알 바 아니"라고 말씀하셨습니다.
308) "그[하늘에 계신 하나님]는 때와 계절을 바꾸시며 왕들을 폐하시고 왕들을 세우시며 지혜자에게 지혜를 주시고 총명한 자에게 지식을 주시는도다."라고 했습니다.
309) "그[그리스도]를 믿는 자"가 부끄러움을 당하지 아니하리라

했다고 언급했습니다.
310) "주의 이름을 부르는 자"는 구원을 받으리라고 했습니다.
311) 주의 이름을 부르기에 앞서 믿음이 요구되며, 믿음에 앞서 [그리스도에 관하여] 들음이, 들음에 앞서 [그리스도에 관하여] 전파함이 요구됨을 말하고 있습니다.
312) 아닙니다. 하나님의 택하심이라는 말 가운데서 알 수 있듯이, 구원의 원인은 오직 하나님의 택하심에 있는 것입니다.
313) 이스라엘 백성들이 의롭게 하는 원리, 규칙, 질서로서의 율법을 따라 행하고자 했으나, 그 가운데서 얻고자 한 의를 획득하는데 실패했다는 말입니다. 왜냐하면 아담 이후로 타락한 인간은 하나님의 율법에 온전히 순종하지 못하기 때문입니다. 한마디로 율법에 내포되어 있는 의롭게 하는 원리, 규칙들을 다 따르지를 못하는 것입니다.
314) "그들이 믿음[그리스도의 구속과 그 은혜에 관한 믿음]을 의지하지 않고 행위[율법의 요구를 만족시켜 의를 얻고자 하는 행위]를 의지"했기 때문입니다.

315) 복음의 중심이신 예수 그리스도와 이를 작정하신 하나님 아버지, 그리고 이를 적용하시는 성령 하나님으로 말미암습니다.
316) 사 6:10절에 기록한바 "그들의 눈을 멀게 하시고 그들의 마음을 완고하게 하셨"기 때문입니다.
317) 아닙니다. 본문은 오히려 하나님의 뜻에 따라 사람들이 예수 그리스도께서 보이신 많은 표적에도 불구하고 "눈으로 보고 마음으로 깨닫고 돌이켜" 구원을 향하지 못하게 됨을 언급하고 있습니다.
318) 구약 성경 곧, 선지서 가운데 하나인 "이사야의 글"이었습니다.
319) "예배하러" 왔었습니다.
320) 그렇습니다.
321) 후자입니다.
322) 예루살렘에 있는 성전이었습니다.
323) 복음을 듣고 예수 그리스도를 믿으므로 세례를 받은 때입니다.
324) 분명하게 확인하기는 어렵지만 그와 빌립이 다시 만나지 못했던 것으로 볼 때에, 그리고 그

가 이방 에디오피아의 고위 관원이었던 것으로 볼때에, 그는 한 동안은 개인적으로 예수 그리스도의 복음을 따라 생활했을 것입니다. ※ 유력한 짐작으로 그는 이후에도 그리스도의 복음을 믿으며 이를 전파하여 에디오피아 지역에 기독교회가 세워지도록 역할을 했을 것으로 보입니다.